B2C 网络平台嵌入风险研究

闫慧丽　著

中国财经出版传媒集团

经济科学出版社

Economic Science Press

图书在版编目（CIP）数据

B2C 网络平台嵌入风险研究/闫慧丽著 . −−北京：
经济科学出版社，2022. 11
ISBN 978 − 7 − 5218 − 4359 − 0

Ⅰ. ①B⋯　Ⅱ. ①闫⋯　Ⅲ. ①电子商务 − 风险管理 −
研究　Ⅳ. ①F713. 36

中国版本图书馆 CIP 数据核字（2022）第 223686 号

责任编辑：于　源　郑诗南
责任校对：齐　杰
责任印制：范　艳

B2C 网络平台嵌入风险研究

闫慧丽　著

经济科学出版社出版、发行　新华书店经销
社址：北京市海淀区阜成路甲 28 号　邮编：100142
总编部电话：010 − 88191217　发行部电话：010 − 88191522
网址：www. esp. com. cn
电子邮箱：esp@ esp. com. cn
天猫网店：经济科学出版社旗舰店
网址：http://jjkxcbs. tmall. com
北京季蜂印刷有限公司印装
710 × 1000　16 开　14. 25 印张　241000 字
2023 年 2 月第 1 版　2023 年 2 月第 1 次印刷
ISBN 978 − 7 − 5218 − 4359 − 0　定价：58. 00 元
（图书出现印装问题，本社负责调换。电话：010 − 88191545）
（版权所有　侵权必究　打击盗版　举报热线：010 − 88191661
QQ：2242791300　营销中心电话：010 − 88191537
电子邮箱：dbts@ esp. com. cn）

前　　言

　　20 世纪 90 年代末，在互联网信息技术发展浪潮中一批平台型企业应运而生，经过二十多年的发展网络平台逐渐成为新时代重要的产业组织形式，天猫、亚马逊、京东、携程、美团等成为全球知名网络平台。移动互联网技术的普及，又为平台经济的崛起赋予了巨大的能量，推动网络购物用户规模持续壮大。在诸多类别网络平台中，B2C 模式逐步成为国内商务交易市场的中坚力量，其兴起改变了传统商业模式的格局，对市场效率、企业运营、消费者行为习惯都产生了重大影响。然而，平台经济迅速发展的同时，也面临着各种各样的风险，包括在运营过程中由于客观环境的不确定性或组织认知能力、适应能力的有限而导致的运营风险，以及由于嵌入平台的商家产生的一系列违规行为而给平台及其相关主体带来的嵌入风险。随着交易纠纷、假冒伪劣、虚假广告以及用户的账户、个人信息泄露等事件在 B2C 网络平台交易中频频爆出，平台企业逐渐认识到由于入驻商家的违规行为带来的嵌入风险比平台本身的运营风险更加难以防控，嵌入风险给平台治理带来了巨大的挑战。平台为了实现网络效应，不断扩张入驻企业的规模，然而商家以低度嵌入的模式入驻平台后，层出不穷的问题给平台带来了诸多损失与不良影响。单一的风险产生的危害程度可能难以显现出来，而不同维度下的风险随着平台上交易的物流、资金流、信息流等发生耦合，风险的能量或性质也随之改变，给平台及其相关主体造成巨大的利益损失。因此对嵌入风险的识别、耦合进行研究对于网络平台的健康有序运营至关重要。通过梳理相关研究发现，尽管网络平台的发展带动了该领域被广泛关注，但已有研究主要集中在网络平台的商业模式、价值共创、交易纠纷、平台治理等主题，网络平台的风险研究主要关注于平台企业的运营风险、竞争风险等；嵌入模式中的风险研究多是关于企业网络中过度嵌入、嵌入不足引发的风险。而结合网络平台与入驻企业嵌入两个要素的风险研究还未全面、深入地展开。

因此，面临 B2C 网络平台迅速崛起成为主流消费类平台的同时由于商家的低度嵌入引发多重风险的实践争议，以及理论研究中的缺口与薄弱之处，本书以 B2C 网络平台上的嵌入风险作为核心研究问题，识别嵌入风险维度与风险源，构建风险耦合机理模型，最后解决如何对风险进行控制的问题。B2C 网络平台上嵌入风险的风险源包括哪些，这些风险源生成哪些维度的嵌入风险，风险之间如何耦合，如何设计机制对风险进行控制。立足于这些问题，本书通过多案例分析，运用扎根理论分析方法挖掘出嵌入风险的风险源，基于风险源的性质链与交易主体的关系链对其进行归类得到嵌入风险的三个维度：锁定失效、竞争扭曲、关系失信。运用系统动力学建模，构建同层风险与跨层风险耦合的路径；运用熵值权重构建风险评估数理模型，得到系统中的变量水平值和动态方程函数；运用 VENSIM 软件对构建的模型进行仿真模拟，仿真结果表明产品失真、不当的信用与销量竞争、信息失实、服务失效对嵌入风险系统影响最大，是风险耦合的核心风险因子。最后依据风险耦合的结果构建风险的控制机制——声誉机制与监督机制，并提出了风险控制的作用路径，运用问卷调查法验证了风险控制的作用路径。

研究主要结论如下：

（1）嵌入风险的风险源包括专用性资产低、核心价值获取低、契约成本低、入驻约束力小、经营控制度低、退出限制性弱、产品同质化、用户资源有限、平台的排序机制、不当价格竞争、不当销量竞争、不当信用竞争、信息不对称、商家道德风险、银货分离、产品失真、服务失效、信息失实。这些风险源形成的风险维度归纳为锁定失效风险、竞争扭曲风险、关系失信风险。

（2）风险的耦合模型仿真结果发现，三条因果反馈回路对 B2C 网络平台嵌入风险耦合系统的整体运行影响较大，是系统运行的主导回路。①商家低度嵌入→专用性资产低→核心价值获取低→低价竞争→假冒伪劣→关系失信→嵌入风险→用户流失→核心价值获取低。②商家低度嵌入→契约成本低→违规收益大→不当销量竞争（刷单）/不当信用竞争（操纵评价）→信息投机→信息失实→关系失信→嵌入风险→用户信任度降低→平台声誉受损→商家低度嵌入。③商家低度嵌入→契约成本低→控制度低→服务失效→支付不安全→消费者财产受损→关系失信→用户信任度降低→平台声誉受损→商家低度嵌入。三条回路对平台嵌入风险系统的运行产生较大的影响。在三条主导回路中，识别了嵌入风险系统的核心风险源因子：产品失真、不当信用竞争、不当销量竞争、信息失实、服务失效。

（3）根据风险耦合的路径与过程，建立声誉机制与监督机制对嵌入风险进行控制。通过大样本数据对研究假设进行验证，发现声誉机制与监督机制对风险的控制有显著的效应，其中，相对于集体声誉，个体声誉机制对风险控制更为有效；制度监督、技术监督、公众评价监督对风险的控制呈现逐级递减的梯度效应；心理所有权在声誉机制对风险的控制作用中发挥部分中介效应；违规成本在监督机制对风险的控制作用中发挥部分中介效应；商家规模在声誉机制与监督机制风险控制路径中发挥调节效应，具体来说，对于小型商家，声誉机制与监督机制发挥着互补效应，对于大型商家，声誉机制与监督机制发挥着替代效应。

本书主要创新点：从 B2C 网络平台上商家低度嵌入情境出发，研究平台的嵌入性风险；结合嵌入性理论，沿着风险源的性质链与主体之间的关系链挖掘和构建 B2C 网络平台的嵌入风险维度与风险源库；提出了维度细化的声誉与监督作为风险控制的机制，根据 B2C 网络平台的特征引入了数据挖掘和算法识别的风险预警技术监督机制和公众评价监督机制，验证了声誉机制与监督机制的替代性与互补性，将商家规模作为调节变量，发现对于小型商家，声誉机制和监督机制呈现互补作用，对于大型商家二者呈现替代作用，从而回答了"声誉机制和监督机制何时替代何时互补"的问题。

本书还存在一定可拓展之处：研究方法上，风险耦合机理仿真模拟后，应寻找实践中的案例进行分析，验证实验模拟结果；风险控制机制的有效性考虑运用面板数据进行验证，分析不同时间段上控制机制的有效性。研究内容上，将 B2C 网络平台进行分类对比研究，比较分析嵌入风险的异同性更能提升研究价值。

目　　录

第一章

绪　论

B2C 网络平台是国内商务交易市场的中坚力量，也是网络组织治理研究领域的新兴方向，相关研究成果相继涌现，而关于 B2C 网络平台嵌入风险的研究相对很少。本章将在现实和理论背景的基础上，阐述选择 B2C 网络平台嵌入风险作为研究主题的缘由、意义和必要性。进一步地，提炼出本书所关注的具体科学问题，开展相应的研究设计，并阐述研究所期望做出的理论创新和贡献。

第一节　研究背景与问题提出

互联网背景下，B2C 网络平台成为国内商务交易中主流的组织形式，其重要性日益凸显。但与此同时，由于假货、刷单炒信、信息安全问题等现象，社会各界对 B2C 网络平台的批评亦甚嚣尘上，从而呈现出独特的"爱之弥深"与"恨之亦切"并存的实践争议。对这一争议深度分析，发现矛盾背后正反映出对 B2C 网络平台嵌入风险认识的缺乏，那么 B2C 网络平台的嵌入风险是什么？产生嵌入风险的风险源有哪些？风险耦合机理是什么？如何控制风险？经典的企业理论、风险理论在平台情境下是否仍然适用及如何拓展等问题，成为研究的重要机遇。围绕这些问题，本书展开深入探讨。

一、实践背景

数字化、网络化与信息化进入了新的阶段，不断发展的移动互联网技术与数据要素，为平台经济的崛起赋予了强大的能量，同时推动网络交易规模持续壮大，2022 年商务部联合中国网信办及发改委发布《"十四五"电子商务发展规划》，规划中提出电商平台已经成为数字经济与实体经济的重要组成部分（杜华勇等，2022）。网络平台已经逐步成为国内商务交易市场的中坚力量，其兴起改变了传统商业模式的格局，对企业运营模式产生影响的同时，也使消费者的消费行为习惯发生转变。

网络平台作为一种准市场，为主体提供交易场所与环境（Nee，1998），根据参与主体的不同类别可分为三种模式：B2B、B2C 与 C2C。B2B 网络平台是以互联网为基础建立的企业合作路径，双边市场的用户往往是长期、稳定的关系。C2C 网络平台主要以闲鱼、淘宝的个人店铺模式为主，随着移动互联网的发展和人们消费习惯的改变，C2C 模式的市场交易额和用户规模都逐渐降低。B2C 模式是我国最早出现的电子商务模式，以 8848 网上商城正式运营为标志。随着天猫商城从淘宝中的分割、苏宁易购等平台的崛起以及京东商城、当当网等垂直型电商企业的平台化转型，市场的双边用户都更倾向于以平台大品牌为背书进行交易，B2C 网络平台更符合入驻企业与用户对服务质量和商品保障的期望，因此 B2C 网络平台交易模式逐渐成为主流的商业模式（Grewal et al.，2010；李小玲等，2014）。随着越来越多大型的规模化卖方企业进入网络交易市场，个人商家在激烈的竞争中逐渐失去竞争力甚至被淘汰，C2C 模式逐渐出现萎缩的趋势。而 B2C 网络平台能够更好地对双边市场资源实现优化配置，降低双方的交易成本，因此未来 B2C 交易的占比还将进一步得到提升，B2C 网络平台将成为商品交易产业发展的根本趋势（李佩和魏航，2017）。

然而，伴随着 B2C 平台的迅速崛起，交易纠纷、假冒伪劣、刷单炒信、虚假广告以及用户的账户、个人信息泄露等事件也频频爆雷。例如，央视爆出各大电商平台上出现刷单、刷评、删差评的"黑色产业链"，商家通过不当手段提升店铺在平台上的信誉等级；2017 年 A 平台上商家"雪乡宰客"事件被媒体曝光，消费者在 A 平台预订的酒店被商家无端加价并且遭到商家威胁；2018 年某著名作家在其微博投诉 B 商城售卖假货，在与售后沟通过程中遭到 B 商城客服"不是假货，而是发错货"的消极处理，之后该事件在媒体上受到社会公众的关注与讨论，对 B 商城平台的声誉造成了不良影响；2019 年"双十一"C 平台的退票事件最终引发平台难以控制的舆论事件，平台上的某商户宣称低价促销，购买了低价机票的消费者用户收到商家系统设置有误的信息，被强制退票。但商户拒绝兑现退票规则的承诺，该事件短时间内被消费者投诉并引起媒体关注，此后其他合作商家宣布与 C 平台解约。票价不一、"杀熟"、霸王条款、退款难、虚假误导等成为消费者用户投诉该平台商家的关键词。2021 年 D 平台被曝入驻商家卫生状况不达标，严重影响消费者饮食安全，平台监管不力造成了诸多乱象。2022 年 10 月 15 日，天猫国际平台针对商家的假冒材质成分、出售的商品材质或成分信息与品牌/制造厂商公示的技术信息及工艺特征不符等违规行为，更新了《天猫国际商品抽检行为规范总则》，总则中罗列了罚款、支付违约金、提升保证金、下架商品、监管商铺一周等诸多监管规则。在《2022 抖音直播平台治理报告》中，平台提出强化打击、专项打击诱导用户过度消费、涉黑产、数据造假等违规行为。事实上，由于整个平台和嵌入平台的其他主体（入驻企业、消费者用户）形成了一个开放性的系统，当某一环节出现问题，往往会引发其他风险的产生，或者出现多种风险事件连环发生，风险的相互耦合可能给平台系统带来难以预测的损害。

对上述事件梳理发现，这些事件多是入驻企业的不当行为给网络平台所造成的风险，消费者用户和入驻企业的交易失败、纠纷最终转化为网络平台在整个行业和市场上的不良口碑声誉；平台上部分商家提供虚假信息、违规刷单、刷好评等行为扰乱了整个平台的正常秩序，导致一些商家自动退出平台；入驻企业的失信行为会导致用户与平台、入驻企业之间的信任度降低，消费者用户对网购失去信心，用户流失率也逐渐提高。因此，在 B2C 网络平台的低度嵌入情境下，入驻企业的不当行为会引发网络平台的连锁风险，这些风险潜藏在网络平台的交易中，如果不能得到有效的识别并防范控制，就会伴随着交易活动显现出来，对网络平台的正常运营和整个电子商务市场的运行带来危害。2021 年，商务部不断完善制度建设，积极协同相关部门推动电子商务领域法律法规的制修订工作，健全电子商务的法律体系。重点加快 B2C 电子商务平台等相关行业标准的制定，引导电子商务企业规范经营行为，促进行业健康发展。

因此在实践中，一方面 B2C 网络平台不断崛起、市场规模持续扩张，另一方面由于入驻商家的种种违规行为而给平台以及相关主体（其他商家以及消费者用户）带来诸多风险，这些风险之间相互耦合最终给平台带来更大的损失。消费者用户对网购需求日益提升与 B2C 网络平台上嵌入风险不断涌现、耦合之间的矛盾日益突出，嵌入风险能否被有效控制直接决定了国内 B2C 网络平台能否健康运行以及电商领域未来发展的趋势。鉴于此，对 B2C 网络平台嵌入风险的识别、耦合机理、控制机制展开研究，具有现实性与紧迫性。

二、理论背景

（一）网络平台相关研究奠定了基础

网络平台的发展带动了学术界对该领域的研究，在战略管理、营销管理、产业经济学、组织行为学等领域，平台组织都引起学者的广泛兴趣。从产业组织的视角，学者们探讨了平台的网络效应（Paker and Van Alstyne，2005）、定价策略（Rochet and Tirole，2003）、平台系统的激励与控制（Chen et al.，2022）等；从生态系统的视角出发，学者讨论了平台系统内规则的设计（Gawer and Cusumano，2014）、制度逻辑（Qiu et al.，2017）、平台生态化治理（李广乾和陶涛，2018）、平台竞争（Rietveld and Schilling，2020）；从战略管理的视角出发，学者们则关注平台基于用户的战略选择（Afuah，2013）、平台战略的创新（张小宁和赵剑波，2015）、战略竞争优势的驱动因素（Karhu and Ritala，2021）。总体而言，随着网络平台的崛起，相关研究不断延伸扩展，网络平台多个领域、多种视角的深入探讨为 B2C 网络平台嵌入风险的研究提供了理论基础。

（二）B2C 网络平台风险缺乏系统性和动态性的研究

关于网络平台的风险问题，目前的研究大多数分布在网贷平台、互联网金融平台风险，已有研究中的风险类型可归结为监管风险、政策风险、信用风险等（王会娟和廖理，2014；钱金叶和杨飞，2012；闫春英和张佳睿，2015；胡忠义等，2019），而关于商务交易类的平台风险，集中在交易主体的关系风险（Kumar and Van，1996）、支付安全风险（廖愉平，2005；李毅学，2011）、入驻企业的竞争风险（张雄辉，2013）、企业和用户的信用风险（刘伟江和张朝辉，2008）以及超级平台的垄断风险（李勇坚和夏杰长，2020）等方面，而针对 B2C 网络平台的风险研究尚未得到学者们的关注。另外，这些研究仅对平台风险成因和风险控制两个方面有所阐述，但是平台风险究竟是如何耦合的研究仍是零散的、静态的，缺乏系统性和动态性研究。

（三）嵌入性理论为解释现实问题提供了新视角

波兰尼（Polanyi，1944）最早在社会学研究中提出"嵌入性"概念，之后格兰诺维特（Granovetter，1985）、乌兹（Vzzi，1997）等进行了拓展，学者们在此基础上相继提出了结构洞、关系嵌入、结构嵌入等重要概念。嵌入性理论为组织行为研究提供了重要的视角与工具，因此将嵌入性理论引入到电商平台入驻企业与平台之间的关系中，探讨入驻企业给平台带来的风险，能够为网络平台的相关理论做进一步的延伸和补充。

入驻企业嵌入到网络平台成为网络节点的过程中可能会产生双面效应：一方面，嵌入的规模量对于平台的扩展有着促进作用，其积极的网络外部性效应在一定程度上提升了网络平台的价值与竞争力；另一方面，网络平台上企业的入驻机制和较低的专用性投资又导致了"嵌入不足"（Uzzi，1997；Lu，2005）或"低度嵌入"（Polanyi，1944），"低度嵌入"会导致平台对入驻企业的约束力和控制权减弱，因此，企业自身的不当行为会给平台带来多重嵌入风险（Burt，1992）。网络平台在自身规模不断扩张的同时，又饱受商家售卖假冒伪劣或者商品质量低下问题的困扰和阻碍。随着网络平台的不断发展，低度嵌入情境下生成的一系列风险急需相应的理论给予解释。而通过对文献的梳理发现，目前对于网络平台的研究情境主要是过度嵌入（Granovetter，1985）、嵌入惰性（Maurer and Ebers，2006）等，而低度嵌入尽管已经成为现实中普遍的商业场景，但相关研究还仍显匮乏，本书从低度嵌入的视角研究 B2C 网络平台的嵌入风险，更加符合实际需要。

（四）风险管理理论提供了基础

风险问题在学术研究领域深耕已久，理论与分析工具也发展得比较成熟和完善，风险分析的框架与思路为本书的研究提供了理论基础。奈特（Knight，1921）对不确定性、风险、利润的研究是风险理论中的经典理论，之后风险特征、成因、损失都是以此为基础展开研究（Yates and Stone，1992），而风险的测度方法被广泛接受的包括马科维茨提出的以"均值—方差"为分析框架的风险测度模型，摩根公司提出的风险量化 VaR 法（张喜彬等，2000）。随后，学者应用蒙特卡洛仿真（隋聪，2016）、贝叶斯网络的风险评估模型（肖奎喜等，2011）、结构熵权法（王力召和蒋致远，

2020)、Relief F 算法与随机森林模型（王琴英等，2022）等方法开展定量研究，测度风险因素度量值和风险概率。定性的风险测度则主要关注于风险的评价，模糊评价法（张春勋和刘伟，2007）、扎根理论（朱荣，2010）、案例研究法（Yin，1994）是常用的方法。风险耦合理论主要来源于自然灾害、生态环境以及船舶通航等研究领域（王珺等，2019），风险耦合理论主要分为两大流派：多米诺骨牌理论（Heinrich，1931）和能量释放理论（Haddon，1970）。风险控制研究集中在风险管控的应对策略方面，可分为风险转移（王守芳，2015）、风险减去（陆静和徐传，2019）、风险规避（Harrison et al.，2005）和风险接受（Featherman and Wells，2010）四个方面。趋于成熟的企业风险研究成果为平台嵌入风险提供了分析的工具基础。

现有的嵌入性理论、风险研究为网络平台嵌入风险的研究提供了理论基础与研究方法，基于这些理论体系与方法工具，本研究将重点关注低度嵌入情境下 B2C 网络平台的嵌入风险，深化网络平台嵌入关系及风险问题的理论探索，丰富网络平台理论的内涵。

三、问题提出

通过对管理实践中存在的现象，结合已有研究的基础理论，本研究提炼了核心问题，将在以下方面展开深入分析探讨：

（1）What 和 Why？什么是 B2C 网络平台嵌入风险？为什么会形成嵌入风险（风险源有哪些）？识别 B2C 网络平台嵌入风险，挖掘风险源是本书研究的第一个核心问题，因此研究将首先清晰明确地界定嵌入风险的含义。在此基础上，进一步通过多案例研究方法挖掘、构建嵌入风险的风险源库，进而识别嵌入风险的维度。解决这些问题是厘清风险形成原因以及风险耦合路径的前提和基础，该问题将在第三章嵌入风险识别章节中进行具体分析。

（2）How？同层风险子系统之间和跨层风险子系统之间的风险是如何实现耦合的，如何对风险进行评估？B2C 网络平台存在着规模效应与网络外部性，平台交易的虚拟性、时空隔离等天然属性使得嵌入平台的商家有了投机行为的动机，风险是客观存在、不可完全消除的，但是防止风险相互耦合能量积蓄达到阈值，对平台系统造成更大的损失是风险控制的出发点，有效的风险控制将直接影响平台能否健康、有序的运营。因此，在第四章研究中将运用系统动力学对平台系统内风险的耦合路径进行建模并仿真，模拟分析风险之间的耦合过程与结果。

（3）Which？选择哪些机制控制风险？这些机制之间有着什么样的影响与联系？嵌入风险的识别、评估、耦合路径都为风险控制提供了理论基础，平台企业作为基础架构提供商，对平台制度、规则设计等具有较强控制权，因而是风险控制的主导者。平台如何进行嵌入风险的控制是第五章、第六章研究的核心问题，控制机制是针对嵌入风险系统影响最大的核心风险源因子进行控制的有效措施，将平台作为风险控制的主体，本书将试图进行风险控制机制的设计，并最终为平台提出风险控制的具体措施建议。

第二节　相关概念界定

一、网络平台

平台可以理解为是一种建构区块，发生在交易、产品、互动、技术等系统内，通过构建界面规则使得系统内处于不同区域、空间的主体之间建立联系并实施相关活动（Gawer and Cusumano，2014）。平台的架构内包含双边市场主体，以及平台架构提供商——平台企业。本书研究的网络平台指的是以互联网技术作为基础设施，支撑双边用户之间的交易和服务，或提升交易和服务效率的平台提供商。针对这一界定，两类研究对象被排除：一是单边用户或三边以上用户的平台。完全自营的电商平台属于单边用户，如早期的京东模式；对于涉及多边用户的平台（如供方、需方和广告商），在本书中简化为双边情境或直接舍弃此类平台样本；二是商贸百货和批发市场等传统组织形式（王节祥，2017）。为聚焦和观察新兴现象与问题，本书研究主要针对的是基于互联网信息技术发展，为双边用户提供信息服务和交易环境的新型平台。

二、B2C 网络平台

以商务交易作为关系纽带的平台，根据交易主体性质分为三大模式包括：企业对企业（B2B）、企业对消费者（B2C）和消费者对消费者（C2C）

模式。从广义上看，B2C 网络平台是平台架构商为入驻企业与个人消费者开展电子化、网络化、信息化的商务交易活动提供的场所或环境，在平台上双方主体进行了信息组织、信息传递、商品（服务）所有权转移等（蔡青，2011）。对三种模式的基本特征进行梳理有助于更清晰地厘清本书所研究的B2C 网络平台的特征及其嵌入风险研究的必要性。B2B、B2C、C2C 模式的对比如表 1－1 所示。

表 1－1　　　　　　　　B2B、B2C、C2C 模式的对比

项目	B2C	B2B	C2C
双边主体	企业 VS 个人消费者	企业 VS 企业	个人消费者 VS 个人消费者
形成模式	基于关系链（陈永昶等，2015）与价值链（何飚和毛蕴诗，2014）形成	基于业务链与供应链形成（邢伟等，2015）	基于平台架构与商品价值传递形成（Adjei et al.，2010）
商家与平台关系	入驻，需要一定的资质	入驻，企业良好的征信、赔付备用金等	加入会员，不需要严格的资质条件
平台盈利模式	会员、广告、支付环节、排名竞价等	中介信息服务费等	会员费、交易提成、广告、支付环节等
典型平台	天猫、京东商城、苏宁易购、携程、美团等	慧聪网、阿里巴巴等	闲鱼、拍拍网等

资料来源：由笔者绘制。

将 B2C 网络平台作为本研究的研究对象，主要是出于以下几个方面的考虑：

第一，在电商模式中，B2C 平台逐渐成为主流的商务交易市场，B2C 网络零售市场的格局趋于稳定和成熟，平台运营逐渐规范化、品质化和多元化。B2B 平台主要运用于产业互联网中，是企业与企业之间进行商务交易的平台；C2C 平台则主要是实现个人与个人之间的交易，随着 B2C 模式的崛起与成熟，C2C 平台商品交易业务逐渐萎缩，主要以二手商品交易为主。因此本书选择 B2C 网络平台作为主要研究对象。

第二，头部 B2C 平台的综合能力更加突出，从平台制度设计、品控流程、服务跟踪、物流配送等方面都探索出了更为完善的架构体系，B2C 平台

规模扩张仍将持续。同时，随着消费者用户对商品与服务品质追求的提升，B2C 电商平台自身及其品牌背书能力成为用户所关注的重要方面。

第三，相对于 C2C 平台，B2C 平台上入驻企业的经营行为对平台产生的影响更大，而平台通过入驻规则、经营规则等制度的设计，对入驻企业进行激励与约束。尽管 B2C 模式中平台与商家之间是低度嵌入的情境，但二者在运营过程中又是相互依赖、相互影响的。相对于 B2B 平台和 C2C 平台，B2C 平台的嵌入风险更为普遍且对平台的影响较大。因此本书将 B2C 网络平台作为主要的研究对象。

按照经营模式，B2C 网络平台又可以分为综合类、垂直类、线上与线下结合（O2O）模式。按照交易的内容可以分为商品交易类和生活服务类，商品交易类主要以商品作为交易内容，包括京东、天猫、苏宁易购等广义上的电商平台；生活服务类主要以旅游服务、生活服务等为交易内容，包括携程、途牛、美团、饿了么等服务类电商平台。

按照供销模式，B2C 网络平台可以分为四种模式：FBP，商家拥有独立操作的后台，但是商品的采购、仓储、发货等都由平台完成，采用该模式平台保证了品控、客服等方面的质量，消费者的用户体验较高。LBP 模式是平台给商家独立操作后台，但是商家货物无须进入平台仓库，订单产生后 12 小时内包装发货，货物先到平台仓储，平台开具发票。SOPL 的模式基本与 LBP 模式相似，只是发票由商家开具。SOP 平台给商家独立操作的后台，由商家来承担所有的服务，例如天猫、京东除自营外的模式等。按照不同的划分维度，对 B2C 网络平台的类型进行归纳如表 1－2 所示。

表 1－2　　　　　　　　　　B2C 网络平台的类型划分

	分类	典型平台
经营范围与模式	综合类	天猫、京东、苏宁易购
	垂直类	乐蜂网、聚美优品、唯品会
	O2O	美团、饿了么、携程等
供销模式	FBP	网易严选
	LBP	京东自营
	SOPL	京东商铺
	SOP	天猫、京东非自营商铺

资料来源：由笔者绘制。

由于综合类模式相对于垂直类模式涵盖的消费者、业务范围都较为广泛，而相对于 O2O 模式中包含了线下门店以及配送服务流程等其他主体的干扰，本书研究中选取综合类商城为主。从供销模式中看，SOP 模式中平台仅为商家提供可操作的后台，商家入驻到平台后信息展示、客服沟通、商品发货、物流选择、售后服务、大型活动参与（例如"双十一""618"等活动）等都由商家独立完成，在平台提供交易场所与技术的基础上，对整个平台系统进行治理，制定规则约束商家行为，该模式具有典型性与广泛性，因此在后文选取的调研案例中较多涉及该模式下的主体。

基于上述分析，对本书所研究的 B2C 网络平台定义进行界定：借助于互联网技术开展电子商务交易活动，核心的平台企业为商家企业（B）与消费者用户（C）交易提供相关的场所、技术支撑、配套服务（支付、物流等），交易的内容包括商品、旅游服务、生活服务等，核心平台企业通过制定一系列的制度与规则维持交易秩序，保证平台可持续健康发展。本书在研究过程中，重点探讨商品交易类 B2C 网络平台的嵌入风险问题。

三、低度嵌入

本书对嵌入风险的研究是从低度嵌入的视角出发，有必要对低度嵌入的概念进行界定。"嵌入性理论"最早在新经济社会学研究领域提出，波兰尼（1944）对其进行了含义的阐释，人类活动是嵌入在经济与非经济制度中。格兰诺维特（1985）、乌兹（1997）、巴伯（Barber，1995）、哈格顿（Hage-doorn，2006）等对嵌入性理论进行了拓展与延伸。纵观嵌入性理论的发展过程，与新古典经济学、社会网络理论的交融促进了其不断向前演进，逐渐形成了完整的理论体系。

本书结合 B2C 网络平台的实践情境，将低度嵌入作为研究视角，是从以下三个方面分析：首先，入驻企业进入平台的门槛较低，由于网络平台具有开放性等特征，为了尽可能发挥网络效应吸引更多的企业，平台对于入驻企业设置的门槛较低，入驻企业只需要提供平台指定的资质材料，审核成功后便可入驻平台，入驻门槛低成为低度嵌入的诱因。其次，入驻企业在平台上投入的专用性资产低，威廉姆森（Williamson，1985）对资产专用性进行分类，包括场地、实物、专项、人力、品牌等维度的专用性，彭正银（2003）在此框架上进行了归并，认为前三项是物质资产，后两项可并为人力资本，沿着这个逻辑看，网络平台入驻企业与传统入驻市场的实体企业相比，投入的物质资产专用性与人力资本专用性要低得多，例如入驻平台对于仓库、经营场所的租赁与装修、货物储存量配备、专用设备、人员配备等方面的资产投入的要求都较低。专用性资产对市场依赖程度高，一旦离开原先的经营环境其价值就会大大降低甚至毫无价值，导致商家被"套牢"或者"锁定"在市场上，市场对其的控制力与约束力增强。而低廉的专用性资产则会导致商家能够自由进出市场，不需要付出过多的成本或者代价。因此较低的专用性资产是形成低度嵌入的关键条件。最后，商家退出壁垒低，当厂商低于期望利润选择退出市场时所承担的成本或者在退出时已经投入部分无法收回的沉没成本，就是退出壁垒（杨蕙馨，2000）。如前所言，由于商家入驻时的门槛较低，入驻平台经营的专用性资产投入也较低，那么意味着商家在退出时所付出的成本或代价也较低。汤吉军和郭砚莉（2004）认为退出壁垒除了经济性壁垒外，还有制度性壁垒。入驻商家的退出制度性壁垒主要来自平台对其退出的制度规则，事实上，平台对于商家退出控制力很弱，因此商家的退出壁垒较低也是形成低度嵌入的重要因素。

四、嵌入风险

（一）嵌入风险的相关研究

嵌入性对组织的影响多出现在企业网络、产业集群以及社会与政府治理等领域的研究中，大致可分为正面与负面两个方面，正面效应主要探讨嵌入给企业带来绩效的提升（Chatfield and Yetton，2000；杨博旭等，2019）、嵌入与知识获取、创新绩效的关系（杨磊和侯贵生，2020）等，负面效应则认为嵌入可能会带来组织的僵化、弹性低、协调成本增加等，而人工智能嵌入社会治理则会出现隐私安全、问责模糊以及伦理问题等（张成福和王祥州，2023）。

从嵌入效果可将嵌入分为过度嵌入和嵌入不足两个方面，过度嵌入和嵌入不足都会带来嵌入的风险。过度的嵌入性会导致成员联系紧密，知识资源流动性增强，引发"搭便车"机会主义行为，同时网络内部信息资源冗余使得外部信息难以流入网络，逐渐形成路径依赖的"偷懒"效应（Arrow，1971）。乌兹（1996）对嵌入的负面效应进行分析，发现嵌入性与企业的绩效并非线性关系，而是呈现倒"U"型关系。过度嵌入可能会表现为强关系网络，在强关系网络中常常出现功能锁定的现象，除了功能锁定，还会出现认知锁定、政治锁定等方面（Dore，1986）。嵌入网络对于企业而言具有获取信息、降低交易成本、合作优先等优势，嵌入到网络中能够帮助企业提升资源获取能力，进而促进企业创新，然而过度的嵌入会形成路径依赖（Paul and Kwon，2002），阻碍新的理念流入网络中，导致网络负效应的产生（孙国强和石海瑞，2011）。从结构嵌入层面看，网络中心性也会促进机会主义行为的的产生（曾伏娥和陈莹，2015），固化的网络关系可能会导致信息僵化、路径锁定等负面问题（王国红等，2011），相对于关系嵌入，结构嵌入更容易导致集群网络的风险（王发明等，2006），企业处于彼此之间都有连接的"封闭网络"中，成员间的关系复杂性和行为的不确定程度高，网络组织内信息会扩散至整个网络，由此网络组织中不可避免地产生机会主义行为。过度嵌入伴随着一定的专用性资产，因而产生强势锁定，机会主义行为表现为搭便车或者敲竹杠行为（Park，1996）。

从嵌入的程度来看，较弱的嵌入性难以形成网络内成员之间的信任，低信任度减弱了网络内部知识、技术、信息资源的流动性，成员之间建立合作需要付出更多的信息搜索成本、契约成本、监督成本等，高昂的交易成本使得网络组织的互惠性并不能充分实现，短期、非重复的合作还有可能增加成员的机会主义行为动机，给企业网络带来关系风险（易法敏，2009）。嵌入不足会导致企业与网络的弱势锁定，产生的机会主义行为表现为显性的要挟（吴文华，2008）。弱嵌入往往使得节点之间相互的约束力与控制力减弱，进而增加节点成员合作关系中的不确定性。

（二）嵌入风险与非嵌入风险的关系

本书将嵌入风险作为核心研究问题，首先要厘清嵌入风险与非嵌入风险相比，有哪些特征与属性，以及研究嵌入风险的必要性。

第一，追溯到 B2C 网络平台组织形式，与传统企业的科层组织形式不同，传统企业面临的风险主要是组织的运营风险、市场风险等，而 B2C 网络平台作为准市场环境，在匹配双边市场用户的需求与供应的同时，也面临着进入平台的用户带来的不确定性，因此嵌入风险是平台组织形式所具有的特有风险。

第二，企业网络（网络组织）是介于科层组织与市场环境的中间混合型组织形式（Williamson，1985），企业网络中也涉及嵌入关系，但企业网络组织形式与平台组织形式在结构上有两方面的差异性：一方面是嵌入主体的性质与合作关系不同，企业网络中嵌入的组织之间是基于技术、资源、信息等形成的联盟关系，组织之间的关系大多是平等互惠的，而 B2C 网络平台嵌入到平台的商家通过平台构建的场所实现交易，要遵守平台的制度规则，商家与平台的关系不再是简单的平等互惠合作关系，还增加了委托代理的关系。另一方面是价值创造与价值获取路径不同，企业网络中的组织为了相同、相近的利益或者目标联盟结成网络，在互利合作中实现价值创造，并按照一定的规则进行价值分配，企业网络中的价值共创是基于双元互动关系范式下的价值共创（Vargo and Lusch，2016），而 B2C 网络平台上，平台企业的价值创造来源于网络效应、广告、技术服务等费用，商家的价值创造借助于平台的交易场所，价值共创的逻辑是双边市场中的一边用户通过合作向另一边用户传递价值（刘江鹏，2015），因此 B2C 网络平台与企业网络的价值创造与分配路径是不同的。

第三，关于平台的风险，目前主要聚焦于平台的运营风险，而运营风险主要是来自平台组织自身运营过程中出现的多重不确定性，与平台上的多主体联系性较弱。而嵌入性，尤其是低度嵌入既是 B2C 网络平台重要的属性，也是 B2C 网络平台普遍的情境，因此低度嵌入带来的风险成为 B2C 网络平台面临的主要风险类型。

基于以上嵌入风险特征与属性的分析，本书认为嵌入风险是 B2C 网络平台上值得研究的重要议题。尽管网络平台嵌入风险研究还未深入展开，但是企业网络中嵌入风险提供了相似的视角与思路，依托于企业网络嵌入风险的研究成果，本书结合核心研究问题，从低度嵌入的视角，将 B2C 网络平台的嵌入风险定义为：低度嵌入到 B2C 网络平台上的商家，在经营过程中为了攫取更多的平台资源，产生的包括售卖假冒伪劣商品、提供虚假资质信息、恶意竞争、刷单炒信等行为，导致阻碍了平台的价值创造，扰乱其他商家的价值获取，损害了消费者用户的价值主张，进而引发一系列的风险。

第三节 研究目的与意义

一、研究目的

新经济业态下，B2C 网络平台改变了传统交易模式，需求方和供给方直接通过网络平台达成交易，以低门槛、高效便捷等优点吸引了大量入驻企业和用户，交易规模和风险也在日益扩大。本书结合近年国内 B2C 网络平台中频频出现的违规、不当侵权等事件，从低度嵌入的视角，分析 B2C 网络平台上入驻企业给平台带来的风险，本书的主要目的包括以下三个方面：

（1）识别入驻企业给 B2C 网络平台带来的嵌入风险及其风险源。对嵌入风险的识别是整个研究的基础，有效甄别风险源，并分析可能形成的嵌入风险维度，一方面能够丰富网络平台风险研究的理论，为风险的后续研究奠定基础；另一方面为网络平台进行风险预防与控制提供依据。

（2）探索 B2C 网络平台嵌入风险的耦合机理，并识别耦合系统中的主导回路。风险系统内具有能量的风险源因子相互之间发生耦合后，导致风险性质与能量都发生改变，对平台造成更大的危害，因此嵌入风险耦合路径模型的构建对于风险控制至关重要。本书试图构建 B2C 网络平台嵌入风险的耦合机理模型，并建立风险测度模型，探索平台嵌入风险耦合的一般规律，并识别风险耦合的主导回路与对风险系统影响最大的因子，为后续风险控制提供依据。

（3）设计 B2C 网络平台嵌入风险的控制机制并提出控制的措施。风险控制是风险研究的最终目的，本书试图在对风险进行识别、评估并形成嵌入风险耦合机理的基础上，设计 B2C 网络平台风险控制的有效机制。基于风险耦合主导路径与对嵌入风险系统影响最大的风险因子提出相关控制机制，并探索这些机制对风险的路径，最终为平台管理实践提出风险控制的相关策略建议。

二、理论意义

B2C 网络平台的嵌入风险这一研究领域尚未得到深入研究，无论是定性还是定量研究都较为缺乏。本书在系统梳理网络平台的相关文献，进行平台企业、商家、消费者用户深度访谈的基础上，挖掘构建了 B2C 网络平台嵌入风险的风险源库，并将这些风险源按照关系链和性质链进行归类，识别了嵌入风险的维度，进一步刻画了风险之间进行耦合的路径，提出了相应的控制机制。具体而言，理论贡献重点表现在以下三个方面：

（1）拓展了嵌入性理论的应用情境。

打破以往学者关注过度嵌入或者嵌入惰性的研究局限，立足于低度嵌入的实践情境展开新视角下的研究。随着网络平台商业模式的崛起，低度嵌入成为组织之间合作关系的常态，低度嵌入是互联网技术发展中新的合作关系模式，同时也带来了诸多的问题，B2C 网络平台嵌入风险正是低度嵌入情境下网络平台运营中面临的挑战。因此，提炼出新的管理实践问题，并对其内在机理进行深入探讨，拓展了嵌入性在组织学领域研究的情境。

（2）丰富了风险动态研究理论。

现有关于风险的研究多将风险作为彼此独立的单维度变量进行考察，而忽视了风险形成过程中的动态耦合性。尽管有部分学者也意识到风险具有动态性和相互影响性，但往往是针对项目、工程类特殊的研究对象，缺乏对组织行为风险耦合的研究。本书以入驻商家低度嵌入到平台而形成的一系列风险为背景，以所涉及的三方主体关系为关系链，挖掘了嵌入风险的风险源和相应的风险维度，进一步研究了风险相互耦合的动态变化过程，并将风险耦合的过程建立模型，运用系统动力学进行仿真。研究借鉴了工程项目、航空系统、金融系统中风险耦合研究的方法，构建了适用于本书研究对象的理论框架；在谋求原理契合的同时，也指出 B2C 网络平台嵌入风险耦合不仅受系统性风险源因子的影响，还受到平台上主体行为性风险源的作用。对于平台上风险耦合过程的探索，为动态视角的风险研究提供了新的方法，研究结论拓展了风险管理理论的应用。

（3）为平台治理提供了理论分析思路。

风险控制是平台治理中重要的议题，能否有效控制平台嵌入风险决定了平台的治理能力。因此本书在对风险耦合机理进行分析后，有针对性地提出了风险控制机制。风险控制机制是平台针对可能出现或者已经出现的问题采取的一系列有效的防范、监控、应对措施。本书中的风险控制是通过依托于交易成本理论与社会交换理论，结合平台治理实践中的制度、市场、社会、契约约束框架，设计维度细化的声誉机制与监督机制框架，研究结论深化了网络平台风险控制的机理分析，此外，在平台治理上也实现了与已有理论的对话，与平台治理的经典理论得到呼应。

三、实践意义

互联网技术的赋能带来了国内流通市场格局的深刻变革，对企业的运营模式、人们的消费理念都带来巨大变化，网络平台是信息时代的新组织，带来一系列附加的智慧物流、数字支付、大数据识别、云计算营销等数字经济的新要素，然而新的问题也不断产生，给市场、平台、消费者和社会带来新的困扰。由于网络环境的虚拟性与低门槛，入驻的商家违规成本低，作为理性经济人，为了实现利益最大化，在信息不对称的情形下，商家可能选择通过违规手段使自己获取更大的收益。在三方主体中商家是信息优势方，这就给平台监管带来难度，如果放任商家违规行为不管，将会损害消费者、同行商家以及平台的利益，形成柠檬市场，恶化平台内部经营环境，降低平台的竞争力。因此，新的网络经济中，低度嵌入成为普遍的关系结构，传统的雇佣关系发生转变，平台对商家的约束力减弱，在这样的情形下市场的不确定性提高，商家的投机主义行为频发，商家的不当行为损害了平台、消费者和其他商家的利益，给社会带来不良影响，可能导致社会大众对平台组织失去信任，对互联网经济失去信心。鉴于此，本书通过对嵌入风险的识别、耦合、控制进行研究，实践意义主要有：

一方面，厘清 B2C 网络平台嵌入风险的风险维度、风险源，并分析风险之间的内在关联性。风险体系的识别能够帮助平台企业从这些维度辨识入驻企业给平台带来的风险，风险源库的构建则有助于平台企业从源头上把控潜伏的风险因子，为平台设计企业入驻规则提供依据。

另一方面，风险是客观存在的，不可彻底消除的，企业的运营伴随着利益的获取必然要承担一定的风险，入驻企业给平台带来网络效应和经济收益的同时也将引起大量的不确定性，因此在谋求平台规模扩张的同时如何控制嵌入风险是一个重要课题。目前国内关于网络平台的嵌入风险研究还尚未形成体系，不利于实践中嵌入风险的控制和平台的治理。风险的有效控制不仅能降低 B2C 网络平台嵌入风险的损益，更是平台实现可持续发展的必然要求。本书设计了风险控制的机制框架，通过验证机制的有效性最后提出网络平台在实践中风险管理的措施策略。为国内 B2C 网络平台企业的嵌入风险治理提供可供借鉴的理论依据，在实践层面提升网络平台风险控制能力，促进我国 B2C 网络平台企业的健康有序发展具有一定的指导意义。

第四节 研究方法与内容

一、研究思路

B2C 网络平台崛起成为主要商务交易组织形式的同时，面临着由于入驻商家一系列违规行为带来的负面效应，从这一实践争议出发，将低度嵌入作为视角与出发点，本书研究的核心问题是 B2C 网络平台的嵌入风险，这也是平台治理与风险管理的重要议题。围绕着该议题，本书的研究内容沿着"风险识别—风险耦合—风险控制"的脉络展开。

研究一，识别 B2C 网络平台嵌入风险及其风险源。风险的识别是风险管理的基础，鉴于 B2C 网络平台商家与平台是低度嵌入这一特殊情境与属性，需打破既有研究的束缚，构建低度嵌入情境下 B2C 网络平台嵌入风险的体系。如图 1-1 所示，要探索嵌入风险的维度及其风险源要素，需要开展探索性案例研究，而为了获得更为全面的案例与数据，多案例分析将从 B2C 网络平台的经济主体：平台企业、入驻商家、消费者用户（以下简称用户）进行访谈调研收集数据，获得大量一手数据资料，并通过海量数据库搜索相关的二手数据资料，运用建构主义扎根理论方法进行案例分析，系统挖掘 B2C 网络平台嵌入风险的风险源，并沿着风险的性质链与主体关系链对风险源进行聚类分析，自然析出风险维度。

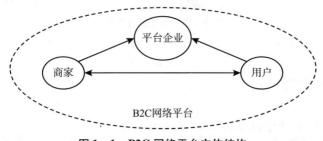

图 1-1 B2C 网络平台主体结构

资料来源：由笔者绘制。

研究二，探索 B2C 网络平台嵌入风险的风险动态耦合机理与风险测度方法。风险并不是独立存在的，不同的风险因子在一定的条件下相互作用、相互影响的过程产生了风险耦合。细化的子研究二将风险研究从静态分析过渡到动态分析框架，试图通过讨论嵌入风险耦合的路径、关键风险因子和机理，呈现出嵌入风险在平台上演化的一般规律，也为风险控制设计做了先导研究。基于该研究一析出的三个风险维度子系统，从同层与跨层两个层面上分析风险耦合，并通过构建风险测度数理模型设置风险耦合仿真模型的参数，实现嵌入风险耦合的模拟仿真。

研究三，风险控制机制的设计及其有效性验证。风险控制是风险研究的最终落脚点，探索作为治理主体的平台企业，如何控制嵌入风险是本书实践价值的体现。根据第三章和第四章得到的嵌入风险的风险源、风险维度以及风险耦合主导回路，依据委托代理、双边市场、交易成本、社会交换等相关理论与平台管理实践中的约束框架提出 B2C 网络平台嵌入风险的控制机制，并基于控制机制的作用路径提出落地的策略措施是本书要实现的最终目标。

综上所述，根据研究目的将核心问题细化为 3 个部分的研究，如图 1－2 所示。

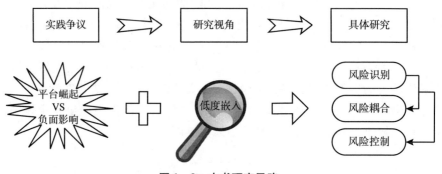

图 1－2　本书研究思路

资料来源：由笔者绘制。

二、技术路线图

本书的技术路线如图 1－3 所示。

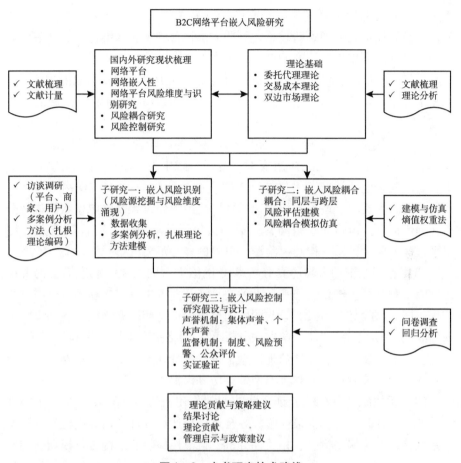

图 1-3 本书研究技术路线

资料来源：由笔者绘制。

三、研究方法

本书围绕核心研究问题，根据各个子研究的具体研究内容借助文献研究法、基于扎根理论的多案例分析、系统动力学仿真、统计分析法等多种研究方法实现研究目标。

（1）文献计量与文献分析法，结合实践中的问题，提出 B2C 网络平台嵌入风险问题，寻找理论创新空间，界定出本书的研究对象和研究范围；在此基础上通过文献计量方法对网络平台的相关研究进行梳理，目的是了解网络平台研究的现状，哪些领域研究已经较为成熟，哪些领域还值得深化研究，已有研究主要运用哪些理论、哪些方法，得到了什么结论等，文献计量有助于呈现该领域现有研究的结构，为本书研究的问题提供思路与方向。在文献计量的基础上，运用文献分析法对已有研究中对所研究问题中的核心概念做了界定，并梳理嵌入性理论、风险识别、风险耦合与风险控制的相关研究。

（2）运用多案例分析方法挖掘嵌入风险的风险源，识别风险维度，建立 B2C 网络平台嵌入风险体系模型。基于实践中发现的问题与现象，针对平台、入驻企业、消费者用户进行多次深度访谈收集关于 B2C 网络平台嵌入风险的一手资料，遵循扎根理论质性研究的编码过程，对原始数据进行分析，提炼概念、范畴、主范畴，挖掘并构建了风险源库，最后形成 B2C 网络平台嵌入风险体系，构建风险源—风险的核心范畴故事脉络。

（3）运用系统动力学仿真分析 B2C 网络平台嵌入风险动态耦合的关键影响因素和路径。B2C 网络平台上的交易涉及多方主体，交易中也存在多个流程，嵌入风险是多因素交叉共同作用形成的，这些因素之间存在着多重关系，因此本书运用系统动力学方法分析 B2C 网络平台的嵌入风险耦合关系。在此基础上，建立风险评估数理模型，设置系统动力学中的变量参数与函数关系，输入系统后对风险耦合模型进行仿真模拟。

（4）运用统计分析法验证风险控制的作用机理，在第六章对提出的理论模型与研究假设进行实证检验。综合运用描述性统计、信效度检验、正态分布检验、同源偏差检验、相关性分析、稳健性检验、结构方程模型、层次回归分析。根据文献分析与逻辑推演提出了风险控制有效性的理论假设，根据这些研究假设设计问卷，针对商家发放后回收数据进行实证检验假设是否成立。结构方程模型主要用于直接效应的检验，层次回归分析用于中介效应、调节效应的检验。

四、研究章节框架

本书研究的章节框架如图 1-4 所示。

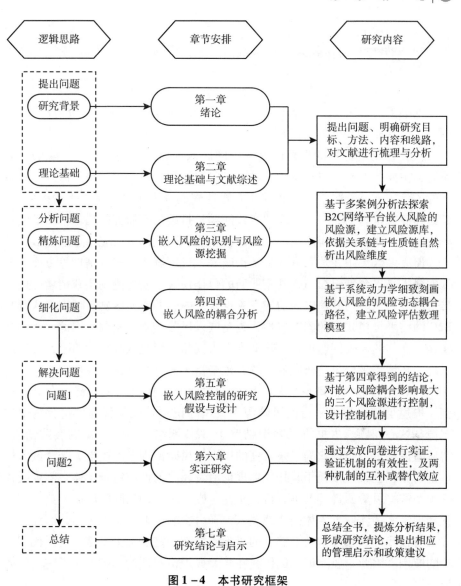

图 1-4　本书研究框架

资料来源：由笔者绘制。

第五节 研究创新点

本书沿着 B2C 网络平台嵌入风险的识别、耦合、控制的研究脉络展开，创新之处有以下几个方面：

（1）从低度嵌入的视角研究平台的嵌入性风险。网络平台风险的已有研究，主要关注平台自身运营的风险，忽视新型的平台组织由于嵌入模式带来的风险。本书着眼于 B2C 网络平台迅速崛起成为主流消费类平台的同时，又面临商家行为引发多重风险的实践问题，打破已有研究的局限，从低度嵌入视角展开研究。值得注意的是，以往企业和企业网络研究中也涉及嵌入风险，但大多数集中在关系嵌入、结构嵌入、过度嵌入、嵌入惰性等方面，而低度嵌入是平台型组织与入驻企业新的合作模式，是普遍的实践情境，由此带来的嵌入风险与其他嵌入情境有着形式、内容的本质区别。低度嵌入既是 B2C 网络平台模式下的固有属性，也是嵌入风险产生的根源。因此，本书从实践中面临的风险问题出发，从低度嵌入视角，研究入驻企业给平台带来的风险，拓展了平台风险研究的视域，也丰富了嵌入性理论的应用情境。

（2）结合嵌入性理论，从风险的性质链与主体之间关系链两个链条挖掘、构建了 B2C 网络平台的风险源库。风险识别是风险管理理论脉络中的起源与核心问题。本书将风险识别置于 B2C 网络平台这一新的实践情境，将风险识别进一步细化为风险维度的识别与风险源因子的挖掘。结合嵌入性理论的分析框架，依托于委托代理理论沿着风险的性质链与主体之间委托代理关系链将风险源进行聚类分析，构建了嵌入风险的风险源库。经典的委托代理理论多关注双方主体的代理关系，平台交易中涉及三方主体，因此基于多重委托代理关系探索关系链上的风险维度在一定意义上丰富了委托代理理论的应用。因此，风险识别的研究在与经典理论对话的基础上做了一定的拓展与深化。

（3）风险控制机制设计中，参考了交易成本与社会交换理论的逻辑，结合平台治理实践的约束框架，提出了声誉机制与监督机制相结合的框架。首先，将以往学者们较多采用的声誉机制进行了细化，从平台整体层面提出了集体声誉机制，从商家个体层面提出了个体声誉机制，分析不同维度声誉对风险的控制作用。其次，突破了以往制度监督的局限，根据 B2C 网络平台的特征引入了数据挖掘和算法识别的风险预警机制（技术监督）、公众评价监督机制，这两项机制随着平台发展模式趋于成熟，是智能化技术带来的新的组织治理机制。最后，验证了声誉机制与监督机制的替代性与互补性，研究发现对于小型商家，声誉机制和监督机制呈现互补作用，对于大型商家二者呈现替代作用，从而回答了"声誉机制与监督机制何时替代何时互补"的问题。本书寻找到的边界条件为平台采用差异化的风险控制策略以降低管理成本提供了新的思路，有助于获得对声誉机制和监督机制之间关系的完整认识。

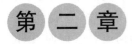

第二章

理论基础与文献综述

对已有研究的回顾和梳理是开展新研究的基础，针对本书的研究问题，本章对网络平台、网络嵌入性、风险维度与识别、风险耦合、风险控制等相关研究做出系统综述。

首先，研究 B2C 网络平台，需要在整体层面上对平台的相关研究进行系统梳理，因此本章第一节将运用文献计量方法对国内外关于平台的研究成果进行计量分析，并对文献内容进行梳理，进而得出整个平台理论研究的最新趋势判断；其次，本书研究视角是低度嵌入，因此需要对网络的嵌入性理论进行梳理回顾，网络嵌入性的文献梳理将系统阐述嵌入性理论发展的脉络，进而寻求网络平台与嵌入性的切合点，为理论拓展和深化提供基础；再次，沿着本书研究的脉络：风险识别—风险耦合—风险控制，对风险的相关理论分别进行脉络梳理，风险相关理论是本书研究的理论基础；最后，根据对已有研究的梳理总结，分析已有研究中对于本书可借鉴、可拓展之处，以及存在哪些不足有可能在本书中得以改善，作出简要的文献述评。

第一节　理论基础

一、交易成本理论

交易成本理论源自经济学领域，科斯（Coase，1937）在其著作《企业的性质》一文中提出，将交易作为基本的分析单元，交易成本是解释组织存在的主导逻辑与核心思想。交易成本被科斯解释为在价格机制下组织生产的成本，也可理解为在市场交易中组织付出的谈判、建立契约等的费用。从含义中可知，交易成本中包括了搜寻、信息、议价、决策、监督、违约等成本。威廉姆森（1975）对该理论进行了细化，提出交易的不确定性、资产专用性、交易频率是交易成本产生的原因。不确定性与资产专用性在交易成本产生的解释框架中扮演着核心角色，成为后续研究的重要理论基础。

不确定性是指由于交易环境难以预测，交易的主体有限理性，以及信息不对称性等原因，使得交易可能发生的情况难以预测，企业选择通过签订契约约束双方行为以保障利益，由此产生了议价、监督成本。契约的不完备性、交易主体的有限理性、信息的不对称性以及信息披露的真实性低都会不可避免地产生投机行为。机会主义增加了交易的成本，包括建立和完善契约的议价成本，以及监督成本等，市场效率被降低（Williamson，1985）。信息不对称性是不确定性中关键的内容，由于信息的不对称性，为机会主义行为提供了"温床"。在经济活动中，双方不可能完全掌握对方包括知识、技术、资源等方面的全部信息，信息不对称性产生的机会主义行为主要表现为事前的逆向选择和事后的道德风险（Arrow，1971）。由于信息分布的不对称性而带来交易方、合作方的行为不确定性，由此带来了信息风险。除了信息分布，信息的难以验证、信息扭曲以及主体对契约理解程度的不同，也会带来信息层面的风险（彭正银，2003；林建宗，2009）。彭正银和韩炜（2008）认为企业合作中的机会主义行为是不可避免的，组织都具有自利性，在利益驱动下往往会采取违背契约与合同精神的行为。

资产专用性是交易成本理论中另一个核心概念，资产专用性是组织为了某项特定交易而进行了持久性投资，这类持久性投资在市场上不能直接流通，且可用于其他替代用途的机会很低，一旦中止交易契约，专用性资产的沉没成本难以回收，该特征成为专用性资产的关键特征（Riordan and Williamson，1985）。资产专用性分为五类，包括场地、实物资产、专项资产、人力资产、品牌（Williamson，1985）。专用投资在一定程度上可以认为是交易双方作出的承诺，增加了交易过程中的信任，进而降低交易成本（Zaheer and Venkatraman，1995）。因此，专用性投资可以作为质押品降低甚至防止机会主义行为。

交易成本理论对本书的启示：交易成本理论是探讨企业参与到市场中的交易、合作等活动时环境不确定性、信息不对称性对企业费用产生的影响，信息不对称与资产专用性是该理论的重要内容，B2C 网络平台作为提供交易的市场环境，具有信息不对称性的天然属性，并且入驻商家与平台的合作关系中也有专用性资产的投资，因此交易成本理论为分析嵌入风险形成原因方面提供了理论支撑与分析框架。

二、委托代理理论

委托代理理论源自制度经济学领域，是契约理论中的重要分支，在现代经济社会活动中应用非常广泛。委托代理理论建立在非对称信息博弈论基础上，探讨委托人与代理人的激励、约束问题，旨在解决委托代理关系中由于信息不对称性产生的一系列风险问题。因此，委托代理理论中重点分析委托人和代理人之间的契约安排。在委托代理关系中双方由于利益目标函数不一致存在着冲突风险。首先，委托方和代理方在信息量控制程度上存在差异，显然，委托方处于信息劣势方，代理方处于信息优势方。其次，委托人在很多情况下难以观察到代理方的所有行为或者信息，代理方在签订委托代理契约后通过隐藏行为，偏离或者违背契约损害侵蚀委托方的利益而攫取自身的利益。因此，委托方和代理方之间的利益冲突风险是影响合作关系的负面因素。张维迎（1996）在委托代理关系研究中梳理了道德风险、逆向选择、信号甄别模型。其中，道德风险是指委托方与代理方在签订契约后，由于委托人无法全面观察掌握代理方的行为，而只能看到最终的行为结果，代理方通过投机行为实现利益最大化。最后，道德风险不仅存在于传统的实体交易市场，在新型的平台组织形式中也是重要的问题。逆向选择模型由阿克洛夫（Akerlof，1970）提出，阐述了交易市场中由于信息不对称，导致只有代理人掌握了产品的质量信息，而委托人只能通过价格作出消费决策，长此以往委托人由于无法判断参差不齐的产品质量，只愿意付出平均质量价格，这样就会导致高质量的产品逐渐退出市场，而市场上逐渐演变成只有低质量的产品，最终形成了柠檬市场。

委托代理理论重点讨论了信息不对称性与契约的不完备性，旨在试图通过事先设计相关的机制或者规则对代理方进行激励与约束，以降低委托代理关系面临的一系列风险（杨瑞龙和聂辉华，2006）。

委托代理理论对本书的启示：B2C 网络平台涉及的主体包括平台、入驻商家、消费者用户。三方主体之间存在着多重委托代理关系，消费者用户与平台的委托代理关系，消费者注册成为平台的会员进入平台消费时，二者之间建立了契约关系，平台进行信息的匹配并帮助消费者完成交易行为，消费者作为委托方需要遵守平台交易规则，支付费用。这一层面的委托代理关系中，消费者是初始委托人，平台是中间代理人角色。平台和入驻商家的委托代理关系，商家注册成为平台上的企业后，平台委托商家满足消费者的商品需求并分享平台的用户资源，商家遵守平台规则完成平台的委托，并在平台上经营获得价值，这一层面的委托代理关系中，平台是中间委托人。消费者与商家是委托代理关系，消费者委托商家提供商品和服务需求，商家根据消费者的需求提供商品与服务，这一层面的委托代理关系中，消费者是初始委托人，商家是最终代理人。三方主体之间的委托代理关系比双方的更具有复杂性，带来的风险也更大。因此，委托代理理论适用于讨论平台上的嵌入风险以及设计合理的风险控制机制，并对平台上的入驻商家进行合理有效的激励约束。

三、双边市场理论与网络外部性

双边市场理论是平台研究领域重要的理论基础，随着平台商业模式的崛起，该理论成为学者们研究的热点。梳理相关的研究，发现学者们关注的问题包括：交叉网络外部性、需求的互补性（Caillaud and Jullien，2001）、定价策略（Armstrong，2006）、差异化竞争（Evans，2003；朱振中，2006）等方面。

从双边市场定义来看，双边市场有别于传统的买卖双方交易，而是出现协同双边用户达到交易目的的中间独立厂商，中间厂商在促成双边用户交易的同时实现自身利益的最大化。显然，在双边市场中存在着两种甚至多种类型的用户，这些用户之间相互影响，进而产生了网络外部性（Rochet and Tirole，2003）。网络外部性反映了双边用户中的任意一方的效用都会受到另一方数量和内容的影响（Rochet and Tirole，2003）。对于某个商品或者其周边产品而言，使用者越多使得一个购买者的价值提升，便产生了正的外部性。这是由于网络规模扩大时其收益增加，互补产品被提供，价格被降低。外部性分直接外部性与间接外部性（Matutes and Regibeau，1988）。直接网络外部性是某产品的使用用户规模扩大会导致网络价值的增大，直接网络外部性更强调依赖性；间接网络外部性是指随着某一个产品使用用户规模扩大，会使得该产品的互补品规模增大、价格降低，从而产生价值，间接网络外部性更强调互补性。解析平台的网络外部性，可以从以下几个方面试着理解，首先是外部性，平台双边市场中都存在明显的溢出效应，并且平台双边市场的规模越大其网络外部性也越大；其次是需求与供给的互补性，平台双边市场用户之间存在着需求与供给的匹配性，因此二者之间相互依赖；最后是网络外部性具有交叉性特征，意味着溢出效应不仅会作用于同一边市场的用户中，而且会作用于另一边市场。以上特征决定了以需求匹配建立的双边关系依赖性较强，学者把这种相互依赖的互补关系称为"鸡蛋相生"（Caillaud and Jullien，2001）。

双边市场理论对本书的启示：平台作为典型的双边市场组织形式，双边市场理论中关于双边市场的定义、特征，以及其重要内容—网络外部性为B2C 网络平台嵌入风险的风险源、风险维度的识别以及风险的控制机制设计提供了分析思路，并且双边市场理论的平台研究成果，为本书提供了逻辑推演的借鉴依据。

第二节 网络平台的相关研究

一、国内外文献计量分析

平台的研究涉及各个领域，而追溯到其本质含义，参考牛津英语词典中"platform"的语义解释：为事物提供场所的平面结构，为了能满足不同的运动状态一般具有松散特征。在互联网时代，平台可被理解为一种虚拟的媒介，或是新组织的代名词。为了能对平台的研究全面了解，本节内容采用文献计量法对平台研究成果做系统分析，试图厘清平台研究中的逻辑、框架与脉络。

首先对国外期刊文献进行检索，选取 SSCI 中管理、经济、商业三个领域，搜索规则是题目中含有"platform"或"two-sided market"的论文（article）或者述评（review）；国内文献是在 CNKI 平台上选取 CSSCI 中包括《中国工业经济》《管理世界》《南开管理评论》《中国软科学》等国内管理类排名前 15 的期刊，搜索条件设置为关键词中含有"网络平台""双边市场"的期刊文献，对搜索的文献进行数量计量，并对其关键词进行整理分类，以期能刻画出平台研究领域的轮廓，并找出可供本书参考的理论基础。通过检索，得到国内外平台研究趋势，如图 2 - 1 所示。

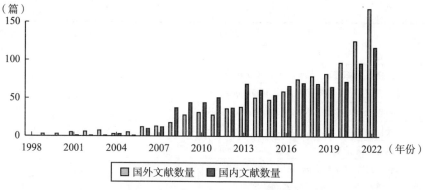

图 2 - 1 国内外平台研究趋势

资料来源：根据文献检索结果整理后绘制。

图 2 - 1 显示了近 25 年里平台研究的发文数量趋势，尤其是在 2006 年、2009 年和 2013 年增长幅度较大，表明国内外这一研究领域日益活跃。表 2 - 1 列示了国外期刊在这一研究领域的发文量。图 2 - 2 显示了 1998 ~ 2022 年国内 CSSCI 网络平台研究主题分布。图 2 - 3 显示了 1998 ~ 2022 年国内 CSSCI 网络平台研究关键词分布。图 2 - 4 显示了 1998 ~ 2022 年国内 CSSCI 网络平台研究互引网络分布。图 2 - 5 显示了 1998 ~ 2022 年国内 CSSCI 网络平台研究共引网络分布。

表 2 - 1　　　　　　　　　　　　国外期刊发文量

序号	期刊	发文量（篇）
1	《管理科学》（*Management Science*）	102
2	《电子商务理论与应用研究》（*Journal of Theoretical and Applied Electronic Commerce Research*）	29
3	《欧洲运筹学报》（*European Journal of Operational Research*）	90
4	《电子商务研究》（*Electronic Commerce Research*）	69
5	《管理决策》（*Management Decision*）	35
6	《博弈与经济行为》（*Games and Economic Behavior*）	42
7	《经济理论期刊》（*Journal of Economic Theory*）	40
8	《经济学快报》（*Economic Letters*）	29
9	《网络经济学述评》（*Review of Network Economics*）	26
10	《产业组织国际期刊》（*International Journal of Industrial Organization*）	22

续表

序号	期刊	发文量（篇）
11	《计量经济学期刊》（*Econometrica*）	21
12	《经济研究综述》（*Review of Economic Studies*）	20
13	《计量经济学期刊》（*Journal of Econometrics*）	18
14	《数理社会科学》（*Mathematical Social Sciences*）	18
15	《美国经济杂志：微观经济学》（*American Economic Journal：Microeconomics*）	16
16	《国际博弈论期刊》（*International Journal of Game Theory*）	16
17	《美国经济评论》（*American Economic Review*）	16
18	《经济公报》（*Economics Bulletin*）	14
19	《保险：数学和经济学》（*Insurance：Mathematics and Economics*）	14
20	《经济与管理战略期刊》（*Journal of Economics & Management Strategy*）	14

资料来源：根据文献检索结果整理绘制。

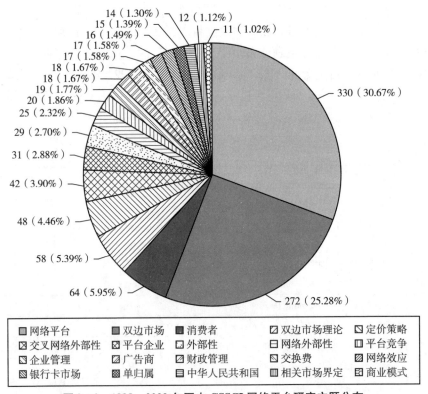

图 2 - 2　1998 ~ 2022 年国内 CSSCI 网络平台研究主题分布

资料来源：根据文献检索结果整理绘制。

从以上研究主题分布来看，围绕网络平台与双边市场展开的研究，其主题主要包括定价策略、平台企业、网络外部性、平台竞争、网络效应等方面。进一步人工对文献进行分析，这些文献的研究方法包括案例分析法、演化博弈、问卷调查实证分析、模拟仿真等。

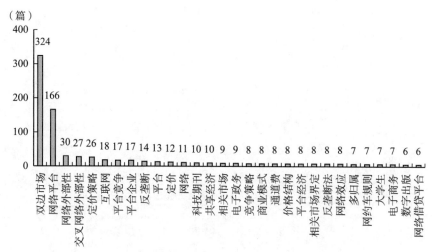

图 2 - 3　1998~2022 年国内 CSSCI 网络平台研究关键词分布

资料来源：根据文献检索结果整理绘制。

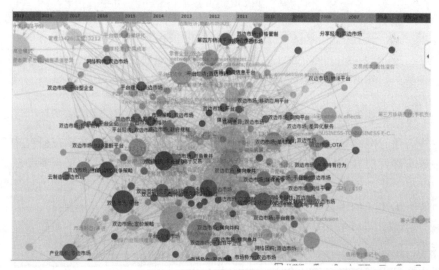

图 2 - 4　1998~2022 年国内 CSSCI 网络平台研究互引网络分布

资料来源：根据 CNKI 文献检索分析所得。

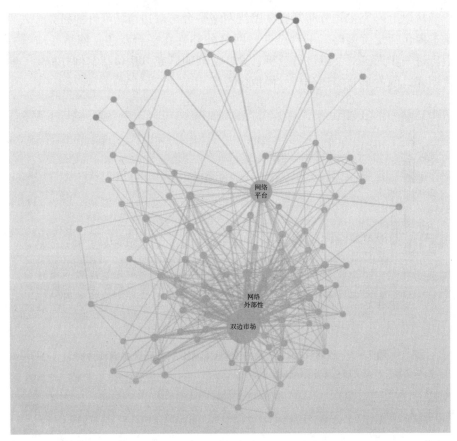

图 2 - 5　1998 ~ 2022 年国内 CSSCI 网络平台研究共引网络分布
资料来源：根据 CNKI 文献检索分析所得。

　　根据相关文献的聚类分析，可以发现平台研究所呈现的热点：第一，网络外部性与网络效应是网络平台研究的共用理论，大多数的文献在研究中都涉及网络外部性与网络效应的探讨与运用。第二，平台战略和平台竞争研究的兴起。从关键词、互引网络、共引网络可以发现，平台经济是国内外研究中最为关注的领域，但有关平台战略、竞争、垄断等研究正在兴起，同时，平台运营中的分段、分区域研究也逐渐更加细化。第三，平台企业间定价策略等在慢慢弱化，越来越多的研究开始关注平台中的关系、信任、口碑及经营战略等，随着平台近十年的不断崛起与发展，学术界对平台的研究方法也逐渐多样化，采用案例分析法、结构方程模型、演化博弈等方法开展分析。

其中，值得关注的是，平台上多主体企业关系制衡、多主体的价值共创与价值获取正在成为近三年来的研究热点。

二、网络平台定义与特征

（一）网络平台的定义

组织学领域认为平台是借助计算机技术形成的框架结构，是以硬件或者软件为基础的操作环境，包括技术平台、信息平台、操作系统平台等。随着信息技术的赋能，平台作为一种新兴的商业模式迅速崛起，在此情形下平台被赋予了信息配置能力、资源协调能力等。

信息视角下认为互联网语境下，共享经济、数字经济、平台模式等概念都包含了一种共同元素，即通过信息数据的运算提升了资源的配置效率（刘重阳，2019）。平台的出现对信息的流动与匹配产生了深刻的变革（曲创和刘重阳，2016）。具有搜索功能的商业平台作为信息流通的渠道为传统经济的发展打开了巨大的空间（张永林，2016）。平台可以视作一种交易的机制，在机制设计中涉及了信息的匹配、信息价值的创造与获取、信息共享等一系列问题，当然同时也存在着多维的信息不对称问题（李连友和罗帅，2014）。

商业生态系统视角下的研究，将平台视作由各种功能模块组成的生态系统，在系统内部，模块之间实现技术、服务、功能、资源等元素的互补（Gawer，2010），平台为双边或者多边主体提供服务或者价值的同时也实现自身的利益获取（Eisenmann et al.，2009）。平台得以运营，其互补性发挥着重要的作用，不同的组织或者成员在平台上提供互补的技术、资源，使得平台系统以平台企业为核心不断地进化与扩展（Cusumano，2011）。如果失去互补性，平台系统的价值难以实现，其发展与演化过程也会受阻（王娜，2016），B2C 网络平台正是典型的具有交易属性的平台类型。将网络平台的定义进行梳理总结，学者们基本认同的定义是：网络平台是指依托网络信息技术，向其两边或者多边用户提供需求供给或信息资源的匹配服务，并通过一定运行机制促使用户在平台上达成交易互动的运行空间，在提供服务的过程中平台实现自身的价值创造（Rochet and Tirole，2003，2006；张云秋和唐方成，2014）。根据文献梳理，对平台架构剖析，可以得到网络平台构成逻辑，如图 2-6 所示。

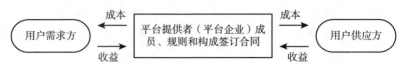

图 2 - 6 网络平台构成逻辑

资料来源：根据文献检索结果整理绘制。

（二）网络平台的属性与特征

关于网络平台的属性，学者们对其进行了总结：①平台组织有传统企业的属性（王节祥，2017）；②平台是连接用户和厂商的第三方中介，具有很强的连接属性（江积海和李琴，2016）；③平台为双边用户提供了信息互动与交易的环境场所，在一定程度上是准市场（Nee，1998；Knuth，2014）。因此在平台上具有市场中存在的竞争、合作、价值共创等关系。

"网络效应"与"规模经济"是网络平台较为典型的特征，需求方用户是某一个群体，该群体的规模越大其获得的价值越高或者成本越低，这种现象可以用网络的外部性来解释，而供应方是商品的厂商，随着需求方群体规模的增大其边际成本在递减，称为规模经济（Economides，1996）。通信业是典型的现象，用户规模的增加会降低厂商的边际成本，进而导致用户的效用提升。平台企业连接了双边用户，一边用户规模的扩大会提升另一边用户的效用在平台经济中体现得更为明显（Armstrong，2006；Rochet and Tirole，2006）。一类用户的加入影响到另一类用户是平台的重要特点，作为多边经营模式，平台的主体之间可能不是直接连接，但这些主体在平台系统内部可能形成闭合的需求链（Evans，2003）。网络效应在市场集中的平台系统中更为显著，已有用户规模直接对新用户的选择产生影响。平台经济更容易出现在短期内个别厂商占据市场绝大多数的份额难以突破的现象，而要颠覆市场格局必须有模式、技术等产生迭代的新的厂商才能完成，这种演变也促进了平台经济的发展（傅瑜等，2014）。

（三）网络平台分类

网络平台的分类依据与维度众说纷纭，被普遍接受的是按其功能进行划分，亚马逊、京东、美团、携程等平台在降低交易成本的同时加强了供需双方的关系，通过新的交易机制创造了新的市场需求，可称为市场创造型平台；抖音、快手、知乎、优酷等平台以内容聚合了用户，并激发用户创造内容产品，可称为受众创造性平台；而安卓、IOS 系统平台是为产品的提供者与需求者提供了互动环境，连接纽带是需求，可称为需求协调型平台（Schmalensee and Evans，2005）。对国内外研究进行梳理，总结了主要的分类依据，如表 2－2 所示。

表 2－2   平台分类相关研究

序号	学者	依据	分类
1	埃文斯（Evaus，2003）	双边市场类型	市场创造、受众制造、需求协调
2	罗切特和蒂罗尔（Rochet and Tirole，2006） 阿姆斯特朗（Armstrong，2006）	功能服务	交易平台、支付平台、咨询、软件平台
4	徐晋和张祥建（2016）	连接属性	纵向平台、横向平台
5	查克拉沃蒂和罗森（Chakravorti and Roson，2006）	所有者形式	垂直一体化平台、独立拥有平台
6	巴斯卡等（Pascal et al.，2013）	所有者形式和技术兼容	私有平台、联合赞助
7	张小宁和赵剑波（2015）	应用情境	产业、商品、供应链、多边交易

资料来源：文献梳理后由笔者绘制。

三、网络平台的主要研究主题

根据上文对国内外顶级期刊文献的梳理与分析，发现近年来关于平台的理论研究主要集中在以下几个方面。

（一）商业模式

商业模式研究多从价值链、价值网络视角出发，网络平台的商业模式重构了价值逻辑。价值链在传统企业的活动中体现在产品的投入产出过程，按照该过程分为输入原材料的上游段，加工制作的中游段，以及下游的需求方消费者，伴随着投入产出过程，商品附加价值产生并实现流动。在传统企业的运营过程中，价值链是单向的，下游的需求者价值不能逆向传递到上游。平台商业模式的价值创造和价值分配与传统经济模式是有所差异的（Frankenberger et al.，2013），价值网络模型为平台商业模式提供了一种新的解释，平台商业模式是参与者之间的关系，需要各个利益相关者之间相互协作完成（王旭娜和谭清美，2021），例如亚马逊平台的价值创造与获取依赖于平台入驻企业的竞合完成（Ritala et al.，2014）。平台作为双边用户连接的纽带，提供信息流通的渠道，降低了企业的营销成本和消费者的搜索成本，有助于双边用户实现价值互换，平台在某些方面打破了实体经济中信息不对称的局限，打破了时间与空间的壁垒，从而为构建新的市场格局提供了更为有效和公平的环境。另外，平台提供制定一整套运行机制，尽可能公正地保护双边用户在交易中的合法权益，使得交易更加健康有序，以此来增强平台的凝聚力（罗珉和李亮宇，2015）。冯华和陈亚琦（2016）从时空契合视角出发，剖析了 B2B、B2C 和 C2C 等平台商业模式是如何盈利，如何实现价值创造与分配的，哪些要素是平台商业模式的核心支撑体系。关于平台商业模式的研究，多是从价值链的逻辑探讨平台与其利益相关者的价值创造机理，尽管商业模式与风险是两个方向的研究，但是其研究逻辑能为风险研究提供一定的思路，平台如何在实现多方主体价值获取的同时将风险降到最低是值得深思的问题。

（二）平台价值共创

价值共创是网络平台研究中重要的主题，传统经济发展到平台经济后，价值创造也由个体的价值创造逐渐演变成平台多方主体的价值共创，从生态系统视角看，平台作为一种提供服务的共生系统，其发展是通过基于系统内多元参与主体价值共创实现的，平台价值共创经历了价值共识、价值共享、价值共生共赢的演变（简兆权等，2022）。传统经济中企业的价值依赖于企业的技术、能力、资源、知识等，价值由企业创造并传递到消费者端。平台经济改变了这种模式，入驻企业与消费者都是作为潜在的资源参与到平台价值创造中，因此价值创造不再是以往线性或者单向传递的，而是参与主体互动同步实现的（简兆权等，2016）。平台作为市场架构的提供者，具有情境价值，互补商或者产品提供者具有使用价值，消费者是交易服务的终端需求者，具有交换价值。显然，平台系统的价值是由多方主体共同创造的，平台作为核心主体，通过制定相应的制度与规则，支持与平衡供需双方的价值主张来提升资源的配置效率，得以推动平台系统内的价值共创（Vargo and Lusch，2008）。网络平台的价值共创分为平台企业主导、消费者主导和商家主导的价值共创（Bhargava，2014），平台的连接属性是平台主导的价值共创的重要内容，这一属性突破时空的局限打开了更大的市场空间，信息技术是连接属性的关键要素（万兴和邵菲菲，2017），还有学者认为平台提供的支付工具或者完善的配套服务能够提升交易效率，支付工具提供了信任环境，信息搜索工具则提供了匹配需求规则，因此平台的资源整合是其实现价值共创的基础（Brousseau and Penard，2007）。消费者主导的价值共创，则倾向于平台将消费者用户纳入价值创造体系中，调动消费者的主动性，平台提升自身的学习能力，将消费者的价值转换为市场价值（严建援和何群英，2017）。互补商企业主导的价值共创，强调平台应该从互动、获取、风险评估、坦诚四个层面构建价值共创环境，加强供应商与平台、消费者的互动，以及供应商之间的竞争合作，有助于整个平台的价值共创（Prahalad and Ramaswamy，2004）。

（三）平台交易纠纷

平台交易的属性与特征，导致存在大量的交易纠纷，与传统实体市场不同，网络平台的交易中出现了银货分离，买卖双方主体隔离，无法面对面交流，可视化降低的商品在时空隔离的交易形式中不确定性增强（汪旭晖和王东明，2018）。市场的不确定性主要是由市场结构的不稳定、消费者需求的变化升级以及市场竞争制度与规则难以被广泛接受形成的。平台市场的高度不确定性将导致市场参与者对于市场环境及其他参与者的行为产生怀疑甚至错误判断引发不信任感，以及对参与者行为的误导促使纷争发生。另外，投机主义行为是网络平台发生交易纠纷的重要原因（汪旭晖和张其林，2016）。平台交易中买家无法依靠直观感受了解商品的质量情况，缺乏与平台卖家的面对面交流，信息不对称的问题依然存在，在利益驱使下信息优势方交易中出现违背契约的行为。在传统市场交易中，投机主义定义为了追逐自我利益而违背道德的行为（Williamson，1985），回避合约义务、扭曲事实、虚假承诺及隐瞒真相等是投机主义行为的主要表现形式（Wathne and Heide，2000）。而在平台交易中，由于交易虚拟性、时空隔离性等特征，卖家的投机主义行为逐渐升级，体现在交易前、交易中、交易后的流程中，包括价格欺诈、虚假广告、失实商品描述、发货迟缓、拒绝退换货等（吴德胜，2007）。卖家投机主义行为的发生降低了买家对平台交易的信任，也加剧了买卖双方交易纷争的发生。平台交易的方式迥异于传统实体交易市场，尽管提高了市场销量，降低了交易成本，但是无法实地近距离观察商品的交易场景，先支付后交货的交易方式，货物滞后交付的交易结构等因素都会使得交易纠纷增加（李小玲等，2014；冯华和陈亚琦，2016），平台交易的产品或服务质量信息不对称往往导致道德风险问题，而激励契约可减少此风险（张艳芬等，2023）。

（四）平台治理

关于网络平台治理的逻辑与依据，国内外学者运用网络经济学和管理学的相关理论进行分析，具体包括双边市场理论（Rong et al.，2013）、交易费用理论（Jones et al.，1997）、系统竞争理论（Wonglimpiyarat，2012）、平台治理理论（Eisenmann，2008）以及商业生态系统理论（Marco and Roy，2004）等。双边市场理论是分析网络平台问题的出发点，双边市场中重要的内容是网络外部性与定价策略。琼斯等（Jones et al.，1997）拓展交易费用经济学理论时强调任务的复杂性，构建了企业网络治理思维的交易环境：需求的不确定性、任务的复杂性、人力资产的专用性、节点成员的交易频率。该模型为网络平台治理模式提供了理论框架。沿着这些理论的逻辑，将平台治理定义为在信息不对称和决策分散的条件下满足用户选择、交换的经济机制，判断治理有效性可以从资源配置、信息利用以及激励约束相容等方面进行考量（Gawer and Cusumano，2014；Thomas et al.，2014）。

关于网络平台治理的角色或者主体研究，学者们提出了不同的观点。网络平台治理是指以网络平台为对象，通过借鉴企业管理的理念、制度、策略，由政府、相关社会组织、平台架构提供者、互补商或产品供应商、消费者等多元主体共同参与、协同实施的治理（熊光清，2015）。网络平台以软件信息系统为基础，平台治理和平台架构的内部契合是治理的目标，平台治理要解决新的企业竞争、向技术中介转变所带来的对公司边界的影响、组织架构作为协同机制载体所扮演的新角色以及如何在可控范围内实现自治等这些问题（Tiwana and Konsyski，2010）。平台上的企业包含了两类角色，一类是核心企业，即平台架构的设计者，另一类是利基企业，是镶嵌在平台系统内借助平台为需求方用户提供产品或者服务的企业，这两类角色分工运营并创造价值（Katz and Shapiro，1994），因此在平台的治理中这两类角色也应当担负起治理责任。随着平台经济的不断崛起，平台治理的目标也在不断扩大，从"发展"到"协同"到"安全"，主体之间要明确治理的分工任务。治理不仅仅是一种能力，更是一个跨越不同行为体和行为的特定而复杂的互动网络。平台的使用者都应该参与到平台治理中才能提升治理效率（Weiss，2000）。

关于网络平台治理的内容方面，大多数研究着眼于平台交易中出现的负面行为。大型平台的崛起导致市场结构与市场秩序都发生了变化，平台治理要重点推进合规监管、分类监管、技术监管等（江小涓和黄颖轩，2021）。平台交易的虚拟性和信息不对称性为机会主义行为提供了温床，商家的投机行为不仅侵害了消费者的权益，而且妨碍了平台正常的竞争秩序，因此对商家行为的治理是平台治理的重要内容（刘汉民和张晓庆，2017）。平台作为市场的组织者和监督者，需要对交易中涉及的内容进行规制，包括设计规则、监督行为等（Lai et al.，2005）。

关于网络平台治理机制的研究，交易成本理论和社会交换理论是机会主义相关研究中最主要的两个理论（Hawkins et al.，2008）。交易成本理论提出抑制交易中的机会主义行为是治理的目标，强调正式机制对于投机行为才是有效的，例如监督、提高专用性资产、产权明晰、有效的激励等制度（张钰等，2015）。而社会交换理论则提出不同的方向，包括沟通、信任、声誉等在内的非正式机制能够有效抑制机会主义行为。中立的学者则提出治理机制是需要根据不同的实践管理情境进行设计的。单独使用两种理论都很难为机会主义行为的治理提供完善的分析框架，一些研究结合两类理论得到两者是互补的结论（Hawkins et al.，2008；Nunlee，2005）。海德和琼（Heide and John，1992）验证了专用性资产、沟通、协作以及弹性合作等机制能弱化机会主义行为。沃特恩和海德（Wathne and Heide，2000）则分析了监督、伙伴的选择、激励机制在企业网络治理中发挥的作用；庄和金（Chuang and Jin，2011）对专用性资产和信任机制的互补作用进行了讨论。

探讨网络平台的治理机制，不妨先对企业治理、企业网络的治理进行回顾，或许能为平台治理提供思路。关系治理是企业网络治理中的重要内容（Das and Rahman，2010），学者们认为信任、承诺、沟通、信息共享、文化相似性等关系治理机制对关系成功和交易绩效有显著的影响（章宁和孙宝文，2009；Lu et al.，2015）。凯什普和西瓦达斯（Kashyap and Sivadas，2012）证实监督机制与激励机制对行业特许经营网络关系的治理有显著效果。黄玉杰等（2009）主张结合正式机制与非正式机制控制合作关系网络中的机会主义行为，包括契约、专用性资产、声誉、信任等；也有学者提出伙伴选择机制与沟通机制对机会主义行为有抑制作用，是提高企业网络合作绩效的重要途径（赵昌平和葛卫华，2003；高孟立，2017）。

目前在实践中，平台领导者采用的机制包括但不限于三种：声誉、沟通和监督机制（陈莹，2019）。这些机制是网络平台创造的有序规则和集体行动的条件（Weiss，2000）。网络平台核心企业为了遏制参与方的机会主义可以采用外部、内部、自组织的治理机制（申尊焕和龙建成，2017）。网络平台中，内容政策、服务条款、算法、接口和其他社会技术制度构成了在线基础设施的治理机制（Plantin et al.，2018）。但这些治理机制是由平台公司的政策法规约束而形成的，这些规则可以以契约、制度的形式约束各个主体的行为，以期减少平台用户的道德风险与机会主义行为（汪旭晖和张其林，2016）。平台的治理机制首先表现为明确的契约，在契约中描述用户的角色和职责以及某些既定的目标，这些都使得双方更易达成合作关系（张新香和胡立君，2010）。格瑞沃等（Grewal et al.，2010）提出通过实施监控、社区建设和自我参与三种治理机制促进平台绩效实现。平台治理策略分为服务策略与管理策略，服务策略可采用信号显示机制、声誉机制、质保机制、认证机制、中间商机制；管理策略包括平台规则设置、介入经营、市场引导、运营监督等（汪旭晖和张其林，2016）。网络平台多种治理机制存在于彼此之间，而这些机制相互辅佐与补充（Dingwerth and Pattberg，2016）。

　　对国内外学者关于网络平台治理研究进行梳理发现，网络平台治理研究分析理论包括双边市场理论、交易成本理论、竞争理论等，而网络效应、平台竞争、价值共创、机会主义行为等是网络平台治理中涉及的问题，平台治理的主体包括平台企业、多边用户、运营参与方、政府、第三方行业协会等组织机构，治理机制包括契约机制、声誉机制、监督机制、合作伙伴的选择机制、激励机制等，这些机制相辅相成共同发挥作用。传统企业间关系及其风险的研究，大多数学者主张将正式机制和非正式机制结合抑制交易机会主义行为。本书研究的是平台对商家嵌入风险的治理，不同于交易伙伴之间合作、联盟等相对平等的关系治理，网络平台上错综复杂的主体关系导致了风险的多样性和治理机制的复杂性。因此，对于平台风险的治理机制仍然需要结合平台实践中的具体情境进行设计。

第三节　网络嵌入性研究

一、网络嵌入理论的发展脉络

　　"嵌入性理论"最早在新经济社会学研究领域提出，波兰尼（1944）对其进行了含义的阐释，人类活动是嵌入在经济与非经济制度中，之后嵌入性理论在社会网络、行为经济学、组织管理等多个领域得到了应用与拓展，随着各个领域的运用，嵌入性理论体系逐渐进入了新的发展阶段。纵观嵌入性理论的发展过程，与新古典经济学以及社会网络理论的交融促进了其不断向前演进，经历了波兰尼、格兰诺维特和新发展时期三个阶段，逐渐形成了完整的嵌入性理论体系（杨玉波等，2014）。

　　波兰尼提出了不同的嵌入形态，互惠的交换、价值分配等经济制度嵌入在当时的社会结构与社会文化中，在长期的合作交易中主体嵌入在形成的稳定信任关系中。而随着社会结构的变化，文化、信任等体系对经济、市场关系的影响弱化，出现了去嵌入化的趋势，契约制度代替了原始经济中的嵌入关系。但有学者不认同这个观点，认为即使是现代市场经济中，交易仍然镶嵌在新的社会结构与文化中，并受到其影响。格兰诺维特（1985）对嵌入概念进行拓展与深化，提出个体嵌入到社会结构中后会受其影响，强调社会结构的变化对个体行为的干预与影响，他最大的贡献在于提出了关系嵌入与结构嵌入的分析框架，为之后的研究提供了理论基础。"低度社会化"与"过度社会化"是格兰诺维特展开探讨的切入点，他认为个体活动是嵌入在不断变化的社会关系与结构中的，并运用信任—欺诈、市场—等级两对概念来分析嵌入问题（张荣祥，2009）。嵌入的逻辑是个体经济行为嵌入在社会结构中，社会网络是社会结构的关键要素，信任是重要的嵌入机制，可以理解为个体的每一个经济行为都是嵌入在信任的关系网络中。另外，嵌入性不会随着时代的改变而消失，个体经济行为嵌入到社会结构与文化中是持续、客观存在的，只是嵌入程度有所差异。信任在嵌入关系中发挥着重要的作用，信任程度越高，交易费用就会越低，在经济领域中，交易双方在一定程度的信任基础上才能发生和完成交易行为。信任程度越低，交易双方在监督保证方面的需求就会越强，交易成本也会越高，信任对于提升市场经济效率非常重要。格兰诺维特提出了社会网络分析的重要假设：社会网络中的个体是自利行动者，并且构建了重要的研究方法——社会网络分析。

　　嵌入性理论对经济社会学的研究影响深远，被学者们运用在各个学科领域中，作为一种分析视角和工具，嵌入理论在组织行为、网络联盟、集团网络、战略联盟等方向都有相关的研究成果（丘海雄和于永慧，2007；Gulati and Sytch，2007；Garcia et al.，2009），在应用过程中嵌入性理论也不断得到丰富与拓展。之后的嵌入性被认为是个体与网络中其他节点之间形成的依赖、合作、信任关系（Halinen and Rnroos，1998），嵌入的网络可能是已经具有一定的存在历史，个体嵌入网络中进行的交易或者互动有稳定的先例可循（Gulati，1998）。乌兹（Uzzi，1996）将嵌入性理解为组织与网络的连接关系，打破以往嵌入性对企业绩效正向影响的观点，提出了嵌入性悖论，即嵌入性程度与企业绩效可能呈现倒"U"型关系。如图 2 - 7 描述了经典文献中对嵌入性概念的主要定义。

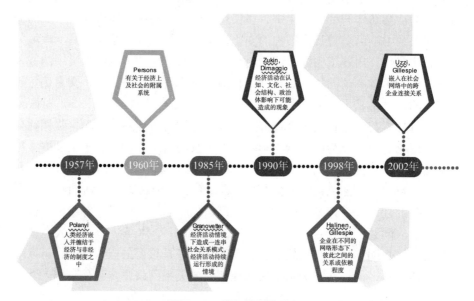

图 2 - 7　嵌入性概念演化

资料来源：根据文献梳理结果由笔者绘制。

二、嵌入性分类

随着嵌入性理论的发展，学者们发现嵌入概念较为抽象，且根据其主体与客体的不同，嵌入性概念的弹性也很大（郑方，2012）。因此不同嵌入维度分析框架纷纷出现，这些框架基于不同的维度进行划分构建。最早出现的框架，是格兰诺维特（1992）提出的经典框架—关系嵌入与结构嵌入，该框架为后来的研究奠定了坚实的基础，前者强调基于互惠预期产生的网络关系，测度指标是关系发生的方向、内容、频率、持久度等，后者强调的是组织处于网络结构中的位置带来的信息优势而对个体产生的影响，测度指标包括中心度、结构洞等指标。祖金和迪马济奥（Zukin and DiMaggio，1990）提出了结构、认知、文化、政治维度，后三个维度主要关注网络认知过程、企业价值观与文化一致性、政策激励制度的相容性等；哈格顿（Hagedoorn，2006）构建了环境、组织、双边嵌入维度，环境维度强调了组织嵌入到宏观环境与行业政策中对组织的行为产生的影响。

根据对学者们嵌入性研究的梳理，主要的嵌入性维度见表2-3。

表 2 - 3   嵌入性维度划分

维度	含义
时间嵌入性	网络关系受到时间的影响，组织的历史经验、未来预期都会对当期经营产生影响
空间嵌入性	是组织嵌入到特定的环境中形成的网络，网络关系受到地理空间的影响
关系嵌入	描述基于互惠预期产生的双向依赖关系形成的网络，用关系发生的频率、内容、持续度、方向等指标来测度嵌入程度
结构嵌入	强调嵌入到网络后，网络位置对个体产生的影响，采用中心性、结构洞等指标测度，网络结构给个体成员带来信息优势，进而影响其行为和绩效
市场嵌入性	市场形成一个特定的网络，组织嵌入到市场中要受到市场中供应链多个主体行为的影响，包括供应商、竞争者、消费者等
技术/业务嵌入性	网络以技术或者业务系统为共同元素构建形成，企业依赖于具体的技术业务与其他企业建立联系

资料来源：根据文献梳理结果整理绘制。

如表2-4所示，不同的研究情境下产生了多种嵌入理论分析框架，以下对这些维度划分进行梳理总结。

表 2 - 4   嵌入性维度的划分

学者	分类
格兰诺维特（1992）	关系嵌入、结构嵌入
扎基和迪马济奥（1990）	文化嵌入、认知嵌入、政治嵌入、结构嵌入
海力恩和伦鲁斯（Halinen and Rnroos，1998）	技术、时间、市场、空间、政治、社会

续表

学者	分类
哈格顿（2006）	环境、双边、组织嵌入性
赵蓓（2004）	体制、经济、社会嵌入性
张书君等（2007）	制度、结构、关系、历史、认知、文化嵌入性
陈仕华和李维安（2011）	主体嵌入与客体嵌入
易朝辉（2012）	结构、关系、认知
许晖等（2013）	关系、结构
梁娟和陈国宏（2015）	结构、关系、知识

资料来源：根据文献梳理结果整理绘制。

嵌入性理论的视角与分析工具对于经济学、社会学的研究都有重大的贡献，打破以往研究中对个体行为关注的桎梏，而将注意力转移到个体所处的社会背景中，强调组织之间的关系产生的影响，这样的研究思路与本书中面临的问题是相互契合的，而嵌入性丰富的研究成果为本书提供了较为成熟的框架和视角，嵌入理论成为本书重要的分析工具。

三、嵌入性对组织的影响

嵌入性的研究往往都要落脚到对组织的影响上。嵌入性带来的直接影响是对资源流动与配置发挥效应，从而产生了竞争的差异性（Gnyawali and Madhavan，2001）。关系嵌入对企业的影响主要涉及强关系或者弱关系对主体的影响，例如格兰诺维特（1973）研究关系嵌入对找工作的影响时，强调弱联系对个体产生的影响更为显著，弱联系代表着松散的网络关系，基于弱联系节点能接触到异质性节点的信息，这些信息往往对行动者而言是有价值的，能带来行动者行为的改善以及绩效的提高。而强关系则代表着同质性较高，对于供求匹配的价值往往较低，强关系带来的信息价值往往低于弱关系带来的信息价值。但是也有相反的研究结论，强关系比弱关系在互动交流层面更有价值，强关系连接能提供更加信任的联系，促进成员之间合作与交流，在互动过程中激发一些知识、技术、信息资源的共享与转移，进而提升网络内成员的绩效，并且强关系是很难被竞争对手所复制和模仿的（Dyer and Singh，1998）。乌兹（1997）则提出嵌入性对组织的倒"U"型影响，强联系能成为信息、知识资源的流通通道，在信任的背景下交易成本降低，非独立、隐性知识得以传递，在一定情况下能促进组织绩效提升，但是，过度的嵌入带来的强关系可能会局限行动者的视野，进而降低组织绩效。

情境因素对于强弱关系产生的影响有一定的解释力，从企业获取知识的视角出发，知识资源分为显性和隐形两类，强关系对于隐性知识的流动、传递有正向影响，而弱关系能促进显性知识的流动性，因此讨论企业是否建立强关系时，应该首先分析企业需求知识资源的类型。正如雷如桥和陈继祥（2004）的研究结果，强弱关系网络在不同的情境下发挥不同的效应，而企业从长远战略来看，更需要在二者之间建立一种平衡，适应企业发展要求作出调整，强弱关系的平衡能帮助企业获得核心市场竞争力。强弱关系在企业创新中也发挥着不同效应，弱关系网络有利于企业获取新的理念和运营方式，强关系网络则有利于网络内部制度实施与稳定性，强弱关系对于企业获取创新资源都是重要的。

关于嵌入性网络的结构如何影响企业绩效，学者从不同的角度出发进行研究，得到了不同的研究结论。波特（Burt，1992）提出经典的结构洞理论，揭示松散的网络结构有利于企业通过非冗余信息的交换而获得结构洞优势，帮助企业在网络中获得更多的利益回报。科尔曼（Coleman，1988）的社会资本理论持相反的观点，紧密的结构网络为成员提供了可信任的合作关系，通过降低交易成本提升组织绩效。波特等（Burt et al.，1998）认为这两种观点并不是对立的，在不同的情境下松散与紧密的网络结构发挥不同的作用，帮助网络中的成员实现目标与价值。这些研究为扎希尔（Zaheer，1999）提供了新的思路，他发现关系非冗余程度高的紧密网络、空间分散程度高的松散网络，嵌入是企业获得核心竞争力的关键要素。

关于嵌入给组织带来风险的研究，格兰诺维特（1985）提出"嵌入"在社会关系网络中呈现出不规则渗透的形态，使企业易于遭受外部攻击，或是使企业与网络外的信息隔离，背离经济绩效，其对企业绩效的影响具有倒"U"型特征（Uzzi，1997）；随着网络结构的越发复杂，其中的嵌入风险呈现出动态传递（Baker，2007）的特征。而且，稳定的网络一旦形成，企业就有可能面临嵌入惰性（Maurer and Ebers，2006）、过度嵌入（Granovetter，1985）或路径依赖和区域锁定（Araujo and Harrison，2002）、"过度根植性效应"（Burt and Minor，1983）等，使网络僵化，因而带来不利后果。嵌入到网络中的企业因为专用性资产的投资，可能会产生锁定效应，而强势锁定可能导致搭便车（Park，1996），弱势锁定可能导致显性的"要挟"；杨震宁等（2013）指出关系嵌入过度会产生认知偏差，产生影响资源获取质量的风险。孙国强和石海瑞（2011）提出过度嵌入是网络组织负效应产生的直接诱因。

第四节 网络平台风险维度与识别研究

一、风险的内涵

解读风险的内涵是研究风险的基石，风险在经济学、金融学、工程项目管理等领域都有所涉及，但对这些研究梳理发现，学者们都是从各自的视角进行描述刻画风险的内涵，要对网络平台的风险进行研究首先应该对风险的内涵本质进行追溯。

较早的风险描述，出现在 19 世纪西方古典经济学中，是伴随着人类生产经营活动必然出现的副产品，在一定程度上可以认为人们的收入就是由于承担了风险而获取的回报。直到威利特（Willett，1951）从风险的本质特征上给出了较为准确的定义，即事物在发展过程中发生不确定性的客观体现，显然客观性与不确定性是风险最主要的特征。该定义为之后学者们研究提供了概念基础，奈特（1921）将不确定性从风险的概念中分离出来，认为风险与不确定性是有本质区别的，认为风险是能够被预测、评估的。巴拉兹和威廉姆斯（Balaz and Williams，2011）则对客观性提出质疑，将主观因素引入到风险分析框架中，风险中的不确定性随着主体的判断而有差异。耶茨和斯图（Yates and Stone，1992）基于前人的研究从损失的角度构建了风险三因素结构模型，包括潜在的损失、损失发生的可能性、损失的大小。该模型是现代风险理论的基本概念框架。对风险的概念梳理，主要有以下几种含义：第一，事物发展的不确定性；第二，损益的实际结果与期望值的偏离；第三，风险因素的变化与波动产生的结果；第四，事物发展过程中损失产生的概率等（魏华林和刘娜，2006）。

二、企业网络风险研究

在对企业网络的风险研究中，海伦德勒鲁（Hélène Delerue，2004）提出风险具有多维度特性，这是由企业网络中参与者多元化和差异性多样化造成的。从交易成本经济学理论分析组织风险，关系风险普遍存在于合作的企业之间，这是由于市场环境的不确定性、合作伙伴的机会主义行为以及企业决策者的有限理性决定的（Williamson，1975）。关系风险是企业网络面临的较为突出的风险，网络内的企业协同合作时产生的一系列有损合作主体利益的行为带来的风险就是合作风险（Ring and Van de Ven，1994），这种损失可能是不遵守契约规定的合作伙伴的有意行为产生，也可能是失误等无意行为产生（Das and Teng，1998）。企业合作关系中，资产专用性的程度直接影响机会主义行为产生的可能。成员违背合作精神直接导致合作关系受到威胁，网络治理难度增加，从这个层面来说，机会主义是合作关系风险的主要来源，尽管很多组织试图通过事先建立完备的契约预防机会主义，但关系风险仍然成为企业网络的障碍。战略联盟存在着同样的问题，环境的不确定性和合作伙伴是否遵守约定对联盟的稳定性提出了挑战（Ring and Van de Ven，1992）。

任何事物都具有其两面性，企业进入网络的初衷是由于网络能够增强合作关系、整合资源，有助于提升企业的效益（Lee，2000）。然而，尽管能获取更多的资源，许多组织对于进入这些网络中仍然提心吊胆。大多数企业的顾虑在于进入网络后面临的多元风险，这类风险是由于嵌入到某些关系网络后给企业带来损失的不确定性（Kumar and Van，1996），而资产的专用性、信息不对称以及资源控制能力缺失是产生不确定性的主要因素（张青山，2006）。对于网络来说，节点企业嵌入进来也会带来一定的风险，例如弱势锁定带来的"要挟"行为，弱势锁定的节点企业退出网络的难度较低，但是退出会给网络带来一定的损失，在这样的情形下一些节点企业通过中止合作、退出网络的威胁行为改善在网络中的位置与收益，即弱势锁定可能导致事后的机会主义——显性的"要挟"行为（彭正银，2003）。对于提供低质量产品或服务的企业，其风险预期收益是整个网络的机会收益，而风险成本仅仅是个体的机会主义成本，在成本与收益差的激励下，长期的经营将导致网络的柠檬效应出现（曾伏娥和陈莹，2015）。供应链上网络的关系风险表现为合作企业的利益冲突、契约风险、信任危机等（赵阳，2008；桑圣举等，2009）。商业生态系统中由于信息不对称性导致系统内具有信息优势的成员产生机会主义进而独占资源（钟耕深等，2010），信息不对称是引发市场参与者"逆向选择"和"道德风险"的关键因素（张琳和施建军，2008）。

通过对风险的内涵研究进行追溯发现，不同领域的学者积累了较为丰硕的研究成果，这些研究从不同的视角定义风险，为后续的研究奠定了概念基础。近二十年来，企业网络的风险研究也在不断深化与细化，学者们对企业网络风险的维度不断拓展，为网络平台风险研究提供了可借鉴的思路。

三、网络平台的风险类别与成因研究

网络平台作为一种新的商业模式，改变了传统组织的运营模式与合作格局。在降低交易成本、提升交易效率的同时，网络平台组织形式也面临着多维度的风险。由于利用与强化了信息的搜索、匹配功能，平台交易减少了流通环节，为交易双方带来便利的同时也产生了信用风险，包括商品质量问题、用户信息、服务缺失等（周茜等，2019）。在初创与成长阶段，平台为了获取更多的用户流量往往注重商品与服务的质量，提供优质的交易环境，但随着网络效应带来的持续增长的规模，为了追逐更多利润，更多的商家进入平台，逐渐出现假货充斥、欺诈盛行的现象（唐明琴和张玲，2016）。

（一）网络平台风险类别研究

对相关文献进行梳理，网络平台的风险研究主要集中在 P2P 网贷平台的债务风险（王凌飞和陈小辉，2020；张超，2020）、众筹平台的金融风险（Lacan and Desmet，2017）、支付平台的欺诈风险（邵建利等，2014）等方面；对于交易类平台的风险，已有研究中主要包括产品风险（刘冠男等，2018）、客服服务风险（Forsythe and Shi，2004）、供应商风险（Harridge – March and Quinton，2005）、物流风险（Xu et al.，2019）、信息技术风险（刘念祖等，2006）、信用风险（Jøsang et al.，2007；Herzenstein and Andrews，2008）、过度竞争风险（Eisenmann et al.，2006；曲振涛等，2010）等。

声誉风险（Liang and Shi，2005）也是平台运营中面临的重要风险，平台涉及多方主体，主体的违规行为给平台的整体声誉带来损害，且声誉风险具有一定的累积性（王伟等，2017）。双边市场或多边市场环境下都存在着竞争风险，平台组织也不例外，不同的是网络平台由于其运营模式的特殊性，竞争形式也更加多元化，商家通过虚假的宣传信息、评价信息参与到同业的竞争中，进而获得更好的排名、更多的用户流量等，直接的影响是损害其他商家的利益，间接影响是对消费者利益、平台的声誉造成侵害。竞争风险包括信息资源竞争风险、客户资源竞争风险和结构位置竞争风险（张雄辉，2013）。网络中过度竞争，会给网络的可持续发展带来风险（Dobson and Karmarkar，1993）。尽管企业采用不同的策略进行竞争，但其行为基本分为价格竞争（Chi et al.，2010）、宣传营销竞争、排序位置竞争、商品与服务评价竞争（Yu and Cannella，2007）。

（二）网络平台风险成因分析

分析网络平台风险成因的研究中，一些学者围绕网络外部性（Katz and Shapiro，1985）展开，网络平台的外部性效应非常明显，这就造成了平台上的企业选择的竞争策略也愈发复杂（何为，2018）。随着平台上入驻商家数量规模的持续增长，引发了平台上激烈的竞争，商家的道德风险引发的非诚信经营行为可能会扰乱竞争秩序，引起竞争风险（张雄辉，2013）。商家为了获得更多的用户资源，可能产生刷单炒信、操作评价等行为，这些行为是产生风险的根源（富越和董保华，2015；石文华等，2016）。

嵌入性为平台风险形成提供了一种新的解释思路，平台交易仅仅局限于与新的技术搭建形成新的商业模式，而对于传统交易中出现的问题并没有得到更好的解决，甚至出现了更多的假冒伪劣失信交易（张军，2016）。而信息不对称是产生一系列失信交易的根源，平台交易的虚拟性加剧了信息不对称性，不仅存在着传统市场交易中的产品信息不对称，买卖双方的身份信息也被隐藏，为缺乏诚信的商家提供了投机的便利，假货交易成为阻碍各个电商平台健康运营秩序的桎梏（杨洋，2010）。不同于传统的实体交易市场，在网络平台上，由于商家恶意地提供虚假的信息、低质量的产品与服务，不仅侵害了消费者的权益，而且给平台的声誉也带来极大的负面影响（Ghosh and Swaminatha，2001）。平台上信息不对称性有多重表现，包括信息的完整度与真实度、信息的主观性、信息传递的滞后性、信息的垄断性（Jøsang，2007）。在信息不对称的情形下，商家通过"隐藏行动"，攫取平台利益，实现利益最大化给平台带来一系列的风险（陈武和李艳萍，2018）。信息不对称涉及电商交易的多个环节，在长期的演化中逐渐形成信任危机（田润霖，2010），网络交易的失信问题可能导致产品交易的囚徒困境（潘勇和廖阳，2009）。

委托—代理理论为双边市场中的风险研究提供了一种新的框架，尤其是用于解释平台交易中商家的道德风险问题。由于平台企业、入驻商家、消费者之间存在着多重的委托代理关系，各个主体的目标函数不同，形成了利益冲突，显然在平台上存在着激励不相容的问题，信息不对称加剧了这一问题，信息优势方的代理人可能隐藏行动以侵害委托人利益为代价获取自身更多的利益，导致委托人的风险增加（吴本家，2007）。

四、风险的识别研究

风险识别是风险管理首先需要解决的问题，也是风险管理的基础（Tchankova，2002）。风险识别是对组织在发展过程中可能面临的潜在风险的类型、发生概率、造成损失进行预先的判断、辨识和鉴定的过程（Maytorena et al.，2007）。风险识别的准确性对于风险管理至关重要。

从网络平台风险识别的理论来看，大多数涉及信息不对称、道德风险、逆向选择的委托代理关系（肖群，2014）。弱信号理论为企业财务风险的识别提供了有效的工具，方微和邵波（2009）运用该理论构建信号积累、信号整合、风险识别框架。祝志明等（2005）提出企业战略的风险识别首先要系统地厘清风险因素。在平台上构建有效的信号传递通道，减少机会主义行为，避免逆向选择，遏制市场"柠檬化"是应对入驻企业给平台带来的风险的有效工具。信号能够预示风险是否出现，帮助企业对风险的防范制定有效策略。信号甄别理论减少了信息劣势方在委托代理关系中的不利形势，甄别出有效信息判断对方的行为，促进了合作关系的均衡。信息劣势方先采取行动，通过一些协议与合约的形式来将一些高风险的合作方和合作方高风险行为识别（杨青等，2015）。

网络平台风险的识别是平台治理的关键环节，全面系统分析平台上存在的风险源因子对于风险的控制起着未雨绸缪的作用。网络平台风险的识别与传统实体企业的风险识别有一定的差异性，后者面临的风险能够通过企业的自主学习实践和科层管理结构进行识别与管控，而由于双边市场的属性，网络平台的风险来自入驻企业或者消费者用户时，需要借助外部力量与路径进行识别（陆健，2016）。袁峰等（2003）运用解释结构模型法对电商平台复杂多元的风险因子进行了结构性识别分析，识别出内部风险与外部风险，内部风险包括风险意识、流程风险、技术风险、网络犯罪风险，外部风险包括法律风险、外部黑客风险、市场风险、物理风险。王发明和朱美娟（2021）从平台构建、平台治理、平台发展与变革三个阶段分别对其演化风险进行了识别。邵建利等（2014）运用 Logic 回归模型构建了电商支付平台风险模型，结合 Kolmogorov – Smirnov 模型建立了风险判断的分割点。

　　风险识别的方法，各个领域的学者根据研究问题采用了不同的方法。解释模型法（陈菊红等，2002）和 Logistic 回归都是较为常见的方法。另外，还有头脑风暴法（杨明增，2011）、层次分析与模糊评价法（宋健，2011）、决策树方法（Schreiner，2004）、因子分析模型（Saunders et al.，2007）、人工神经网络（肖玲诺等，2011）和工作—风险分解法（WBS – RBS 法）等方法。解释结构模型法能够清晰地厘清风险因素并进行结构性分析（汪寿阳等，2011）。头脑风暴法的风险识别，主要是通过建立风险因素的列表，由专家对该列表中的因子由粗到细地分类判断（Gray and Larson，2008）。扎根理论方法在风险识别的研究中被很多学者青睐，认为采用扎根理论来研究企业风险问题，其优势主要包括：不需要获取敏感、保密的企业内部数据，而通过公开资料和访谈资料进行质性研究，降低了数据获取的难度；不同形式的组织面临的风险维度有较大的差异性，因此针对某类组织的风险识别，扎根理论能够进行深入、具体、精准的挖掘；扎根理论演绎的逻辑方式更有助于从现象中凝练概念、理论和模型，可以弥补定量研究的不足与缺陷（朱荣，2010）。

第五节　风险耦合研究

一、风险耦合

　　风险耦合的概念来源于物理学，后被引入到交通、工程学领域，从系统学视角出发，风险耦合是在一个系统中某一类别或者某个维度的风险的形成或者影响力依赖于系统内其他风险，风险耦合度的大小描述了风险之间相互依赖或者影响的程度（李广诚，2001）。物理学中对耦合的解释体现了耦合主体之间存在着一定联系，并且耦合会使得主体的性质发生改变。风险的耦合遵循了该原理，两种或者多种风险之间相互影响，并且在一定情形下发生耦合，耦合后风险的性质发生改变，风险造成的影响因此改变。

目前，关于风险耦合的研究集中在金融、工程、气象领域，这些领域关于风险耦合的研究成果能为管理学领域提供一些参考。MODCOU 耦合模型可以用于解释工程学中流体耦合的过程，学者构建该模型并进行仿真能够掌握流体耦合过程中相互作用的程度（Korkmaz and Ledoux，2009）。生态系统、城市环境、交通工程等领域对风险耦合的研究也比较广泛，刘耀彬等（2005）通过构建人工神经 BP 反馈网络建立耦合度预测模型，对耦合度进行了测算。毕其格（2015）运用灰色关联分析法将人口结构与经济之间的交互作用模型化，计算指标体系的关联度与耦合度。刘堂卿和罗帆（2012）将空管安全耦合风险因素细分为五个维度，运用系统动力学构建了不同维度下的风险因素耦合关系图，进而利用 N-K 模型仿真验证。胡扬斌等（2019）运用 Copula 函数刻画了资本市场信用风险的耦合路径，建立了耦合风险的关联结构。王建秀等（2015）对中小企业业务单元的关联性引发的风险传导耦合关系进行研究，提出了业务单元之间的关联性导致企业风险存在耦合效应，企业风险的控制要消除这种耦合效应。邓明然和夏喆（2006）认为风险的耦合是在传导过程中发生的，风险传导过程中的耦合程度对工程施工安全性起重要的作用。汪秀婷和程斌武（2014）运用案例分析方法研究了企业资源整合、协同创新、动态能力的耦合机理。吕雪晴（2016）对跨境电商中消费者的感知风险建立了耦合模型，动态分析感知风险之间的相互作用机理，为本书提供了很好的借鉴。

纵观风险耦合的研究成果不难发现，风险耦合分析方法大多数建立在数理模型基础上，将耦合度量化是研究的主流趋势。贝叶斯网络法（罗帆和杨智，2012）、可拓学理论（姚韵等，2006）、层次分析法（王珺等，2019）等都是风险耦合量化模型常用的方法。

综合对各个研究领域的研究，本书认为某一类风险的发生依赖于或者受到其他类风险的影响。而风险耦合度正是衡量风险之间作用和影响程度的大小。两种风险因子之间的联系程度与影响程度越高，二者的耦合度也越高。各个领域的风险耦合研究已经较为全面和系统，研究方法也呈现多样性，而管理学领域尤其是组织行为方面的风险耦合研究还较为罕见，且主要集中在银行、金融业的信用风险等方面。但这些研究为风险耦合分析提供了很多数理模型与量化逻辑，为进一步探索研究 B2C 网络平台嵌入风险耦合提供了很多有价值的思路。同时，因缺少网络平台上不同类别风险耦合的研究，也间接证明了对于 B2C 网络平台嵌入风险耦合系统的研究很有必要。

二、风险测度

（一）风险测度方法

国内外关于风险的测度研究包括定量与定性两类方法。最早引入风险测度思想的研究是马科维茨提出的以"均值—方差"为分析框架的风险测度模型，摩根公司在此基础上提出 VaR 方法来评估测算风险，将风险量化有助于风险管理，在金融资产管理等方面有着广泛的应用（张喜彬等，2000）。随后，相关学者应用蒙特卡洛仿真（隋聪，2016）、贝叶斯网络等方法开展定量研究，测度风险因素度量值和风险概率。风险损失或收益研究比其不确定性的探讨更有助于风险管理，基于收益模糊变动的风险评价模型有助于测度风险（刘海潮和张保林，2005）。定性的风险测度则主要关注于风险的评价，模糊评价法、扎根理论、案例研究法是常用的方法。

（二）量表开发与设计

量表开发与设计是风险测度的重要工具，量表信度的构建是一个不断发展的过程，必须具有相当数量的研究成果的积累。根据对已有文献进行梳理，目前关于风险量表设计与开发的研究，主要分为基于风险的偏好、认知（Altman and Saunders，1997；Keinan et al.，1984）与基于风险特征（Jackson et al.，2010；潘煜等，2010）的分析维度来进行，其主要维度如表 2 – 5 所示。

表 2 – 5　　　　　　　　　　　　风险量表设计的主要维度

量表/调查问卷	结构及主要研究学者
CDQ	调查问卷包括不同领域的 12 个"两难选择"问题（Wallach，1964）
TRA	压力、冒险、风险承担（Keinan et al.，1984）
JPI – RT	金钱、生理、社会、伦理四个维度考量风险承担（Jackson and Hourany，1972）

量表/调查问卷	结构及主要研究学者
DOSPERT	涉及风险认知与收益两个框架，分伦理、财务（又细分为冒险和投资）、健康/安全、社会和娱乐决策等 5 个维度（Weberetal，2006）
RAS	风险定位、倾向、状况、动机（Hubbard et al.，2004）
网络购物消费者感知风险量表	产品品质、安全、售后服务、产品认同、价格（潘煜等，2010）
互联网消费风险	经济、功能、心理、社会、隐私、时间风险（Featherman and Pavlou，2003）

资料来源：根据相关文献资料整理。

综上所述，国内外学者已经对企业、网络等的风险识别、耦合与测度问题进行了一定的研究和探讨，取得了一些有益的研究成果。但从总体上看，已有的研究工作还存在局限性，在风险识别方面，既未建立针对 B2C 网络平台嵌入风险的识别方法与模型，也未对嵌入风险的维度进行系统的划分。而在风险测度方面，根据不同的研究情境设计了定性、定量的方法，量表设计尽管是多数学者采用的风险评估的一种方法，但是该方法不可避免地存在着主观性误差，因此已有研究在风险测度方面仍然有一些不足，找到能够评估嵌入风险的方法也是本书急需解决的问题之一。

第六节　网络平台风险控制研究

网络平台的风险控制研究集中在银行信贷、网贷平台风险等领域，风险管理中对风险的管控逻辑基本包括风险规避、转移、减去、接受（徐延峰，2017）。具体到相应的管控策略大致可以分为以下三种：一是通过建立风险矩阵，对风险进行分类并选择优化项目；二是工作分解结构应对风险；三是优化模型风险应对。赫森等（Hillson et al.，2006）研究了信贷风险应对成本的影响，提出了风险管理的标准、范围、过程等，这些标准之间是互补的。魏金萍（2014）运用脆性理论对企业的风险控制策略提出建议，包括脆性风险免疫、脆性风险隔离以及两者交互策略。张浩和张潇（2017）提出了收益多元化能够有效控制电商平台供应链金融风险。威廉姆森（Williamson，1983）针对关系风险的治理提出了相应的机制，包括构建合作的信任机制，根据合作伙伴建立差异性的契约机制，制定监督机制降低合作中的机会主义行为等，这些机制一定程度上能有效约束合作主体的行为，但是也存在着交易成本的问题。随着人工智能、大数据等技术的发展，平台卖家的各种违规营销手段层出不穷，给平台型电商的声誉造成了严重损害，平台需要制定更加精细化的治理策略，对不同类型的商家违规行为以及不同声誉水平的商家采取差异化的监管办法，并运用一系列手段来维护消费者的合法权益，获取消费者的信任，改善买家态度，以维护平台型电商声誉（汪旭晖和宋松，2021）。信用治理是学者关注的另一个重点，在平台信用分规则的生产、实施和评价中，已经产生利益失衡的现实问题。基于平台信用治理的规范属性，应当着重运用规定性规范来引导信用治理中主体利益的合理分配（杨帆，2022）。荆文君等（2022）提出了一种新的平台治理方式——"威慑式治理"，不同于传统治理方式以市场效率为重点，重视事后、事中治理的思路，"威慑式治理"更重视事前约束。

通过对文献梳理发现，目前研究中关于风险的控制，学者们主要采用信用、契约、声誉、制裁等机制，面对网络平台交易中的不确定性与嵌入不足，制度监督能够帮助买家在交易行为发生之前建立起对卖家的信任，而负责任的卖家将采取合理措施履行其交易承诺，以避免管理的制裁和被移出平台的可能性（Song et al.，2015）。格瑞沃等（2010）指出，平台企业长期执行监督能够帮助其预先发现潜在的机会主义行为，促进整个平台组织的有效运行。梁等（2005）研究发现，网络平台中的监督体系能够有效地抑制参与者的道德风险，降低代理成本并提升市场竞争程度。在更高层面，制度约束能够视为相互依赖基础上网络参与者对共同行为准则所形成的宏观文化机制（Jones et al.，1997）。网络平台的经济活动中既有明示契约，又充满着默认契约。对于两种契约的遵从，不仅提升了平台参与者的彼此信任程度，而且减少了交换关系中的机会主义行为，并促进了合作行为的发生（Robert and Morgam，1994）。在 B2C 网络平台上，越来越多的买方与卖方以匿名或随机的方式进行交易，为数字经济平台中的契约约束提供了一个有利于信任发展的可能。麦克奈特等（Mcknisht et al.，2002）认为平台组织中的信任建立在契约的结构性保证之上，包括了保证金、合约、规章制度和确保带来期望结果的交易流程等。耶尔文佩等（Jarvenpaa et al.，2000）发现对信用的认知正向影响了网上商店的信任建立，而对于契约的违反，则为平台参与者带来了声誉等方面的负面影响。基于社会约束的声誉机制有助于帮助 B2C 平台型企业促进参与者之间信任的建立，保证组织价值增长的持续性（Doney and Cannon，1997）。平台参与者的高质量声誉，同样为平台带来正外部性（Basu and Raj，2003）。网络组织中的契约具有自发性特征，更易引发后契约机会主义行为（彭正银，2003），此时需要发挥平台上的市场约束力量来对其进行补充，即以市场力量来促进契约的自我履行。在平台组织中，参与者能够对违反共同价值观念的成员进行集体制裁，违约者在声誉下降的同时，有可能在未来的交易中遭受集体的抵制与处罚（刘清华，1999）。琼斯等（Jones et al.，1997）指出，集体制裁通过增加机会主义行为的成本、减少个体监督成本与提供监督激励的方式，减少了网络组织中的不确定性行为。进一步地，集体制裁还促进了治理机制在网络平台的变化，平台组织还会为那些违反共同价值观念的成员设立更为严格的交易制度限制，增加其违约成本。

第七节　文献述评

本章分别从网络平台相关研究、嵌入性理论、网络平台风险维度与识别、风险耦合以及风险控制研究等方面梳理了已有文献，随着互联网经济的崛起，平台型组织实践中的问题带动了学术界的发展，网络平台的相关研究大量涌现并积累了一定的成果。学者们认识到了网络平台组织改变了交易形式，打破了传统实体交易的时空阻碍，运用技术提高了信息资源的匹配效率，减少了交易的中间环节，节约了买卖双方的交易成本，大大改善了国内流通业的格局与模式。但是根据目前研究的现状来看，对于网络平台尤其是 B2C 网络平台上的嵌入风险研究还很欠缺与薄弱，这也为本书的展开提供了切入点。根据本章的文献梳理，发现在以下几个方面还存在着不足：

（1）关于网络平台，学者们从商业模式、价值共创、平台交易纠纷以及平台治理等方面做了相关的研究，随着互联网经济的发展，网络平台成为新的组织形态备受理论界的关注，学者们在这些方面的研究积累了大量成果，并且逐渐趋于成熟、规范。但是对于网络平台的风险治理还缺乏有益的探索和研究，网络平台上风险的生成机理与有效控制还未形成系统性的研究。

（2）运用嵌入理论对网络组织风险的研究主要集中在过度嵌入、嵌入惰性、嵌入不足、弱嵌入等方面，而嵌入理论应用于网络平台风险的研究还很缺乏。尽管与平台组织在性质、合作形式等方面存在差异，但是网络组织的嵌入风险的框架依旧能为前者提供一些有益的依据。关系嵌入、结构嵌入中的机会主义行为、道德风险、逆向选择以及负效应等问题，在网络平台的嵌入结构中依然存在。因此，急需在嵌入视角下对风险展开研究。

（3）对网络平台风险研究进行梳理，发现网络平台领域的风险研究多集中在网贷、金融、信用等方面，现有研究学者们从不同的研究视角、不同的研究主题上出发，关于平台在运营中产生的风险已经积累了较为丰硕的成果，但是尚未有学者关注平台上入驻企业的嵌入行为带来的风险，且鲜有从低度嵌入或嵌入不足视角展开讨论的，因此本书以低度嵌入作为研究的新情境，分析低度嵌入的商家给平台带来的一系列风险。

（4）国内外关于风险耦合研究在研究理论、方法上已经取得一些成果，但是针对本书问题仍然存在两方面缺陷：一方面，目前风险耦合的研究主要集中在工程项目、交通安全等领域，而在组织行为、平台型组织等方向上仍然较为欠缺，B2C 网络平台上的风险耦合原理与路径是否与工程、交通领域的风险耦合有相似或差异之处，是值得探讨分析的问题，同时其他领域对风险耦合研究的思路为本书提供了借鉴。另一方面，风险耦合研究中风险的评估是需要解决的难题，但是以往的风险耦合研究中风险评估大多数是对各个单维度风险进行逐一评估，而未建立起风险维度之间的联系性，风险耦合强调的是风险因子之间相互作用，因此在对风险进行评估时需要注意风险之间的关联性，通过风险耦合仿真才能更好地与实际更为贴切。

（5）网络平台风险控制研究中，学界对于风险的控制机制尚未达成统一的共识。风险控制并非简单验证机制与风险的直接关系，而要探索风险控制路径中的中介变量，进一步探索"控制机制是如何对风险产生效应的"，并为实践中的平台治理提供可操作的策略。另外，关于机制的权变因素也仍然未做深化的探索，考虑到不同的商家产生风险的原因是不同的，因此采用的机制所发挥的效应是有差异性的。本书将就风险控制机制进行细化，并探讨不同维度的机制发挥风险控制效用的路径。

第三章

嵌入风险的识别与风险源挖掘

第一节 研究方法及数据收集

一、问题提出

在移动互联网技术迅速发展和消费者用户需求升级的环境下，电商市场规模不断扩大，网络平台成为零售业市场中重要的组织形式。而 B2C 网络平台发展的速度与优势有目共睹，其品牌背书也得到了双边用户的青睐。然而，在其发展崛起的同时也频频发生交易纠纷、假冒伪劣、虚假广告以及用户的账户、个人信息泄露等负面事件，这些事件都暴露了入驻 B2C 网络平台的商家在交易中存在着关于商品、信息、服务等各种各样的问题，同时这些问题为平台、平台其他商家以及消费者用户带来了声誉、利益、财产等损失，这些失信行为不仅严重干扰正常的网络交易秩序，对平台的声誉造成不良影响，而且也导致用户与平台和商家之间的信任度降低，使平台的用户流失率逐渐提高。对这些现象进行深度剖析后，发现 B2C 网络平台组织形式中，商家以低度嵌入的方式入驻平台参与交易、竞争，由于低度嵌入情境下商家入驻门槛低，投入的专用性资产低，平台对商家的控制力较传统市场模式减弱，导致商家的违规行为成本低收益高，由此给平台带来一系列的风险，本书称之为 B2C 网络平台的嵌入风险。

基于上述的现实问题，低度嵌入情境下 B2C 网络平台的嵌入风险问题值得深思。通过第二章对文献的梳理与回顾，学者已经达成共识：网络平台上存在着关系风险、信用风险、竞争风险等，但现有研究的不足主要体现在：第一，未针对 B2C 网络平台这一主流商业模式的风险作出全面深刻的探讨，B2C 网络平台是新兴的商业模式，不同于传统实体性组织，其涉及的多边主体以及交易模式都发生了改变，因此风险的维度与风险源都需要具体深入研究；第二，现有研究未对 B2C 网络平台上入驻商家的嵌入风险维度与风险源进行系统的挖掘，风险源的挖掘是风险研究的基础和前提；第三，各个风险维度之间有怎样的关联性，这些风险之间是否会发生演变，这些问题都急需解决与回答。为解决上述问题，本章展开嵌入风险识别的研究，试图构建一个完整的嵌入风险体系。

二、研究方法

根据以上问题的分析，首先应该对嵌入风险进行系统的挖掘与识别，突破现有研究中的理论束缚，以一种开放的姿态和严谨的方法，去理解、去梳理嵌入风险的风险源有哪些，以及这些风险源形成了哪些维度的嵌入风险。由于关于目前 B2C 网络平台嵌入风险的研究还未深入、全面的展开，因此想要构建新的理论模型必须从管理实践中获取资料，进行资料分析、归纳，寻求现象背后隐藏的一般规律。多案例分析法是基于现实案例或材料进行理论探索、模型构建的质性研究方法，适用于本书中风险源的挖掘以及风险维度的识别，因此本章选择多案例分析方法构建嵌入风险形成的风险源与风险维度体系，采用扎根理论编码方法对材料进行分析，通过分析多个案例中共同的属性或者差异性构建模型，以期能构建较为全面的风险源库。

扎根理论由格拉泽和斯特劳斯（Glaser and Strauss，1968）首次提出，其基本研究逻辑是：深入实践情境进行数据和资料的收集，通过对资料的不断比较，进行抽象化、概念化分析，提炼出概念、范畴，最终构建理论模型。扎根理论在发展过程中主要分为三大流派：一是格拉泽和斯特劳斯的经典扎根理论，该流派强调不受先入为主的问题、范畴、假设等影响，理论的构建与发展是基于所收集的资料本身，规律与理论必须来自原始资料而非研究者的预设（李贺楼，2015）；二是卡宾和斯特劳斯（Corbin and Strauss，1996）提出了程序化扎根理论，该流派强调的是资料分析的过程，将分析过程实现标准程序化，即开放式编码、主轴式编码和选择式编码，这种程序化的编码使得分析者更具有操作性，与经典扎根理论不同的是，程序化扎根理论认为研究者不可能不带有任何预先设想研究一个崭新的问题，研究者已有的知识和理论能够给资料收集和分析带来能动性；三是查马斯（Charmaz，2005）提出的建构主义扎根理论，建构主义扎根理论强调的是研究者与被研究者之间的互动以及对被研究者行为的解释，将建构主义所提出的很多方法和问题融入其中，使得研究更加细致和严谨。

本章的研究将采用建构主义扎根理论并结合主流的程序化扎根理论编码方法，在收集资料的基础上，进行开放编码、主轴编码、选择性编码，开放编码是在原始资料的基础上贴标签并提取概念，在概念之间建立一定的联系，进而将概念范畴化；在得到范畴的基础上进一步运用译码典范模型将开放性编码中的各个范畴建立联系；选择性译码是在选择核心范畴的基础上，建立与其他范畴的联系并补充未完备的范畴。扎根理论方法的基本流程如图 3 - 1 所示。

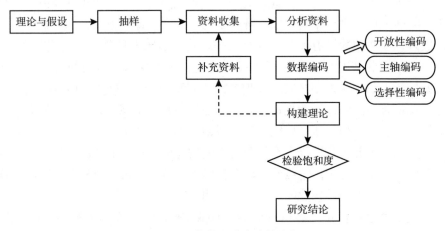

图 3 - 1   扎根理论方法的流程

资料来源：由笔者绘制。

三、访谈资料收集

（一）访谈提纲设计

访谈提纲作为支持性的工具，对被访谈者和访谈者具有以下的作用：一是，在必要的情况下，将访谈提纲提前发给被访谈者，使得被访谈者对于访

谈的内容有大致的了解，同时可以为访谈内容做必要的准备，例如委派组织
内对访谈内容熟悉的人员参加访谈，对访谈内容做提前的准备；二是，设计
高质量的提纲，运用较好的访谈技巧可增强访谈者对研究问题的记忆，并且
能更好地引导访谈的方向，也是获得更多信息更好进行研究的关键。本书在
设计访谈提纲时，遵循研究的一般思路"What – Why – How"即"存在什么
问题—什么因素导致这些问题—平台如何解决这些问题"，访谈提纲的设计
逻辑如表3 – 1所示。

表3 – 1　　　　　　　　　　针对商家的访谈提纲设计示例

访谈主题	问题举例	目的	阶段
店铺的基本信息，包括成长史、主要经营范围、店内工作人员数量等	您的店铺什么时候开始运营，主要经营范围包括什么，店铺中大概有多少工作人员，分别分管哪些业务内容等	通过基本信息的提问，打开访谈场景，引导被访者进入访谈，并唤起被访者输出更多信息的情绪	整个阶段
入驻平台及其条件设置	您的店铺从创业至今入驻了几个平台，包括哪些？这些平台对于入驻商家有哪些条件设置，您认为这些条件能保证入驻商家的优质性吗	从商家的角度，了解平台设置的条件与规则，以及入驻的不同平台之间对商家要求的差异性，了解商家对于平台规则的有效性	入驻阶段
经营中对平台规则的遵守程度，可能存在的违反平台制度规则或者与平台愿景相违背的行为？造成这些行为的原因	日常经营中平台对商家设置了哪些规则，这些规则主要是针对哪些问题制定的；不同平台规则之间的差异性；平台是否能有效控制商家遵守平台的规则进行诚信经营；商家退出平台的壁垒包括哪些	从商家的角度，了解平台对于商家运营中设置规则制度，以及入驻的不同平台之间对商家要求的差异性，了解商家对于平台规则的有效性	经营阶段
平台商家竞争存在的问题以及造成这些行为的原因	平台上商家之间的竞争主要体现在哪些方面，同业商家中是否有一些违规竞争行为；造成这类现象的原因有哪些？平台对这些竞争行为会有哪些惩罚措施	从商家角度了解商家之间的竞争状况，以及有哪些不当竞争行为，造成这些行为的原因，平台对于这些行为的治理措施	经营阶段
与用户之间出现较多的纠纷问题，造成这些纠纷的原因，以及平台对这些问题的处理规则	在经营中，通常与消费者发生纠纷、投诉主要会在哪些方面，为什么会有这些纠纷投诉，平台针对这些问题是否有相应的制度处理	从商家的角度了解与用户之间的关系，在经营中可能对用户造成利益损失的商家和平台的行为	经营阶段

资料来源：根据访谈提纲由笔者编制。

（二）访谈过程与技巧

访谈分为两个过程，预约与正式访谈。预约是为了与受访者约定时间并让受访者初步了解访谈大纲，对访谈的内容有所准备，增加访谈的有效性，并增强受访者信息输出的意愿。访谈一般选择在受访者指定的场所进行，每次访谈时间一般在 1 ~ 1.5 个小时以内，在征得受访者同意后，对访谈对话进行录音，以备对材料进行留存。由于本书涉及风险问题，因此在访谈中也要注意访谈技巧，要从多个角度引导访谈降低受访者对负面信息输出的防备，并获取有用的信息，如表 3 - 2 所示。

表 3 - 2   参与性对话技巧

对话技巧	定义	作用	案例（访谈者 I，受访者 R）
询问	封闭式询问：以是否、要不要等词段开头发出提问	缩小访谈范围，对基本事实进行确认，避免访谈过度随意化	I：平台上的商家是否有压低价格与同业商家竞争的现象
	开放式询问：以什么、如何等词段开头发出提问	引导受访者就讨论主题展开阐述和发表意见，并引出更多的内容	I：您认为为何商家会有这样的行为
肯定	以"是的""您说的对""这个观点非常好"等词段、语句对受访者访谈进行鼓励、肯定，调动受访者积极情绪，促使受访者输出更多信息	对受访者作出回应，告知受访者内容被接受、理解、赞同等。激发受访者的积极情绪，并引导谈话方向	I：嗯，是的，您刚才说的这个问题在平台上确实出现很多，您刚才说的这个事，对我们的研究非常有价值
承接	当受访者基本完成提出的问题时，访谈者对内容进行承上启下，进入下一个问题	帮助受访者理清思路，主动掌握谈话方向，引导进入下一个问题	I：刚才您说了在入驻平台阶段需要提供的一些资质，说得非常详细，那么在入驻平台后您认为在运营中平台设置了一些什么规则呢
委婉式引导或停止	当受访者讨论的话题与本书的主题偏离较远，或者在某一主题上讨论时间过长时，访谈者要主动引导受访者回归主题或快速结束偏离的话题内容	避免话题偏离较大程度，引导受访者回到主题，及时中止无效讨论内容	I：对，您刚刚说的这个事非常有趣，很有意思，我们想更多地了解一些关于用户投诉的一些事件，您应该也有很多经验可以分享给我们

续表

对话技巧	定义	作用	案例（访谈者 I，受访者 R）
总结复述	将受访者所输出的内容进行简要整理后简明扼要复述给受访者	理清访谈的思路，将获取的信息整理后反馈给受访者	I：您看您刚刚说了同业商家中他们可能采取的一些隐蔽的行为来进行竞争，包括刷单、用旧的链接出售新的商品、雇用刷手刷好评等这些手段
开放式补充	访谈接近尾声时，给受访者内容自由，就访谈者可能未涉及的内容请受访者给予补充	引导受访者对一些遗漏信息进行补充，易于受访者畅所欲言，并有可能获取提纲外的有价值信息	I：您刚刚和我们分享的这些信息对我们非常的有价值，对我们的研究也很有帮助，您看除了提出的这些问题，在商家竞争上您还有其他的事情和我们分享吗

资料来源：由笔者绘制。

（三）访谈对象

本书针对 B2C 网络平台嵌入风险研究问题，选择 B2C 网络平台企业方、入驻商家方、消费者三方主体作为访谈的对象。

平台企业受访者主要依赖于本书团队连续两年致力于《中国网络平台治理报告》的发布而建立的企业关系网络，与选中的大中型 B2C 网络平台的中层管理者取得联系；对平台的调研，时间跨度为 2017 年 7 月～2019 年 11 月。

入驻商家受访者依赖于团队内导师与其他成员的社会关系对国内 B2C 网络平台的入驻商家管理人员、基层从业人员取得联系，以及通过天津市电子商务协会定期召开的电商培训班进行现场访谈；对商家通过深度访谈与实地考察获得一手资料，在选择受访者对象时，覆盖了不同的平台、不同的行业、不同的经营阶段、不同规模的入驻商家企业。时间跨度为 2017 年 7 月～2019 年 11 月，选择入驻天猫、京东、拼多多、唯品会、苏宁易购等平台两年以上的商家为主要访谈对象，在初步选择了访谈对象后，进行筛选、编号，以理论饱和度为准则确定了 8 个受访对象。访谈进行了三轮之后，基本达到理论饱和，第一轮主要调查了入驻商家对平台、消费者用户关系的认知，对访谈资料进行整理后形成一个初步的结构框架；第二轮调研是在第一轮结构的基础上继续就微观问题进行访谈，对整个框架进行内容填充；第三轮调研是对前两轮调研形成的模型进行补充，直到访谈不再对理论模型有补充作用，基本实现了理论的饱和度。

消费者受访者选择在 B2C 网络平台有较为丰富的网购经验的人员，由于该群体来源广泛，因此访谈范围尽量覆盖不同的性别、职业、收入、学历、爱好、主要需要等特征，使得资料更为全面与丰富。时间跨度为 2017 年 7 月 ~ 2019 年 11 月，确定了 23 个受访者。访谈方式主要是现场访谈、电话、微信等方式。访谈形式类似于商家访谈的轮次，经过三轮访谈基本实现理论饱和，不再形成新的理论模型。

根据上述原则，对本书进行的访谈对象资料进行整理如表 3 - 3、表 3 - 4、表 3 - 5 所示，分别为平台、商家、消费者的访谈资料。

表 3 - 3　　　　　　　　　　平台方相关人员资料

编号	访谈人	所属平台企业	受访者背景	访谈形式
P001	赵先生	网易严选	网易严选流量运营部经理	深度面谈、电话访谈
P002	胡小姐	京东	京东物流成本控制部	深度面谈、电话访谈
P003	张总	众信悠哉网	悠哉首席运营官	深度访谈、实地考察
P004	文先生	阿里巴巴	工程师	深度访谈（半结构式访谈）
P005	王主管	饿了么	本地生活集团	深度访谈（半结构式访谈）
P006	黎总、陈经理	飞猪事业部	供销平台项目负责人运营总监	深度访谈（半结构式访谈）、实地考察
P007	李总	天猫	天猫分销商主管	深度访谈（半结构式访谈）

资料来源：根据访谈资料由笔者整理。

表 3 - 4　　　　　　　　　　商家群体访谈对象资料

编号	访谈人	所属平台企业	受访者背景	访谈形式
S001	景明果品经理李总、电商部经理王总	京东、天猫、拼多多	总经理、电商事业部经理	深度访谈（半结构式访谈）、实地考察
S002	××义乌饰品网店周老板	速卖通	总经理	深度访谈（半结构式访谈）
S003	山西特产直营店赵老板	天猫	总经理、客服	深度访谈（半结构式访谈）、实地考察

编号	访谈人	所属平台企业	受访者背景	访谈形式
S004	天津静海区艺韵乐器厂王总、靳经理	天猫	总经理、孵化器有限公司常务副总	深度访谈（半结构式访谈）、实地考察
S005	B制冰机旗舰店	京东	客服	深度访谈（半结构式访谈）
S006	段店长，儿童玩具批发店	拼多多	店长	深度访谈（半结构式访谈）
S007	王某，母婴店	京东	客服	深度访谈（半结构式访谈）
S008	宛店长，服装店	拼多多，天猫	店长	深度访谈（半结构式访谈）

资料来源：根据访谈资料由笔者整理。

表 3-5　　　　　　　　　消费者用户访谈基本信息

编号	访谈的核心消费平台	年龄	职业/属性	访谈形式	访谈时间（分钟）
C001	京东、天猫	20	学生	现场/半结构式访谈	35
C002	天猫	29	自由职业	现场/半结构式访谈	20
C003	拼多多、唯品会	27	宝妈	电话/半结构式访谈	30
C004	天猫	35	教师	现场/半结构式访谈	30
C005	京东	26	护士	现场/半结构式访谈	25
C006	拼多多	39	个体户	电话/半结构式访谈	20
C007	苏宁易购	42	出租车司机	现场/半结构式访谈	40
C008	京东、天猫	19	学生	现场/半结构式访谈	20
C009	拼多多	31	自由职业、宝妈	现场/半结构式访谈	15
C010	唯品会	35	教师	现场/半结构式访谈	18
C011	京东	38	医生	现场/半结构式访谈	20
C012	天猫	28	教师	现场/半结构式访谈	16
C013	唯品会	18	网络主播	现场/半结构式访谈	20
C014	京东	30	汽车店销售	现场/半结构式访谈	20
C015	天猫	28	企业会计	现场/半结构式访谈	25
C016	唯品会	34	自由职业	现场/半结构式访谈	28
C017	拼多多	48	家庭主妇	现场/半结构式访谈	25

续表

编号	访谈的核心消费平台	年龄	职业/属性	访谈形式	访谈时间（分钟）
C018	苏宁易购	36	白领	现场/半结构式访谈	30
C019	天猫	23	学生	现场/半结构式访谈	30
C020	京东	31	互联网公司技术员	现场/半结构式访谈	35
C021	唯品会	38	公务员	现场/半结构式访谈	25
C022	天猫	36	高校教师	现场/半结构式访谈	20
C023	天猫	29	程序员	现场/半结构式访谈	15

资料来源：根据访谈资料由笔者整理。

四、理论抽样

在样本的抽样方法中，有目的抽样、理论抽样、滚雪球抽样等方法，目的抽样是根据研究问题有目的性地选择调查样本，一般选择能够最大程度完成研究目标的访谈对象、访谈案例等（桂华等，2014）；理论抽样是已经建立了相关概念或者理论，在此基础上为了发展或验证这些已有观点而进行重点抽样，有方向地引导抽样（Andrade，2011）；滚雪球抽样首先选择部分访谈者进行调查，请这些访谈者推荐与研究目标相符的其他对象，以此类推逐渐扩大调查对象的范围（Galal，2001）。本书的调查访谈中采用了目的抽样与滚雪球抽样法，在收集资料并整理过程中，得到部分概念后遵循理论发展的必要，采用理论抽样方法，具体而言：为了更快地获得有价值的资料数据，研究在抽样之初，主要选择了研究人员知悉的电商从业人员进行访谈，在访谈中经他们推荐进一步扩大访谈范围。随着访谈工作的推进，通过对资料的收集和分析，本书的核心问题所涉及的信息逐渐趋于完整，继续访谈所获取的信息数据对新的概念和框架不再有贡献度，表明达到了理论饱和，访谈结束。至此本书共获得38份访谈资料数据，将访谈内容转换形成文本数据，最终得到4.5万字的文本数据。

五、信度分析

在对相关数据收集完毕后，本书采用内容分析法对数据进行分析。在扎根理论研究方法中，内容分析的核心是编码，而开放式编码是编码程序中的第一个步骤，目的是从大量的材料数据中识别概念，并提炼概念的性质与维度。在开放式编码中，本书由 3 位研究员完成编码过程，3 位研究员对每一份数据都分别进行归类，这样便于实现相互判断的统一度。为了保证编码信度，我们在得到的全部材料中抽取部分作为前测样本，由 3 位研究员进行编码，对结果按照公式计算。基本公式如式（3 - 1）、式（3 - 2）和式（3 - 3）所示。

分析者信度计算公式：

$$R = \frac{n\bar{K}}{1 + (n-1)\bar{K}} \qquad (3-1)$$

分析者平均相互同意度：

$$\bar{K} = \frac{2\sum_{i=1}^{n}\sum_{j=1}^{n}K_{ij}}{n(n-1)}(i \neq j) \qquad (3-2)$$

分析者相互同意度：

$$K_{ij} = \frac{2M}{N_i + N_j} \qquad (3-3)$$

以上计算公式中，R 表示扎根理论编码的信度，n 是参与编码程序人员的数量，$\bar{K}$ 是参与人员之间的相互认同度（均值），M 是两个编码人员持有相同编码意见的项目数量；N_i 为第 i 个编码人员参与分析的总项目数量，运用上述公式，代入本书中统计的数据可以得到 $R = 0.926$，结果高于扎根理论要求的标准：$R \geq 0.8$，可以判断参与编码分析的人员的一致性符合要求，可正式进入编码阶段。

第二节　开放编码

经过前期的访谈、体验式调研，对所获取的数据样本进行筛选整理，去掉无效数据后得到本书正式编码的文本数据库。遵循扎根理论构建理论严谨规范的程序，对文本数据进行了分割，将平台企业、入驻企业、消费者用户三类主体的访谈数据随机抽取 3/4，作为建模分析，剩余的 1/4 材料用于最后理论饱和度检验分析使用。本章运用扎根理论借助 NVivo 10.0 工具，按照扎根理论分析方法对原始的案例资料数据进行开放性编码、主轴性编码、选择性编码。

基于前期的调研和数据挖掘，本书共获得 38 份访谈资料数据，共获取了 1089 个原始语句，对这些有效字段首先进行开放式初始编码，即毫无预设地根据其内容原意，提取初始概念。开放式编码是对原始访谈资料逐字逐句进行编码、归类、比较和整合，形成具有较强概括性的概念和范畴的操作过程，其目的在于明确现象，产生概念、提炼范畴，最终收敛原始资料和研究问题，具体包括概念化和范畴化两个阶段。研究首先对 38 位受访者的数据进行编码，编码编号顺序是：受访者编号—访谈问题编号—回答句子顺序编号，如编号 P1－2－5 表示：平台方第 1 名受访者在回答第 2 个问题时，所做回答的第 5 句话。

编码过程中，沿着"现象—标签—概念—范畴"的流程，对收集的原始访谈资料进行逐行分析：第一，对原始资料的语句或者关键词语贴标签，对材料中能够反映平台上商家违规行为、行为后果、产生行为的原因等方面的现象进行梳理，并将其贴上标签，为了便于梳理用 aa1、aa2、aa3……来标识标签；第二，提取概念，在上述标签化工作的基础上，对梳理的标签进行归类，原则是将能反映相同或者相近现象的标签置于同一个集合中，最终形成多个集合，即是对应的概念，用 Aa1、Aa2、Aa3……来标识概念；第三，将概念进一步范畴化，将上述提取的概念按照一定的逻辑进行归类分析，进一步合并同类概念置于集合中，获取对应的范畴分别用 AA1、AA2、AA3……来标识。经过对开放式编码内容的多次整理分析，剔除重复频次少于 2 次和个别前后矛盾的初始概念，仅仅选择重复频次在 3 次以上的初始概念，并进一步范畴化，最终抽象得出 78 个概念和 45 个范畴，表 3－6 为开放式编码所形成的范畴（受篇幅所限，每一范畴仅节选 1~2 条原始资料语句解释）。

表3-6　开放编码部分结果

原始语句（部分）	标签化（部分）	概念化（部分）	范畴化
S3-1-4 早期进入这个平台不需要太严格的要求和条件，我所知道的有一些店铺会隐瞒真实的要求和条件，有的对于这些信息有的审核不严格，即使达不到平台的要求，也会虚报自己的资质，即使达不到的卫生许可证等	aa1 要求 aa3 严格 aas 真实 aa6 审核 aa7 辨别 aa9 虚报	Aa1 资质审核 Aa2 资质虚假 Aa3 经营违规行为难以识别与控制 Aa4 随意退出平台 Aa6 价格战	AA1 资质审核标准低 AA2 资质审核有漏洞 AA3 资质审核人员能力有限 AA4 违规行为难以识别 AA5 违规技术升级 AA6 随意退出平台 AA7 换号继续经营 AA8 虚假价格 AA9 恶意低价出售
S3-2-8 这几年入驻到平台上的同业竞争者越来越多，进货渠道就那么几个，卖的商品都差不多，差别不大，搜索时排在前10位的才会有更好的销量，为了提高商品的曝光率，慢慢倒逼通有的商家就会刷单啊，或者有偿好评，或者这些有低价手段提高销量、好评率	aa16 前十名 aa18 刷单 aa20 倒逼通 aa21 合规经营 aa23 销量	Aa7 刷单提高销量 Aa8 刷好评 Aa9 给假冒行为恶意差评 Aa10 假冒伪劣 Aa11 以次充好	AA10 刷单 AA11 捆绑销售 AA12 刷好评 AA13 好评返现 AA14 恶意差评 AA15 假冒伪劣商品 AA16 以次充好
S5-4-6 有的商家也只能模仿这些低价策略来吸引顾客，这样一来其他人也只能跟着降低价格，但是成本是在那里放着的，最后只能通过降低产品质量或者产品物流成本这些手段来保证自己的利润了，到最后提供的都是低质的产品服务，行业内也没有一定的标准或者说道德规则，最后就是这样低质消费者的是消费者更低价的产品，其实这样最终伤害的是消费者的利益	aa28 成本限制 aa29 降低产品质量 aa30 压缩 aa35 产品 aa36 服务 aa38 价格取胜 aa39 仿害 aa41 利益	Aa13 信息伪造 Aa14 信息投机 Aa15 信息安全 Aa16 支付安全 Aa17 配套服务失效 Aa18 退换货纠纷 Aa19 延时	AA17 与描述不符 AA18 支付问题 AA19 物流问题 AA20 退换货纠纷 AA21 售后配套服务问题 AA22 个人信息泄露 AA23 信息投机
P2-3-5 一些商家会投机倒把，比如入驻平台时的证件都是假的，卖的货是高仿品或者次品，有的商家还会把产品次品，这些行为可能犯了双十一活动中的假，也给平台带有非常不好的影响，消费者一旦经历向而就不再相信这个平台了，而这些行为一旦被平台发现，我们对这些商家采取一系列的惩罚措施	aa43 假证件 aa44 高仿品 aa48 平台影响 aa49 失去信任 aa50 不再消费 aa52 惩罚	Aa22 人员培训 Aa23 合作商关系资源投入 Aa24 店铺收益低 Aa25 押金低 Aa26 罚款较少 Aa27 相同产品 Aa28 相似产品	AA24 信息安全 AA25 信息安全 AA26 入驻费用低 AA27 佣金低 AA28 佣金低 AA29 盈利少
C2-4-6 有一次我在网上买了一件搞活动也不回复，最后没有办法我就退货了很久都不大发货，客服询问也不回复，最后错过了双十一活动的优惠，这种事情其实挺多的，但是大家也没有找到投诉渠道，吃了哑巴亏。但是信任是我们信任平台的基础，如果失去信任，以后都不会相信这个平台了	aa53 搞活动 aa56 无回应 aa58 退货 aa59 浪费	Aa29 用户流量减少 Aa30 用户需求优先 Aa33 平台价格机制 Aa34 故意隐瞒信息	

续表

原始语句（部分）	标签化（部分）	概念化（部分）	范畴化
P3－4－2 在平台初创期，很多商家的基本信息我们没法完全获得，商家也会存在隐瞒信息或者虚报信息的情况，能够提供的产品质量和服务水平也无法事先识别。低质的商家可能会把高质商家排挤出去，整个市场的秩序会被打乱 C－7－1－2 经常会有一些商家违背平台规定的七天无理由退货承诺，这种情况我有时候会到平台寻找投诉渠道，如果反复发生这些事件，使得我对网购失去信心，有时候候投诉情况进行处罚果。平台会根据这些投诉情况进行处罚 S1－2－6 同行同质化之间的竞争还是比较激烈的，很多新的产品在同质化的现象，为了争取到靠前的排名竞争夺曝光率，有的商家使用一些违规手段竞争，比如投专业佣单团队，水军提高销量，刷好评。还有一些商家甚至雇佣差评师对竞争者的商品进行恶意差评，降低对方的信用分，这些行为可能沿着这个产品线进行传播，最后导致低质量的商品把信用质量能沿着这个产品线降低质量的商品挤出市场	aa60 时间 aa62 挺多案例 aa70 隐瞒 aa72 产品质量 aa73 服务水平 aa75 低质商家 aa77 排挤 aa78 市场秩序 aa79 打乱 aa81 七天无理由退货 aa82 承诺 aa84 反复发生 aa87 平台处罚商家 aa88 同质化 aa90 同行竞争 aa91 争取靠前排名 aa92 增加曝光率 aa93 违规竞争手段 aa95 水军 aa98 雇用差评师 aa100 降低信用分值	Aa36 无法直接体验 Aa38 先支付后收货 Aa40 无官方授权 Aa41 无三标信息 Aa45 不发货 Aa48 线下支付 Aa50 修改差评 Aa54 违背承诺 Aa57 物流信息虚假 Aa61 无法约束商家 Aa65 先付款后收货 Aa67 押金低 Aa68 罚金低 Aa71 模仿其他商家 Aa73 商家卖家个人信息 Aa74 经营店铺投入少 Aa75 无法直接查看到商品 Aa78 投诉失败	AA30 盈利占比低 AA31 设备投入少 AA32 人力投入少 AA33 同类商品多 AA34 品牌识别度低 AA35 用户需求有限 AA36 用户精力有限 AA37 用户理性有限 AA38 平台优质坑位竞争 AA39 首页展示机制 AA40 商家信息隐瞒 AA41 无法识别信息真实度 AA42 商家逐利行为 AA43 商家逐背承诺 AA44 先付款后收货 AA45 无法直接观察和体验货物

资料来源：根据访谈资料由笔者整理。

第三节　主轴编码

主轴编码是在开放编码获得范畴后的进一步抽象概况，挖掘范畴之间的关系，对范畴进行整理归类和建立联系，形成更具概况性的范畴。在建立关联时，必须遵循一定的线索。围绕研究的核心问题——嵌入风险的风险源识别，根据开放性编码所提炼出的45个范畴之间的关联性，进一步挖掘"轴心"，根据各个范畴之间相关的特征与一定的逻辑进行归类，最终发展和归纳出18个主范畴，包括：入驻约束力小、经营控制度低、退出限制性弱、不当低价竞争、不当销量竞争、不当信用竞争、信息失实、产品失真、服务失效、专用性资产低、契约成本低、核心价值获取低、产品同质化、用户资源有限、平台排序机制、信息不对称、商家道德风险、银货分离。主轴编码经过聚类分析处理后，最终以理论编码实现所分析问题的理论化提升。

主轴编码的逻辑分析过程如下：

（1）资质审核标准低、资质审核制度有漏洞、资质审核人员能力不足3个范畴中，均包含有"资质"一词，返回到原始访谈资料中分析，围绕"资质"这一轴心重新审视相关的范畴不难发现，"审核制度""审核标准""审核人员能力"等都属于平台对于商家入驻设置的门槛或要求，将这些范畴的性质进行聚类分析，发现平台对于商家入驻的约束力较弱，无法对商家的入驻行为进行严格把控。因此，在不明确其他范畴分类的情况下，可将3个范畴初步归为一类，命名为入驻约束力小。

（2）信息投机、信息安全、信息伪造、同类商品信息冗余、商家信息隐瞒、无法识别信息真实度，这6个范畴中均包含有"信息"一词，故围绕"信息"梳理相关范畴，通过系统分析发现，"商家信息隐瞒、无法识别信息真实度"分别体现了客观上信息不对称；信息投机、信息伪造是商家主观上投机行为动机采取的虚假信息策略，两者都是信息失实的表现；信息安全范畴返回到原始访谈材料中，主要表现为商家将消费者的个人信息泄露导致消费者收到骚扰信息甚至有诈骗隐患，因此信息安全是隶属于售后服务中商家对于消费者信息保密服务的失效，与此同时，将其他范畴重新梳理，发现支付问题、物流问题、退换货纠纷、售后配套服务问题等都属于商家为用户提供的服务范畴，将这 4 个范畴一同合并到服务失效主范畴；商品信息比较性强，回归到原始语境中，发现多条词条反映的是消费者在搜索某一个商品时，平台呈现出多条商品信息，导致用户对于该商品选择余地大，比较性强，是商品同质化严重的外在表现。因此，虽然都含有"信息"一词，但是上述 6 个范畴被划分到了 3 个主范畴中（信息失实、服务失效、产品同质化）。

（3）入驻费用低、押金低、佣金低、盈利少、盈利占比低，5 个范畴中都涉及了与资金相关的状况，但是分析其方向性，发现入驻费用低、押金低、佣金低 3 个范畴体现了商家入驻平台的契约成本，是商家入驻和经营过程中需要向平台缴纳的费用，将其聚类为契约成本低；而盈利少、盈利占比低则反映的是商家从平台创造或获取的价值，通过回归语境分析，这两个范畴归纳的是商家在平台上核心价值的获取，因此将其聚类为核心价值获取低。

（4）用户需求有限、用户精力有限、用户理性有限、用户无法直接观察和体验货物，4 个范畴中都包含有"用户"一词，对其进行聚类分析时发现，"用户需求有限、用户精力有限、用户理性有限"3 个范畴是用户的主观性特征，是由用户本身决定的属性，将 3 个范畴划分为用户资源因素，而"用户无法直接观察和体验货物"则是由平台交易的天然属性决定，将其划分为平台上银货分离的特征中，进一步对其他范畴进行匹配，发现先付款后收货这一范畴也属于银货分离主范畴中，因此得到用户资源因素与平台银货分离两个主范畴。

（5）恶意低价出售、恶意捆绑销售、恶意刷差评，3 个范畴中都包含"恶意"一词，对 3 个范畴的概念进行语境分析，发现 3 个范畴分别指向了竞争模式，恶意低价出售是在用户进行价格排序时，商家采用降低商品价格与同行商家进行竞争，该价格通常低于市场行情，扰乱了市场秩序，因此恶意低价出售属于价格竞争主范畴中，对其他范畴进行排查，发现虚假价格也体现了价格竞争主范畴，予以归类；恶意捆绑销售是商家为了提升销量，在商品出售时对一些商品进行捆绑式售卖，以达到销量提升的目的，同样，刷单是典型的销量竞争采取的手段，将其合并为同一个主范畴中；恶意刷差评是某些商家雇用差评师，有偿对同行商家进行差评，以降低对方的信誉分值，同属于操纵信用策略的还有好评师刷好评、好评返现等行为，将该 3 个范畴聚类到同一个主范畴中。

（6）商家行为隐蔽性强、商家违规技术升级、商家随意退出平台、商家换号继续经营、商家利己行为、商家违背承诺这6个范畴都含有"商家"一词，对其进行分析，前4个范畴属于商家面向平台的行为策略，分别是造成平台对商家经营行为的控制力弱和平台对于商家退出限制性弱的原因，可聚类为平台对商家的经营控制度低、平台对商家退出限制性弱这两个主范畴。后两个范畴是商家面向消费者用户发生违规行为时的主观动机，因此将其归纳为商家的道德风险主范畴。

（7）对剩余的范畴分别进行梳理，假冒伪劣商品、以次充好、与描述不符都属于交易中商品可能出现的问题，将其聚类为产品失真；设备投入少、人力投入少是商家投入平台的专用性资产不足的问题；平台优质坑位竞争、首页展示机制是平台上商品排序机制不佳的问题。

根据以上逻辑，对开放性编码形成的45个范畴进行聚类，提炼出18个主范畴，表3-7展示了主范畴提炼结果与提炼的特征或逻辑。

表3-7　　　　　　　　　　　　　　主范畴归类结果

主范畴	范畴	特征与归类逻辑
入驻约束力低	资质审核标准低；资质审核制度有漏洞；资质审核人员能力有限	入驻门槛约束
经营控制度低	商家行为隐蔽性强；商家违规技术升级	商家经营行为管控
退出限制性弱	随意退出平台；换号继续经营	商家退出平台行为的限制
低价竞争	虚假价格；恶意低价出售	价格策略
销量竞争	刷单；恶意捆绑销售	销量策略
信用竞争	刷好评；好评返现；恶意差评	操纵信用评价策略
信息失实	信息投机；信息伪造	交易中涉及信息问题
产品失真	假冒伪劣商品；以次充好；与描述不符	交易中涉及产品问题
服务失效	支付问题；物流问题；退换货纠纷；售后配套服务问题；信息安全问题	交易中涉及服务类问题
专用性资产低	设备投入少；人力投入少	商家经营投入
契约成本低	入驻费用低；押金低；佣金低	商家入驻投入
核心价值获取低	盈利少；盈利占比低	商家经营产出

续表

主范畴	范畴	特征与归类逻辑
产品同质化	同类商品多；商品信息比较性强	商品类因素
用户资源因素	用户需求有限；用户精力有限；用户理性有限	用户类因素
平台排序机制	平台优质坑位竞争；首页展示机制	平台类因素
信息不对称	商家信息隐瞒；无法识别信息真实度	平台属性
商家道德风险	商家利己行为；商家违背承诺	商家经济人属性
银货分离	先付款后收货；无法直接观察和体验货物	经营模式属性

资料来源：根据主轴编码结果整理所得。

第四节 选择编码

选择性编码是构建核心范畴，以故事线的形式展现所研究的核心问题。通过对主范畴的继续考察和深入分析，同时结合本章的研究目标。即在形成嵌入风险维度体系，并对风险源的维度按照一定的逻辑进行聚类，最终析出风险源生成的嵌入风险维度。在主轴编码中已经提炼出包含入驻约束力低、产品失真、商家道德风险等18个主范畴在内的 B2C 网络平台嵌入风险的风险源维度体系，根据研究目的，在此基础上进一步得到嵌入风险的维度，因此在选择性编码中进一步对18个主范畴聚类进行整理分析，首先根据风险源的性质维度，可将18个风险源分为两类：

（1）专用性资产低、银货分离、产品同质化、平台排序机制、信息不对称、道德风险、核心价值获取低、用户资源因素等9个主范畴体现了 B2C 网络平台或商家本身所带有的属性或者特征，这类风险源是难以采取一些针对性措施对其加以控制或者规避的，这些因子大多是客观存在的，因此将该类风险源定义为系统性风险源。

（2）产品失真、服务失效等主范畴体现了商家在经营过程中主观行为上的风险源，这些风险源是由于平台与商家的某种原因产生的因子，这些因子是可预见、可避免、可管控的，这些因子单个或者综合发挥作用会导致风险的生成，因此将此类风险源定义为行为性风险源。

基于上述风险源的性质对其进行聚类，18个主范畴划分为系统性的风险源与行为性的风险源，进一步对两类风险源进行分析，发现系统性风险源与行为性风险源之间存在着显著的作用关系，例如产品的同质化、用户资源有限以及平台的排序机制等系统性风险源很有可能导致商家的不当价格、销量的竞争等行为，因此系统性风险源是行为性风险源的充分非必要条件。

为了能使核心范畴的故事线更加清晰明确，能够自然涌现出嵌入风险的维度，对主范畴继续进行整理：

（1）系统性的风险源往往描述的是平台上某一个主体的客观特征与属性，例如专用性资产低是商家主体的特征，但是每一个风险源都是依附于一对作用关系或者带有另一方主体指向性的，沿着这条思路，将系统性风险源按照商家入驻到平台后与其他主体发生的关系进行再次聚类，得到三组风险源：商家与平台——专用性资产低、核心价值获取低、契约成本低；商家与商家——产品同质化、用户资源因素、平台排序机制；商家与消费者用户——信息不对称、道德风险、银货分离。三组风险源分别阐述了两两主体之间入驻、竞争、交易关系中存在着的系统性风险因子。

（2）同样，在行为性风险源中，商家这些不确定性的行为是依托于商家与平台是其他主体的关系而发生的，因此行为性风险源沿着商家与其他主体的关系链再次聚类分析，得到了三组风险源：商家与平台——入驻约束力小、经营控制度低、退出转换限制性弱；商家与商家——不当价格竞争、不当销量竞争、不当信用竞争；商家与消费者用户——产品失真、服务失效、信息失实。同样，三组风险源分别阐述了两两主体之间入驻、竞争、交易关系中存在着的行为性风险因子。

至此，根据风险源的性质维度与关系维度，将风险源聚类形成了嵌入风险的风险源体系模型，如图3-2所示。

以上形成的风险源体系，使得嵌入风险形成的原因逐渐清晰，为嵌入风险的维度析出提供了新的思路，以下沿着风险源的关系维度对三组风险源分别进行分析：

（1）商家与平台之间关系中的风险源：专用性资产低、核心价值获取低、契约成本低、入驻约束力小、经营控制度低、退出限制性弱，为了更准确把握这些风险源的语境，研究回到原始访谈资料发现，处于初创期的一些平台对于入驻商家的要求与门槛较低，例如商家只要求向平台提交与品牌名一致的《商标注册证》或《商标注册申请受理通知书》，平台对这些资质进行

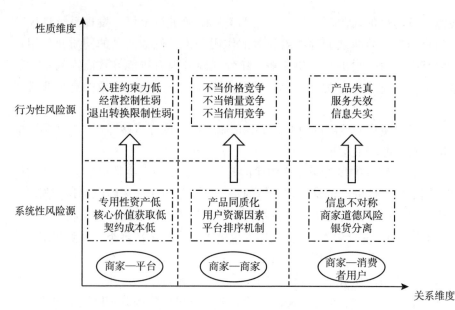

图 3 - 2　嵌入风险的风险源体系

资料来源：由笔者绘制。

审核，只要符合平台要求，商家即可入驻平台。而发展模式较为成熟的平台，则要求申请入驻的商家提供较多资质，并且确保资质信息真实、完整、有效，一旦发现虚假资质或信息，将不再与卖家进行合作。然而，在访谈中发现，部分商家并未如实提供其店铺运营的主体及相关信息，包括店铺实际经营主体、代理运营公司等信息；另一个较大的 T 平台关于商家入驻规则就较为具体，首先由商家选择店铺类型，包括普通店、旗舰店、专营店、专卖店。其中，非普通店类型的店铺，需要提供自有品牌商标或其授权文件。在信息不对称的条件下，商家通过隐瞒信息入驻平台，可能出现未被商品厂家授权而出售相关产品，甚至通过特殊渠道，与假冒伪劣商品的供应商合作，出售高仿、残次品等。由于平台对部分信息很难进行准确的辨识与严格审核，或者收集这些信息加大了平台的搜索成本与监督成本。因此，与传统市场相比，网络平台商家入驻模式使得平台对商家信息的真实性、动态性、全面性难以控制。

　　入驻商家进入平台的投入包括专用性资产和各个平台对商家收取的租金或者使用费。专用性资产是专门与平台店铺经营用途结合在一起才有价值的投入，包括设备、人力、仓库等，在访谈中发现商家入驻电商平台的专用性资产很低，即使有一些设备，也可以移作他用。平台对商家收取佣金和押金的模式各有差异，J商城对商家收取的费用包括三部分：平台使用费、保证金、费率。这些费用因店铺经营类目不同而不同，比如，服装鞋帽类的一般要缴纳1.2万元的平台使用费和3万元的保证金。T商城的费用包括入驻保证金与软件服务费，根据店铺的不同类型收取保证金，商家在经营过程中出现违规行为时，平台从保证金中扣除相关罚款。但是，事实上在对商家的访谈中，发现对于部分商家，平台收取的保证金较低，而机会主义行为带来的收益激励远远大于保证金对商家的约束力，因此，较低的契约成本、入驻门槛低以及信息不对称性都导致了平台对商家的锁定效应很弱。

对于违规且被平台发现的商家，保证金、罚款等契约成本产生的威慑力不足，违规商家退出平台的损失可能远远低于违规带来的收益，一些商家甚至通过其他手段在平台上重新注册店铺经营，平台对于商家退出机制的限制性显得较为薄弱，无法触及机会主义商家的切肤之痛。

平台与商家的关系不再是以往企业之间合作的"强势锁定"，专用性资产低，在平台上价值获取低，契约成本低等使得商家对平台的依赖性很低，商家的进入和退出都较为容易，这些都导致平台对入驻商家的锁定效应失效，即引发锁定失效的风险。锁定失效风险可能使被锁定方在信息资源上占据主动地位，为了追求更大的利益，会做出违背平台规则的行为，而平台由于信息资源的劣势，在对商家的治理上处于被动地位，弱势锁定引发的锁定失效风险，仅是从平台主体视角分析，而这种风险作为基础性风险层面，若无法得到有效控制，将会继续产生较高层级的风险。

（2）商家与商家之间的风险源包括：产品同质化、用户资源因素、平台的排序机制、不当价格竞争、不当销量竞争、不当信用竞争。由于网络平台的基本特征是网络外部性与规模效应，不断扩大规模能给双边用户带来更多的资源和流量，边际成本几乎为零的平台，随着网络成员数量的不断增多，规模效应显现出来，在带给商家和用户更多收益的同时也带来了成员之间不当竞争的问题。

在访谈资料中发现，商家之间存在不当竞争的客观原因，是随着网络规模的持续扩大，产品同质化愈发严重，平台的排序机制也对商家产生重要影响。近年来随着"双十一""618"等大型促销活动规模的持续增长，平台在活动中采用竞价广告和优质坑位的方法赚取商家的服务费用，一位参加了

5 年"双十一"活动的 T 商城的商家称：高额的直通车广告费、保底销量承诺，使得商家在平台上盈利越来越难，尽管对于很多商家而言，"双十一"相当于"赔本赚吆喝"，但他们依然别无选择必须参加。因为商家必须有好的销售量、好的评价，才有资格和平台谈判获得一些好的广告位置。所以一些商家只能选择低价竞争，获取更多的销量才能参加大型促销活动。而低价竞争的结果，倒逼了很多商家通过售卖假冒伪劣商品降低成本。为了获得更多的销量，刷出店铺的"爆款"商品，除了自带品牌吸引力的强势大牌，中小商家必须降低价格参与到竞争中，而低价势必影响利润率，为了保证自己的利润率，在低价促销的基础上，一些商家只能选择以次充好、降低成本。商业规则就是一分钱一分货，商品售价低了，商家自然要在成本上想各种办法，比如降低原材料成本、以次充好等。

销量竞争与信用竞争中，较为常见的模式是刷单、刷好评。在平台规则和商家需要的情形下，逐渐产生了刷单黑色产业链，虚假好评、删除用户差评、利用返现诱导真实用户好评是在访谈中出现频次较高的词。一位网购经验较为丰富的被访者坦言："商家利用返现、返券的形式诱导消费者对其进行好评，导致评价系统的真实度与价值大大降低。"还有逼迫消费者修改差评的情况也是屡见不鲜，如果达不到商家修改差评的要求，消费者将不堪其扰。竞争扭曲下刷单、刷好评、修改差评等行为严重影响了电商平台的规范与秩序，也侵害了消费者的权益。

由于平台上产品同质化较为严重，用户资源有限，而平台设置了通过销量、信用、价格等方式进行商品排序，因此平台上商家之间为了获得更多的资源和流量，产生了一些不当的竞争手段，包括恶意的价格竞争、销量竞争、信用竞争，导致平台的秩序受到影响，商家和消费者的利益也受到侵害，最终引发了竞争扭曲风险。

不当的竞争手段在平台上很容易传播，平台上一些商家采取低价策略进行刷量时，这种行为往往会传染到其他商家，一些商家是被迫参与到不当竞争中，否则其交易量将受到很大的影响；一些商家是看到采取不当竞争的商家获得了高额收益，便会跟随模仿这些商家采用不当竞争手段经营店铺。最终这些不当竞争行为在平台上不断蔓延和传导，扰乱了整个平台的竞争秩序，从而对平台的声誉也产生了不良的影响。

（3）商家与消费者用户的关系中的风险源包括：信息不对称、商家道德风险、银货分离、产品失真、服务失效、信息失实。以下分别对其行为风险源进行梳理：

首先，是产品失真。电商平台上的假货大致分为四种：一是"三无作坊"生产的未经工商检验产品；二是不法厂商生产的假冒名牌产品；三是原材料以次充好的伪劣产品；四是品牌厂商生产的与线下渠道在售商品同一型号但质量相对较差的"电商专供"商品。电商平台入驻的低门槛，平台对于商家的信息难以准确获取，因此在经营过程中，对于商品的把控度降低，产生了制假、售假商家投机主义的空间。在访谈中，一位商家称："我的店铺虽在苏州，但通过深圳鞋厂订货，高仿 X、T 等品牌的新款女鞋应有尽有，每款鞋子售价在 100～200 元之间，每月赚几万元。"一位主营云南特产的电商创始人举例：以 B 食品为例，平台上主营此类商品的商家难以计数，但价格相差巨大，其中很多商家都是从该特色食品产地以外的地方进行采购转而冒充品牌进行销售。在访谈中，某消费者在 Y 平台上购买化妆品后对其品质不放心，到专柜实体店进行验货，发现网购商品在包装、气味、色泽上都与专柜商品有所差别，该化妆品可能是真假混卖，也可能是高仿。也有其他消费者提出：在收到商品后即使知道是假货，由于维权难度比较大，很多情况下都会放弃维权。而针对这些层出不穷的现象，信息的不对称、商家的道德风险以及交易的银货分离导致消费者无法直接体验商品，一方面交易双方主体地理位置分离，消费者无法直接判断商家的经营状况和商品的真假程度；另一方面先支付后收货的模式，使得消费者收到货物时也无法面对面与商家对证商品的真假程度。由于交易时间与收货时间的隔离，信息发生衰减，消费者难以根据商家的信息对商品进行推断，产品失真风险源最终导致消费者对商家以及平台都失去信任。

其次，从信息维度来看，风险源包括信息伪造、信息投机等。信息虚假的问题近年来在网络平台上层出不穷，消费者顾女士在某旅游平台预订了某酒店，支付完成后发现商品名为其他酒店，要求取消订单被客服拒绝。该商家通过商品详情误导消费者，以低价为诱饵，引诱消费者错误消费，商家的这种行为是以虚假价格信息诱导消费者消费，是信息投机的表现。信息伪造表现为虚假数据和"挂羊头卖狗肉"的宣传广告信息，信息伪造往往诱导消费者用户作出非理性、非自愿的消费决策，在实践中较为多见的是虚假的价格信息（进入页面后价格与首页显示不同）、虚假的销量信息、虚假的评价信息、虚假的广告信息等，信息伪造损害的不仅是消费者的利益，还会对整个平台的声誉造成很大的影响。由于大数据的赋能，传统实体交易市场中的信息匮乏造成的信息不对称现象在网络平台交易中已经发生改变，信息技术改变了信息传播的渠道，平台面临新的问题，即信息冗余，同时伴有信息伪造、信息投机等问题。信息失实使得消费者难以辨识平台与商家的真假信息，增加了决策成本，交易后发现与获取的信息不符，消费者最终对商家和平台都失去信任。

最后，从服务维度来看，存在着支付问题、物流问题、退换货纠纷、售后服务、个人信息泄露问题。其中网购支付不安全与个人信息泄露两个风险源对消费者财产与信息安全的威胁最大，在交易中部分商家建议或者诱导用户通过一些第三方支付链接进行付款，对于没有防范意识的消费者点击进入钓鱼链接后会造成账户信息泄露，甚至巨大的财产损失。信息泄露是商家在完成交易后将消费者个人信息泄露，造成消费者收到骚扰信息甚至诈骗信息。物流问题是商家为了压缩成本选择一些服务较差的物流供应商进行合作，产生货物的损坏、丢失等现象，退换货纠纷是在平台制定的退换货规则下，商家不履行承诺规则，造成服务纠纷问题，消费者的基本权益受到侵害。售后服务包括售后的商家客服与配套服务问题，商家客服是消费者针对一些商品的使用问题进行咨询，或者就退换货进行协商，出现较多的售后客服问题是不能及时应答，不能按照平台规则处理纠纷问题等；配套服务是一些商品在出售后需要配套相关的服务，例如家具的安装服务、电器的维修服务等，服务供应商是平台商家的合作者，由商家支付费用，配套服务与事先承诺不一致严重影响消费者用户的消费体验。

以上分别就产品失真、信息失实、服务失效的行为性风险源在实践中可能导致的后果进行了梳理，最终发现在商家与消费者用户的交易关系中，这些维度的风险源都将导致消费者对商家的信任度降低，而随着这些事件的积累，平台的声誉受到影响，消费者对平台也失去信任，在这样的情形下将导致关系失信风险的产生。

对不同关系维度下的风险源逐渐演变生成风险的过程进行分析，最终涌现了嵌入风险的三个维度：锁定失效、竞争扭曲、关系失信风险。三个维度的风险之间存在着一定的联系，风险源交叉产生不同的风险。平台对商家经营控制度低，是间接导致商家发生竞争扭曲的原因，平台的用户资源和优质的坑位是有限的，为了攫取更多更好的资源，商家采用不当的竞争手段对平台利益分布规则进行非市场手段干涉，平台对商家较低的控制度增加了商家不当竞争的可能性。由于控制度低，产生不当竞争行为，破坏了平台上的竞争规则，严重挤压了合规经营商家的生存空间，具体来说，一方面，不当竞争往往伴随着劣质商品和低质的服务，不当竞争行为直接导致了行业内的恶性竞争，这不仅破坏了公平竞争的市场秩序，对同行业的竞争者造成伤害，更是对商家合规经营或者利益的积极性和创造性的严重打击，引发的积累效应最终将导致整个市场结构遭到破坏；另一方面，对于平台而言，不当竞争中的刷单、刷好评等行为实际上并没有为平台的经济效益带来真正的增长，而声誉效益却受到很大的影响。因此，关系失信风险是在锁定失效和竞争扭曲风险基础上进一步递进衍生的高层级风险维度。不同风险维度下的风险源，沿着平台、商家、用户的关系链不断衍生，最终各个风险源的能量经过积累效应后能量不断放大，形成了影响力与破坏力最大的关系失信风险。

　　以上通过对风险源的现象与生成风险的脉络进行具体阐述，最终形成了核心范畴"B2C网络平台嵌入风险维度与风险源体系"如图3-3所示，表3-8对以上风险维度析出证据进行了总结。

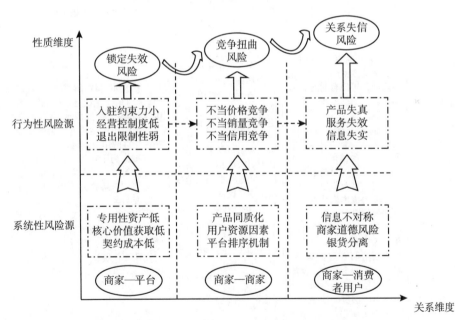

图3-3　B2C网络平台嵌入风险维度与风险源体系

资料来源：由笔者绘制。

表 3 – 8 B2C 网络平台嵌入风险的核心范畴形成的证据链

系统性风险源	专用性资产低 核心价值获取低 契约成本低	产品同质化 平台排序机制 用户资源因素	银货分离 道德风险 信息不对称
行为性风险源	入驻约束力小 经营控制度低 退出限制性弱	不当价格竞争 不当销量竞争 不当信用竞争	产品失真 信息失实 服务失效
现象	设备投入、人力投入少 入驻费用、押金、佣金低 盈利少；盈利占比低、资质审核标准低、资质审核制度有漏洞；资质审核人员能力有限 商家行为隐蔽性强；商家违规技术升级 随意退出平台；换号继续经营	同类商品多；商品信息比较性强 用户需求有限；用户精力有限；用户理性有限 平台优质坑位竞争；首页展示机制 虚假价格；恶意低价出售 刷单；恶意捆绑销售；刷好评；好评返现；恶意差评	商家信息隐瞒；无法识别信息真实度 商家利己行为；商家违背承诺 先付款后收货；无法直接观察和体验货物 假冒伪劣商品；以次充好；与描述不符 支付问题；物流问题；退换货纠纷；售后配套服务问题；信息安全问题 设备投入少；人力投入少
脉络	(1) 商家的资产专用性低，使商家对平台的依赖性降低，可以轻易地进入和退出而不受专用性资产的限制。 (2) 商家在平台上的契约成本低，契约成本是商家入驻平台建立合作关系时，为了保证对商家行为的约束，平台收取的保证金，契约成本低使得商家收到的约束力减弱。 (3) 商家在平台的价值获取低，商家企业有多个价值创造与获取的渠道，商家在某一个平台上获取的价值所占比例越低，转换或退出的可能性越大	(1) 平台上同质化产品较多，低价策略能提升商家销量。 (2) 平台上的用户资源是有限的，为了争夺更多的用户，商家采用一些虚假的促销、补贴活动吸引消费者，引起其他商家以相同或者变相形式进行模仿，造成信息秩序混乱。 (3) 平台对某类产品的店铺进行排名，商家为了能够占有更好的排名或者坑位，采用刷单、刷好评，恶意差评其他商家，来提升自己的销量和信誉等级，占有更好的资源	(1) 信息不对称条件下，具有道德风险的商家采用信息伪造、投机等策略，提供虚假的资质信息、虚假的产品信息、销量信息获得更多的用户流量。 (2) 商家为了获得额外利润，采用假冒伪劣、以次充好等手段进行交易，产品的失真严重损害了消费者利益。 (3) 平台交易中，交易完成后附加一系列的售后服务，例如退换货、安装说明、投诉等，服务的失效导致直接影响消费者的交易体验

续表

结果	商家违规概率提高，商家进入和退出更为频繁，平台的结构不稳定	商家只有通过恶意竞争才能在平台生存，最终相互模仿形成恶性循环，整个平台的市场秩序被破坏，平台形成柠檬市场	消费者用户的权益受到侵害，用户对平台的信任度降低，用户流失率提高；平台的声誉受损，商家逐渐退出平台，平台萎缩甚至倒闭
典范模型	锁定失效风险	竞争扭曲风险	关系失信风险

资料来源：由笔者整理绘制。

第五节　理论饱和度检验

理论饱和度检验是衡量所构建的概念模型中的理论是否饱满的重要标准，为了对理论饱和度进行检验，本书在编码程序中对平台、入驻商家、消费者用户的访谈资料随机抽取 3/4 文本数据后，预留 1/4 文本数据资料用于理论饱和度检验，通过对预留资料数据的编码分析，继续进行开放性编码、主轴编码、选择性编码程序，将所获取的概念、范畴、证据链等与理论构建过程进行对比，发现在原先抽取的范畴基础上并没有新增加的范畴，因此可以判定本章节构建的 B2C 网络平台嵌入风险的风险源库与风险维度模型在理论上已经饱和，具备了理论完备性的条件。表 3－9 列举了部分具有代表性的原始语句作为举证。

表 3－9　　　　　　　　　　理论饱和度检验部分原始语句举证

原始语句代码	原始语句	概念	范畴
P7－2－3	对入驻商家的把关对于我们而言非常重要，过去确实存在一些对入驻经营者的资质、证件等审核把关不严的情况，也有一些商家提供虚假的证件、商标授权等，包括一些食品相关类的企业的卫生、防疫等资质，如果出现问题就不仅仅是诚信问题，可能会引发更多的健康安全、生命财产安全等一系列问题。我们也看到其他平台出现这些问题影响很大，以此为戒严格把关入驻商家，将一些能预测到的问题在源头上就屏蔽掉	资质审核/虚假资质	入驻约束力低

续表

原始语句代码	原始语句	概念	范畴
S7－2－5	我们这个行业竞争比较激烈，大家买的产品很多在功能、质量上都相似，想要占据好的坑位要么交给平台一些坑位费，要么就销量很高、信誉度很好。跟一些大的商家较量，小店铺力量很单薄，有一些商家就通过走捷径，找专业刷单师，增加销量，甚至找职业差评师诋毁竞争对手	刷单/恶意差评	不当销量竞争/不当信用竞争
S8－5－3	去年我们入驻的一个平台，对于商家的监管比较松，比如收取的押金、保证金就很低，这样对一些投机的商家没有大的约束力，有些可能盈利少的商家就会通过恶意低价经营，即使被平台发现也只是罚款，对他们起不到震慑的作用，这样一来他们就搅乱了平台上的竞争，影响了其他商家合规经营，最后我们从这个平台撤出来了	保证金/恶意低价	契约成本低/不当价格竞争
C19－4－5	我在 X 平台上印象最深的网购经历是那次买了一个品牌的运动产品，收到货以后发现这个产品根本不是网页上标识的牌子，而且质量也很差，根本不能使用，我去找客服反馈，客服回复也不及时，后来让我退货，但是要求退货理由填写我自己的原因。我后来也找平台的客服投诉了，但是耗费时间精力，也不了了之了。后来我就不想在这个平台购物了	假冒伪劣/商品与描述不符/维权困难/售后服务差	产品失真/信息失实/服务失效
C20－5－6	经常会有曾经买过商品的店铺不停地给我发广告信息，对我造成了骚扰。甚至有时候会有一些诈骗电话，说我在某个店铺买了商品，需要点击一个链接进行退货什么的，我也知道这些链接可能是钓鱼链接，我觉得是商家把我的个人信息给泄露了。商家是有责任保护我们的个人信息的	信息泄露/信息安全	服务失效

资料来源：根据编码结果整理。

第六节 本章小结

本章是运用基于扎根理论编码方法的多案例分析对 B2C 网络平台嵌入风险的风险源进行挖掘，并沿着风险性质链与主体链关系两个链条将挖掘的风险源进行聚类分析，最终析出嵌入风险的维度，先对研究方法进行了梳理，在此基础上开展了访谈资料数据收集，并进行了理论抽样与信度分析。获取了大量的一手访谈资料与二手网络资料后，严格按照扎根理论方法的编码程序对数据进行开放性编码、主轴编码、选择编码，通过三级编码对现有案例资料进行了系统的分析与归纳，得到了 78 个概念、45 个范畴，最终形成 18 个主范畴，自然涌现了嵌入风险的风险源，对风险源进行聚类分析提炼嵌入风险的 3 个维度：锁定失效、竞争扭曲、关系失信，并依次得到相关的证据链，于此本书得到了嵌入风险的风险源与风险维度完整体系。

第 四 章

嵌入风险的耦合分析

第三章中通过多案例分析构建了嵌入风险的体系，挖掘了 B2C 网络平台嵌入风险的维度和风险源库。风险并不是独立、静止存在的，是会随着平台上主体之间的关系以及交易中的货物流、资金流、信息流不断相互发生作用与影响的，一些风险发生后，可能会增加其他风险发生的可能性，因此探讨风险之间的这种耦合路径是非常重要的，能够更加厘清平台上嵌入风险发生的机理。本章将以第三章的研究成果为基础，对 B2C 网络平台嵌入风险耦合机理进行分析，基于系统动力学方法对耦合过程中所体现出的风险动态变化特征、风险耦合路径和规律进行详细具体的研究，探索嵌入风险系统中的关键因子。

第一节 耦合的内涵与基本原理

一、嵌入风险耦合的内涵

耦合最早在物理学领域出现，运用系统论理解耦合，是指系统内部两个或者多个主体（元素）之间相互作用、相互依赖而形成联动的现象（邓明然和夏喆，2006）。因此，耦合的实质是系统内部元素之间互动形成的效应，耦合的研究多从系统的视角出发，将研究对象视作一个内部有动态交互作用的系统。

本书的研究对象是 B2C 网络平台，其运营涉及多方主体、多个流程，将平台视作一个开放式系统，嵌入风险广泛存在于平台系统的多个要素及其联系中，涉及的主体包括平台、商家、消费者用户，也涉及物流、支付等支撑体系，因此风险耦合存在于系统内部以及系统与外界环境的联系中。本章将平台的嵌入风险视作整体风险，在管理实践中发现，平台最终发生投诉曝光事件，通常不是单一的因素所致，往往是多方因素相互交织在一起，相互作用和影响的结果。

系统动力学理论中耦合是事物相互作用的一种范式，任何事物作为系统的一部分都不会独立运行，必然会受其他事物的影响。自组织理论则认为系统之间存在非线性作用，这种作用就是耦合（孙彦明，2019）。在风险管理领域，风险耦合是指系统中某个风险的发生及其影响力依赖于其他风险的程度，以及影响其他风险发生及影响力的程度（Brannan et al.，2010）。风险生成过程中子系统交叉影响，最终改变了风险的风险流量和风险性质，即耦合效应（王光辉和刘怡君，2014）。平台系统功能节点间的关联度以及风险性质间的匹配度正是决定耦合效应不同形态的两个重要因素（王珺等，2019）。

根据上述文献中对风险耦合的定义，聚焦到本书的问题，本章研究中运用系统动力学方法对 B2C 网络平台的嵌入风险耦合进行分析，首先将嵌入风险耦合定义为存在于平台系统中的风险源所释放的风险能量，依托于一定的载体，经由一定的路径或渠道，在蔓延的过程中与其他风险能量发生交互作用，使得风险能量或者性质发生改变而造成平台以及平台各方主体的经济、声誉、信息等资源偏离预期目标而引发严重后果的过程。

广义上讲，除了平台系统内部风险耦合外，平台外部系统中的行业协会、政府、媒体等与平台之间存在一定相关的主体，与平台上的主体构成利益链的组织之间必然也存在着风险相关性，一个组织单元发生的风险必然会影响到其关联单元，甚至会影响到整个市场环境，从而形成一个外在的风险耦合流程。

狭义上的 B2C 网络平台嵌入风险耦合是由于不可避免地受到内部系统各个主体行为的影响，潜在的一些风险因子依附于某些信息流、物流、资金流等，与其他风险因子关联、融合、演进，导致风险急剧放大甚至演化为危机，进而使得平台正常运行的目标产生偏离或失败的一系列过程。平台嵌入风险的耦合，既包括同层风险子系统之间的耦合，也包括跨层风险子系统之间的耦合。

由于本书重点探讨 B2C 网络平台系统内部风险的耦合，因此 B2C 网络平台嵌入风险耦合即指狭义的平台内部主体的风险之间的交互作用。

二、风险耦合的要素

风险耦合是风险流从风险源出发，通过一定途径在载体上相互作用和相互影响。因此，风险耦合的关键要素包括风险源、风险流、风险载体、耦合路径、风险事件与阈值等。

（一）风险源

风险源是指生成嵌入风险的不确定性因子，风险源是客观存在的，且本身不具有危害性，但是风险源因子随着风险载体形成逐渐积聚能量的风险流，并且与其他风险源因子形成的风险流发生耦合时能量积蓄，触发风险事件时释放能量，对相关主体构成危害。因此，风险源用于阐释风险源自何处，是由哪些因素所引起的。风险源是引发系统内产生风险的触发点，是风险产生的源头。

网络平台嵌入风险的风险源是产生风险的前提和基础，同时也是平台系统不可消除的特征和属性，蕴含着一定能量的风险源在未被激活前的存在状态对系统是客观的，在商家主观行为的推动下能量发生聚集与转化，逐渐产生风险。风险源之间存在着相互依存、演化的关系，这些风险源是 B2C 网络平台属性所决定的因素，是客观存在且不可避免的。依据第三章对风险和风险源的挖掘，本章将第三章中识别的 18 种风险要素视作风险源，将风险源按照主体之间的关系分为商家与平台之间的风险、商家与商家之间的风险、商家与用户之间的风险因素三大类，具体包括：专用性资产低、核心价值获取低、契约成本低、入驻约束力小、经营控制度低、退出限制性弱；产品同质化、用户资源因素、平台的排序机制、不当价格竞争、不当销量竞争、不当信用竞争；信息不对称、商家道德风险、银货分离、产品失真、服务失效、信息失实。

（二）风险流

借鉴物理学科中的方法，将嵌入风险视作具有能量的动态物质，这种能量蕴含在风险源中，在平台的运行过程中能量会随着商家的经营行为、消费者的消费行为、平台的监管行为不断积聚和流动，当这种能量遇到其他能量或者积聚到一定程度时就会发生质的改变。这种附着于载体上的能量称之为风险流，具有流动性、蔓延性和耦合性的特征。对于平台嵌入风险耦合的研究，也就具体转化为了对于风险流在平台上的耦合过程及规律研究。风险流具有以下特征：

（1）流动性：风险流作为平台系统的一种特殊能量，具有流动性。风险流可以依附于风险载体，随着平台嵌入链条的不断延伸，流动到平台系统的运行中，风险的流动性是风险耦合的前提条件。

（2）非对称性：风险源与风险流并不是一一对应的，同一种风险源可能释放多种风险流，同一个风险流可能是由多个风险源释放的能量聚集形成的，二者之间的非对称性决定了系统内部存在着同层级、跨层级的多元风险流，正是非对称的关系构成了平台系统内部复杂的嵌入风险结构。

（3）依附性：风险流的耦合、爆发要随着平台上的价值链与关系链而不断延伸，风险能量依附在风险载体上在平台上流动，平台上的关系、业务流程停止运行，风险能量便失去活性，不能传递到各个节点上。

（4）耦合性：在平台上各种风险流正是依附于交易的不同主体与环节，随着交易的进行而彼此发生关联性和交叉作用，即风险流耦合。平台上风险源之间的关联度以及风险流的匹配度决定了风险耦合度，即风险耦合后能量是增强、减弱还是转化成其他性质的风险。

依据第三章对风险和风险源的挖掘，本书的风险流从主体之间的关系划分，包括锁定失效风险、竞争扭曲风险、关系失信风险，锁定失效风险包括入驻约束力小、经营控制度低、退出限制性弱；竞争扭曲风险包括低价竞争、销量竞争、信用竞争；关系失信风险包括产品失真、服务失效、信息失实。对关系失信风险二级风险进一步细化，各个风险有具体的行为风险表现。本章的风险流按照等级划分为三级，如表4－1所示。

表4－1　　　　　　　B2C 网络平台嵌入风险流等级划分

一级风险	二级风险	行为性风险源	系统性风险源
嵌入风险	锁定失效	入驻约束力小 经营控制度低 退出限制性弱	专用性资产低 核心价值获取低 契约成本低

一级风险	二级风险	行为性风险源	系统性风险源
嵌入风险	竞争扭曲	不当价格竞争 不当销量竞争 不当信用竞争	商品同质化 用户资源有限 平台排序机制
	关系失信	产品失真 信息失实 服务失效	信息不对称 商家道德风险 银货分离

资料来源：由笔者绘制。

(三) 风险载体

载体是指某些能传递或运载风险流，从而影响系统性能的物质或者环节。此处的风险载体是风险发生耦合时所必须承载的物体，这种物体可以是实际存在的，也可以是虚拟的流载体。具有风险能量的风险源失去风险载体后，是无法与其他性质的风险流建立联系并相互影响的，风险流只能是局部、静止的状态。承载着风险流的纽带就是风险耦合中的载体。依据第三章对风险和风险源的挖掘，B2C 网络平台嵌入风险的耦合，依赖于平台上主体之间的交互作用，这种交互作用包括平台与商家之间的契约，商家与商家之间的信息，商家与用户之间的商品、信息、资金，这些相互作用是 B2C 网络平台风险载体。

(四) 风险耦合路径

风险流依附于载体，沿着一定的路径在平台系统耦合，因此把风险流耦合的路线与途径称为嵌入风险的耦合路径。平台嵌入风险耦合路径主要是基于平台的交易价值链、主体合作链和监管链的基础上形成的。从平台系统内部来看，平台的交易活动由多个环节组成，各个环节涉及不同的主体，形成了平台内部的关系链。因此，平台上的价值链与关系链构成了平台上的网络，这些链条赋予风险行动能力，推动风险在平台上实现耦合。

(五) 风险事件与阈值

蕴含着能量的风险由于风险主体之间存在互相作用，经过耦合以后能量不断积聚、叠加，而最终导致风险爆发还需要两个要素，即风险事件与风险阈值。B2C 网络平台上同层或者跨层的风险源之间发生耦合，使得风险流的能量在经过量的积累之后，风险事件是风险爆发的触发器，一旦遇到触发器，风险流将能量释放，引发风险后果，对整个平台造成巨大的损失。

平台嵌入风险的阈值是风险能量积聚到一定程度发生质变引起平台较大损失或者风险演变突破平台可控范围的临界点，事实上阈值是平台系统所能承受风险的最大值。任何系统都有自我调节、转化、适应的能力，B2C 网络平台也不例外，风险是客观、不可消除的，平台本身具有一定的抵御和自我消化风险的能力，但是如果风险经过耦合能量积聚到一定程度突破平台自我抵御和消化能力的临界线，就会转化为平台危机。风险未达到阈值时，风险状态往往是隐蔽性或者潜在状态，风险能量在平台运营中会慢慢得到缓释。而当风险超过阈值发生质变后，由于风险流的梯度压力造成风险能量的势差，使得平台系统不足以抵御或者化解，冲过阈值后的耦合风险集中释放对平台嵌入的威胁就很大。

为了揭示平台嵌入风险耦合各要素的逻辑关系，对平台嵌入风险基本要件逻辑关系进行扩展，从而形成平台嵌入风险耦合流程，如图 4-1 所示。事实上，平台嵌入风险的耦合过程是具有能量的风险源附着在平台交易的关系链与价值链延伸网络中的商品、信息、资金载体上形成了风险流，不同风险源形成的风险流之间发生关联并相互作用的过程。对风险耦合路径的剖析将有助于进一步揭示 B2C 网络平台风险耦合机理，为更好地管理和控制平台嵌入风险提供重要的理论指导。

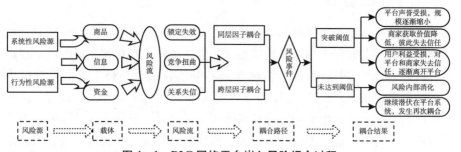

图 4-1 B2C 网络平台嵌入风险耦合过程

资料来源：由笔者绘制。

三、风险耦合原理

目前关于平台风险耦合的研究较为缺乏，几乎没有可借鉴的模型，但是风险耦合的原理在各个学科与研究领域都应用广泛，因此对风险耦合的基本原理进行阐释能够为建立 B2C 网络平台嵌入风险耦合路径提供理论基础。

（一）风险的相干原理

风险的相干原理是一个系统中存在的多种风险相遇后使得原先的风险强度与性质发生变化。由于平台系统内部，平台、商家、用户等主体之间存在着交易、竞争和监管的关系，不同的主体之间存在着不同的风险；平台系统外部，商家与物流供应商、售后服务外包商、海关等相关部门与组织密切联系，它们之间相互联系和影响，平台嵌入风险就发生了风险相干。因此，平台嵌入风险相干现象是客观存在的，风险相干现象在平台嵌入风险管理中也是普遍存在的。

风险相干可以分为强、弱相干，也可以分为正、负相干。强、弱相干是按照风险耦合之间的影响程度进行区分，强相干说明耦合的风险之间关联度与影响程度都较高，对平台造成的影响也较大。正、负相干是按照风险耦合时，导致风险强度增强或者减弱，两个维度的风险耦合后风险能量叠加甚至放大，就是正相干；能量减弱甚至化解，就是负相干。

（二）风险的波动原理

波动是物理学中描述事物运动呈现波浪式，是能量传递的一种形式。风险在平台上呈现起伏不定的流动状态称为风险波动。平台嵌入风险波动现象是普遍存在且具有规律性的。波峰和波谷分别代表风险处于高能量和低能量，针对不同状态的风险，风险波动性能够提示平台差异性风险管理。风险流在耦合过程中会发生叠加，两股风险流的波峰相互叠加生成了新的、更高的波峰，风险能量被叠加后效应放大。而当波峰与波谷叠加时，波谷的蓄水池功能将波峰的能量吸收，因此风险被弱化缓释。当两个波谷相遇叠加后风险效应不会增强，但是会改变风险的状态，风险由隐性转化为显性。

（三）风险的脆性原理

系统的风险往往在最薄弱的环节打开突破口，导致整个系统受损。平台稳定性的决定因素是嵌入风险最为脆弱的部分，风险流是一种势能，往往在最脆弱的地方寻找突破口，嵌入风险的薄弱环节不止一个，如果在系统的薄弱环节出现，那么极易导致风险流爆发，造成大的损失。

第二节　基于系统动力学的嵌入风险耦合分析

系统动力学是研究信息反馈的理论方法，为解决生产、库存管理等问题而提出的模拟仿真方法。随着研究的不断推进，学者们发现受到非线性因素的影响，直观、线性的研究方法无法满足复杂系统的特征，系统动力学正是这样一门可应用于分析研究社会、经济、生态等一大类复杂大系统问题的学科（李雅萍，2019）。本书尝试用模型对 B2C 网络平台嵌入风险间的相互作用进行探讨。

非线性的研究逻辑使得系统动力学被广泛应用在各个领域，核心思想是将系统内部个体或者元素的思想假设为流体运动形式，基于流、率量、水平量以及其他辅助变量构建系统内部的因果关系图和流图，描述、预测系统内发展的状况与趋势。系统动力学分析问题的框架包括：实际问题概念化，将实际需要解决的问题给予明确的定义，并提炼出相关的变量（外生、内生、输入变量），厘清系统的总体与局部，并划分模块，分析各个部分之间的因果逻辑，形成因果关系图；构建模型，确定基本的变量：状态、速率、辅助变量分别是什么，确定数量关系，方程和表函数赋值；模型修订，在模型仿真模拟过程中修订参数与方程；确定模型并解决问题。如图 4 - 2 所示。

本章的研究问题是 B2C 网络平台系统内嵌入风险的耦合，基于第三章已经对风险维度以及风险源进行了识别，本章运用系统动力学对风险耦合进行分析。问题的边界确定为网络平台内部商家的嵌入行为给平台带来的风险，风险可能会造成平台、其他商家以及消费者用户的损失，系统外部以及平台的行为、用户的行为风险都不在研究范畴之内。本章对风险耦合的研究按照风险子系统的同层风险与跨层风险耦合逻辑进行分析。

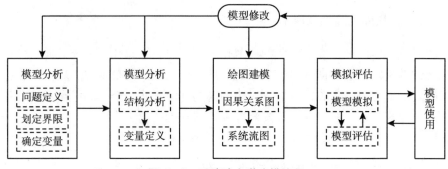

图 4 - 2　系统动力学建模流程

资料来源：由笔者绘制。

一、同层耦合分析

系统内的风险爆发，往往是多因素耦合关联后能量积蓄而引起的。追溯同层风险子系统的风险耦合，发现该风险由多种风险因子引发，而隶属于同一维度下风险的风险源因子之间的耦合，本章称为同层风险耦合，以下就同层风险子系统下风险因子的耦合进行分析。

（一）锁定失效风险源因子耦合

锁定失效风险涉及的风险因子，包括契约成本低、专用性资产低、核心价值获取低、入驻约束力小、经营控制度低、退出限制性弱等方面，它们之间的相互关系如图 4 - 3 所示。

从图 4 - 3 分析可知，锁定失效风险维度下风险源因子的耦合包括以下路径：专用性资产低导致锁定失效风险主要有四条途径，第一条是专用性资产低—商家对平台依赖性低—入驻约束力小—锁定失效；第二条是专用性资产低—商家对平台依赖性弱—转换成本低—退出限制性弱—锁定失效；第三条是专用性资产低—商家对平台依赖性弱—商家对平台的要挟行为—经营控制度低—锁定失效；第四条是专用性资产低—经营投入少（设备、专门人力等）—收益低—积极性差—短期利益—违规经营—经营控制度低—锁定失效。

核心价值获取低导致锁定失效风险的途径主要有两条：一条是核心价值获取低—经营投入少（设备、专门人力等）—收益低—积极性差—短期利益—违规经营—经营控制度低—锁定失效；另一条是核心价值获取低—积极性差—短期利益—违规经营—经营控制度低—锁定失效。

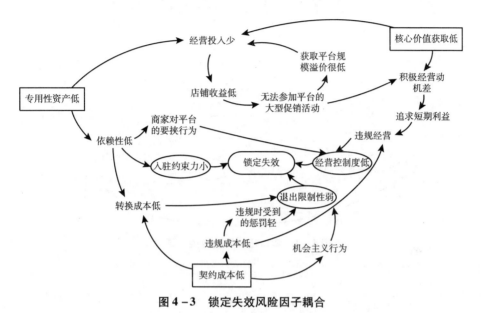

图 4 – 3 锁定失效风险因子耦合

资料来源：由笔者绘制。

契约成本低导致锁定失效风险的路径有三条：第一条是契约成本低—转换成本低—退出限制性弱—锁定失效；第二条是契约成本低—违规成本低—退出限制性弱—锁定失效；第三条是契约成本低—机会主义行为—退出限制性弱—锁定失效。

锁定失效风险维度主要发生在商家与平台之间，网络平台的交易模式改变了传统市场中的主体关系，商家与平台不再是雇佣关系，而是通过合作实现价值共创。各个风险源因子都有可能导致锁定失效风险的产生，如果不同的因子之间发生耦合后，锁定失效风险被加强，导致平台对商家的控制度降低。当商家出现有损平台利益的行为时，平台无法对其进行严厉的处罚，平台对于锁定失效的商家一系列的监管制度有效性降低。

（二）竞争扭曲风险源因子耦合

从图 4 – 4 分析可知，竞争风险的主要风险因子有产品同质化、用户资源、平台排序机制。产品同质化导致竞争扭曲风险的主要途径：产品同质化—优质坑位竞争—刷单—不正当销量竞争—竞争扭曲。

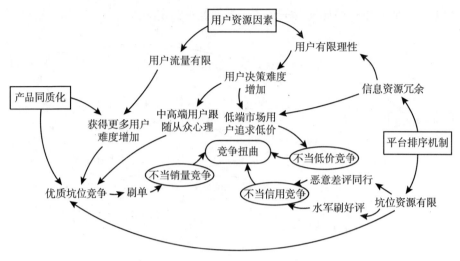

图 4 - 4　竞争扭曲风险源因子耦合

资料来源：由笔者绘制。

用户资源因素导致竞争扭曲风险主要有三条途径：

（1）用户资源—用户流量有限—商家获取用户流量难度增加—优质坑位竞争—刷单—不当销量竞争—竞争扭曲；

（2）用户资源—用户有限理性—中高端用户从众心理—优质坑位竞争—刷单—不当销量竞争—竞争扭曲；

（3）用户资源—用户有限理性—低端用户追求低价心理—不当低价竞争—竞争扭曲。

平台排序机制因素导致竞争扭曲风险主要有五条途径：

（1）平台排序机制—信息资源冗余—用户有限理性—中高端用户从众心理—优质坑位竞争—刷单—不当销量竞争—竞争扭曲；

（2）平台排序机制—信息资源冗余—用户有限理性—低端用户追求低价心理—不当低价竞争—竞争扭曲；

（3）平台排序机制—坑位资源有限—优质坑位竞争—刷单—不当销量竞争—竞争扭曲；

（4）平台排序机制—坑位资源有限—水军刷好评—不当信用竞争—竞争扭曲；

（5）平台排序机制—坑位资源有限—水军给同行商家刷好评—不当信

用竞争—竞争扭曲。

竞争扭曲主要发生在商家与商家之间，竞争主要源于产品同质化、用户资源、平台排序机制三方面风险源因子的耦合，由于信息要素流动性更加高效，平台上商家的竞争关系更加激烈，用户获取更多的商品信息、价格信息，商家要获得更多的用户流量必须有其核心竞争力，按照平台的排序机制，价格、销量、信用等因素都是商家的核心优势所在。因此商家在这些方面可能采取一些违规手段参与到竞争中。不同的风险源下，商家采取的策略不同，这些行为策略可能相互生成，加强了竞争扭曲风险。

（三）关系失信风险源因子耦合

从图 4 - 5 分析可知，关系失信风险源因子的耦合路径较为复杂，对这些路径进行筛选得到在实践中较为常见的耦合路径。

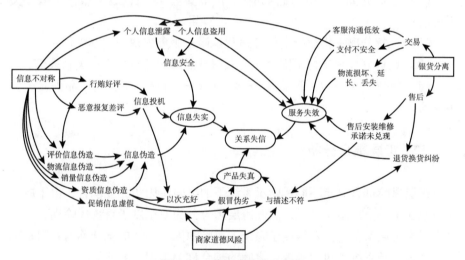

图 4 - 5　关系失信风险耦合

资料来源：由笔者绘制。

信息不对称导致关系失信风险的主要途径：

（1）信息不对称—评价信息/物流信息/销量信息/资质信息/促销信息—信息伪造—信息失实—关系失信；

（2）信息不对称—行贿好评/恶意差评—信息投机—信息失实—关系失信；

（3）信息不对称—个人信息泄露/个人信息盗用—信息安全—信息失实—关系失信；

（4）信息不对称—资质信息造假—假冒伪劣/以次充好—产品失真—关系失信；

（5）信息不对称—行贿好评/恶意差评—以次充好—产品失真—关系失信。

商家的道德风险因素导致关系失信风险主要有两条途径：

（1）商家道德风险—以次充好/假冒伪劣/与描述不符—产品失真—关系失信；

（2）商家道德风险—以次充好/假冒伪劣/与描述不符—退换货纠纷—消费者利益受损—关系失信。

银货分离因素导致关系失信风险主要有四条途径：

（1）银货分离—客服沟通抵消/支付不安全/物流问题—服务失效—关系失信；

（2）银货分离—售后配套服务违背承诺—服务失效—关系失信；

（3）银货分离—支付不安全—个人信息泄露—信息失实—关系失信；

（4）银货分离—售后配套服务违背承诺—与描述不符—产品失真—关系失信。

二、跨层耦合分析

跨层风险耦合是指不同风险子系统下的风险源因子相互耦合，由于嵌入风险包含了 3 个风险子系统，因此跨层耦合分为双维度子系统风险耦合和三维度子系统风险耦合。双维度子系统下风险源因子之间的耦合称为双因素耦合，三维度子系统下风险源因子之间的耦合称为多因素耦合。

（一）锁定失效与竞争扭曲风险源因子耦合

图 4-6 显示了锁定失效与竞争扭曲风险耦合的途径，锁定失效风险与竞争扭曲风险之间的耦合主要是锁定失效引发的商家一系列不当竞争策略，锁定失效的各个风险维度会导致商家的违规成本和退出成本都较低，在这样的情形下，违规风险提高，另外会导致商家冒险进行不当的低价竞争、销量竞争以及信用竞争。

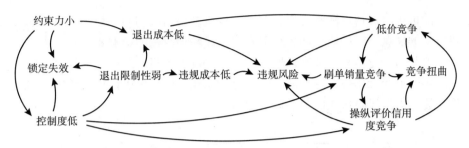

图4-6　锁定失效与竞争扭曲风险耦合

资料来源：由笔者绘制。

（二）锁定失效与关系失信风险源因子耦合

图4-7显示了锁定失效风险与关系失信风险之间的耦合，同样是锁定失效风险下的约束力小、控制度低、限制性弱，一方面商家违规成本低，出现产品失真、信息失实、服务失效的问题；另一方面是商家积极经营的动机差，受到的激励水平较低，诚信经营对于这类商家而言并不能获取更多的收益，选择失信行为付出的代价低于获取的收益，因此锁定失效风险维度是产生锁定失效风险的重要原因。

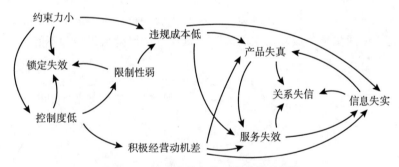

图4-7　锁定失效与关系失信风险耦合

资料来源：由笔者绘制。

（三）竞争扭曲与关系失信风险源因子耦合

图4-8显示了竞争扭曲风险与关系失信风险之间的耦合，是竞争扭曲风险下的不当的价格竞争、销量竞争、信用竞争引发了产品、信息和服务的机会主义行为，商家采用低价竞争获得更多的用户和销量，由于成本的限

制，低价策略往往伴随着劣质、假冒、残次品，商品的问题是用户与商家之间最大的痛点，商品质量问题是关系失信风险最直接的影响要素。不当的销量竞争和信用竞争中，商家采取刷单、刷好评等策略，这些策略产生积累效应后导致消费者用户对评价体系、商品的销量等信息失去信任，竞争扭曲风险是关系失信风险形成的关键风险变量。

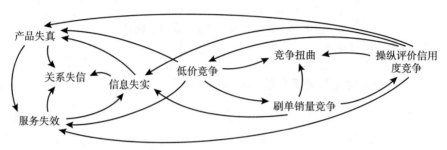

图 4 - 8　竞争扭曲与关系失信风险耦合

资料来源：由笔者绘制。

（四）三维度风险子系统下风险源因子耦合

图 4 - 9 显示了锁定失效、竞争扭曲风险与关系失信风险之间的耦合，表现为三种风险逐层递进地生成，在相互生成的过程中，低层次的基础风险可能直接或间接地生成高层次的风险。低层次的风险如果控制不好，风险将

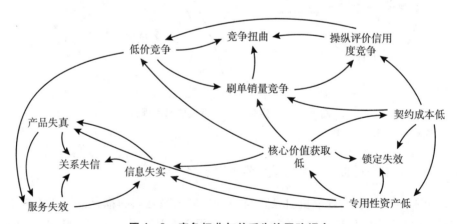

图 4 - 9　竞争扭曲与关系失信风险耦合

资料来源：由笔者绘制。

随着平台上的关系链与价值链不断蔓延，在蔓延过程中，与次生级风险发生耦合，耦合后的风险蕴含着更大的能量，经过积累效应风险能量积累到一定程度，达到风险爆发的阈值，在一些风险事件的推动下，风险爆发，令系统产生巨大的损失。

第三节 风险测度

在对风险的耦合模型进行模拟仿真前，要对风险和风险的耦合度进行测算，风险测度研究可借鉴的方法来源于金融风险的测度，目前系统性金融风险的测度主要有早期预警指标法（Alessi and Detken，2011）、预期损失法（Acharya et al.，2010）、条件风险价值 CoVaR 法（陈守东和王妍，2014）、未定权益分析（CCA）（Saldias，2013）、综合压力指数法（Illing and Liu，2006）。综合比较上述几种方法可见，金融风险测度方法尽管已经成熟，但仍然有一定的局限性，更适用于在金融系统或者预测经济危机的情况，对平台上组织行为风险的测度适用性较低。目前，少数学者开始探索管理熵在组织复杂性度量领域的问题，为风险的量化提供了借鉴。管理熵的优势在于解决非线性建模难题，能够克服传统研究方法的自适应能力差的缺陷（吴英，2005）。

一、风险测度指标权重

构建嵌入风险耦合测度模型的核心是利用不同子系统的序参量计算系统整体耦合度，而确定各子系统序参量的前提在于对其所属指标权重的确定。为了避免其他风险流对风险耦合效应的扰动，本章仅将 B2C 网络平台嵌入风险维度锁定失效风险（M_1）、竞争扭曲风险（M_2）、关系失信风险（M_3）作为风险耦合的 3 个子系统，对三者的风险耦合效应进行测评，数理模型构建测算风险值与风险耦合度的指标体系。二级指标下的三级风险指标是根据第三章多案例分析中所构建的嵌入风险的风险源库中的因子体系确定。每个二级指标下包含了 6 个风险源因子。表 4-2 显示了嵌入风险子系统与风险源因子层级结构。

表 4-2　　　　B2C 网络平台嵌入风险子系统与风险源因子层级结构

一级指标	二级指标（M_i）	三级指标（M_{ij}）
嵌入风险	锁定失效（M_1）	入驻约束力小（M_{11}）
		经营控制度低（M_{12}）
		退出限制性弱（M_{13}）
		专用性资产低（M_{14}）
		核心价值获取低（M_{15}）
		契约成本低（M_{16}）
	竞争扭曲（M_2）	低价竞争（M_{21}）
		销量竞争（M_{22}）
		信用等级竞争（M_{23}）
		产品同质化（M_{24}）
		平台排序机制（M_{25}）
		用户资源因素（M_{26}）
	关系失信（M_3）	信息失实（M_{31}）
		产品失真（M_{32}）
		服务失效（M_{33}）
		银货分离（M_{34}）
		道德风险（M_{35}）
		信息不对称（M_{36}）

资料来源：由笔者绘制。

B2C 网络平台嵌入风险所包含的二级风险子系统为：锁定失效、竞争扭曲、关系失信，分别为 M_1、M_2、M_3；三级风险因子指标为 M_{ij}，$i=1$，2，3，$j=1$，2，$\cdots$，n。

用 r_{ij} 表示 B2C 网络平台嵌入风险层级结构中二级风险子系统 M_i 对应的三级风险因子 M_{ij} 的初始值，并用矩阵形式表示为式（4-1）：

$$R_i = (r_{i1}, r_{i2}, \cdots, r_{ij}, \cdots, r_{in})^T \qquad (4-1)$$

式（4-1）中的 R_i 表示第 i 个二级风险子系统的初始向量，r_{ij} 表示第 i 个二级风险子系统中第 j 个三级风险因子的原始数值；n 表示网络平台二级风险子系统中所对应包含的三级风险因子总量。

设 r_{ij}^{max} 为二级子系统 M_i 对应的三级因子 M_{ij} 的最优值，即式（4 -2）：

$$R_i^{max} = (r_{i1}^{max},\ r_{i2}^{max},\ \cdots,\ r_{in}^{max}) \qquad (4-2)$$

式（4 -2）中，R_i^{max} 为二级风险子系统的最优向量。

将二级风险子系统初始向量 R_i 作为被比较向量，以 R_i^{max} 作为比较参考向量，计算三级风险因子指标与最优指标之间的关联度 θ，即式（4 -3）：

$$\theta_{ij} = \frac{\min|r_{ik} - r_{ik}^{max}| + \delta\max|r_{ik} - r_{ik}^{max}|}{|r_{ik} - r_{ik}^{max}| + \delta\max|r_{ik} - r_{ik}^{max}|} \qquad (4-3)$$

式（4 -3）中，θ_{ij} 为三级风险因子 M_{ij} 的实际值与最优值的关联系数，k 是三级风险因子在二级风险子系统中的序数（$k=1,\ 2,\ \cdots,\ n$），δ 为分辨系数，通常 $\delta \leqslant 0.5$。

由此可知，三级风险因子指标的判断矩阵为式（4 -4）：

$$Q_i = (\theta_{i1},\ \theta_{i2},\ \cdots,\ \theta_{ij},\ \cdots,\ \theta_{in})^T \qquad (4-4)$$

对于 n 个三级风险因子 $Z_1,\ Z_2,\ \cdots,\ Z_i,\ \cdots,\ Z_j,\ \cdots,\ Z_n$ 进行逐个成对比较，并将结果表达为矩阵，用 α_{ij} 来表示风险因子 Z_i 与风险因子 Z_j 比较后的相对重要性，如式（4 -5）所示：

$$(\alpha_{ij})_{n\times n} = \begin{pmatrix} \alpha_{11} & \cdots & \alpha_{1i} & \cdots & \alpha_{1j} & \cdots & \alpha_{1n} \\ \alpha_{i1} & \cdots & \alpha_{ii} & \cdots & \alpha_{ij} & \cdots & \alpha_{in} \\ \alpha_{j1} & \cdots & \alpha_{ji} & \cdots & \alpha_{jj} & \cdots & \alpha_{jn} \\ \alpha_{n1} & \cdots & \alpha_{ni} & \cdots & \alpha_{nj} & \cdots & \alpha_{nn} \end{pmatrix} \qquad (4-5)$$

将判断矩阵每一行中的元素相乘，即式（4 -6）：

$$m_i = \prod_{j=1}^{n} \alpha_{ij},\ i=1,\ 2,\ \cdots,\ n \qquad (4-6)$$

进一步计算 m_i 的 n 次方根，即式（4 -7）：

$$\bar{w} = \sqrt[n]{m_i},\ i=1,\ 2,\ \cdots,\ n \qquad (4-7)$$

将向量 $w = (\bar{w}_1,\ \bar{w}_2,\ \cdots,\ \bar{w}_n)^T$ 标准化处理，得到式（4 -8）：

$$w_i' = \frac{\bar{w}_i}{\sum_{k=1}^{n} \bar{w}_k},\ i=1,\ 2,\ \cdots,\ n \qquad (4-8)$$

最大特征根 $\lambda_{max} = \dfrac{1}{n}\sum_{i=1}^{n} \dfrac{(ZW)_i}{W}$

为了保证重要性主观判断的合理性，进行一致性检验，代入式（4 -9）：

$$CR = \frac{\lambda_{\max} - n}{(n-1)RI} \qquad (4-9)$$

根据被广泛接受的 $CR = 0.1$ 的临界值，小于该临界值认为判断矩阵与权重向量在被接受范围。

二、熵权法计算权重

概率在处理不确定性大的系统问题时的准确率被学者们质疑，引入熵的概念正好能弥补主观概率的缺陷（王莲芬，1987）。"熵"是热力学中用来描述自发过程不可逆性的状态函数，其原始定义来源于热量传递方程。近年来，熵理论被用于管理学领域之中，取得了比较显著的成绩。采用熵权法修正以尽可能地避免专家判断结果的主观性和片面性，进而提高指标因素权重的准确度。判断矩阵处理后得到标准化矩阵，熵值权重计算是根据信息熵得到熵权值，计算权重和特征向量。

风险指标的信息熵为式（4-10）：

$$H_j = -k \sum_{i=1}^{n} \overline{\alpha_{ij}} \ln \overline{\alpha_{ij}} \qquad (4-10)$$

由此可得熵权值为式（4-11）：

$$\varepsilon_j = \frac{1 - H_j}{n - \sum_{j=1}^{n} H_j} \qquad (4-11)$$

最终可得权重为式（4-12）：

$$w_i = \frac{\varepsilon_j w_j'}{\sum_{j=1}^{n} \varepsilon_j w_j'} \qquad (4-12)$$

特征向量是 $W_i = [w_1, w_2, \cdots, w_n]^T$。

α_{ij} 是风险子系统 i 中的 j 因子发生作用的概率，而条件熵描述了 Y 的条件概率分布的熵对随机变量 X 的数学期望，强调在某个因素确定发生作用的条件下，其他因素发生作用的可能性。针对本书的核心问题，嵌入风险系统中某个风险的发生可能是基于其他风险发生的基础，因此条件熵与本书的问题有较高的匹配性。在计算二级指标权重时，采用条件熵权重计算，例如，当发生低价竞争时，出售假冒伪劣商品的概率增大，此时假冒伪劣风险的概率为低价竞争风险概率与条件熵权的乘积。条件熵的公式为式（4-13）：

$$H(Y \mid X = x_i) = -\sum_{j=1}^{m} \alpha_{ij}(y_j \mid X = x_i) \log \alpha_{ij}(y_j \mid X = x_i) \qquad (4-13)$$

$$m_i = \prod_{j=1}^{n} \alpha_{ij}, \ i = 1, 2, \cdots, n$$

如果影响因素或子系统是连续型变量,我们则考虑以下表达式,如式(4-14)所示:

$$H(x) = -\int_{-\infty}^{+\infty} \alpha(x) \log \alpha(x) \mathrm{d}x \qquad (4-14)$$

其中,$a(x)$ 表示影响因素或子系统在系统中发生作用的密度函数。如果令 $f(x, y)$ 表示两个因素或子系统作用的联合分布函数,则他们的联合熵为式(4-15):

$$H(xy) = -\int_{-\infty}^{+\infty} \int_{-\infty}^{+\infty} f(x, y) \log f(x, y) \mathrm{d}x \mathrm{d}y \qquad (4-15)$$

三、风险综合指数计算

根据第二节中计算得到的矩阵与向量,继续计算二级风险子系统风险评价综合指数,假设在 B2C 网络平台嵌入风险中的二级指标综合指数为 P_i,则 $P_i = W_i^T Q_i$。

基于 B2C 网络平台嵌入风险二级风险子系统评价指标的综合指数,可以进一步求解得到每个子系统指标的评价值向量 E_{X_i},那么风险子系统指标的判断矩阵为 F_{X_i},风险二级指标的权重向量为 W_{X_i},由此可以得到嵌入风险的各个子系统的综合指数:$P_{X_i} = W_{X_i}^T F_{X_i}$。

四、子系统功效函数与耦合度计算

(一) 功效函数

假设变量 v_i 是嵌入风险子系统的序参量,v_{ij} 为第 i 个子系统的第 j 个二级风险指标,其值为 N_{ij}、γ_{ij} 和 η_{ij},分别表示平台上的风险在潜伏状态时第 i 个序参量对应的第 j 个指标的上下限阈值,由此可以建立嵌入风险评价指标的功效函数,如式(4-16)所示:

$$G_{ij} = \begin{cases} \dfrac{N_{ij} - \eta_{ij}}{\gamma_{ij} - \eta_{ij}}, & \text{正功效} \\[3mm] \dfrac{\gamma_{ij} - N_{ij}}{\gamma_{ij} - \eta_{ij}}, & \text{负功效} \end{cases} \qquad (4-16)$$

其中，G_{ij} 为变量 v_{ij} 对其所属的子系统的功效贡献程度，反映了各个风险指标对目标函数的贡献关联程度，G_{ij} 接近于 0 时表示该子系统内的各个风险要素关联度低，接近于 1 时，说明各个风险要素的关联度高。

子系统的序参量对整个嵌入风险系统的有序度贡献值运用线性加权法计算，如式（4-17）所示：

$$v_i = \sum_{j=1}^{n} \lambda_{ij} G_{ij}, \quad \sum_{j=1}^{n} \lambda_{ij} = 1 \qquad (4-17)$$

其中，v_i 表示各个风险子系统对整个风险系统有序度的贡献程度，即有序贡献度；λ_{ij} 表示各个风险因子的权重。

（二）耦合度计算

构建 B2C 网络平台嵌入风险耦合测度模型借鉴容量耦合系数模型，系统风险耦合度 C 的计算公式为式（4-18）：

$$C = \sqrt[m]{\frac{v_1 \cdot v_2 \cdot \cdots \cdot v_m}{\prod_{j=1}^{m} \left[\prod_{j=1, i \neq j}^{m} (v_i + v_j) \right]}} \qquad (4-18)$$

系统中的风险耦合度取值范围是 $C \in [0, 1)$，通过耦合度数值大小可以判定系统风险要素的耦合作用状态，耦合度取值与系统耦合状态的对应关系如表 4-3 所示。

表 4-3　　　　　　　　　　耦合度范围与相应系统状态

耦合度值	系统状态
$C = 0$	系统的耦合度为最小值，风险因子之间的作用很弱，损害很小
$C \in (0, 0.3]$	系统内部风险因子耦合度较低，损害在系统可接受范围内
$C \in (0.3, 0.7]$	系统内风险因子耦合度中等水平，发生系统损害的可能性较大
$C \in (0.7, 1)$	系统风险因子耦合度高，系统损失很大
$C = 1$	系统风险因子耦合度达到最大值，系统损失可能导致系统崩溃

资料来源：由笔者计算整理。

第四节 系统动力学仿真

一、风险分析因果反馈回路构建

系统动力学构建模型是明确系统内部各个要素之间的关联性与影响程度的过程，因此要对嵌入风险系统进行模拟仿真，首先要明确嵌入风险系统的内部结构关系，绘制系统内部变量的因果反馈回路如图 4 – 10 所示。

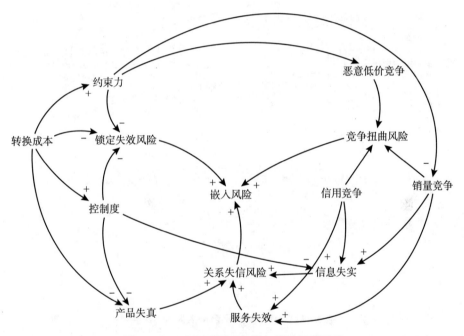

图 4 – 10 B2C 网络平台嵌入风险因果回路

资料来源：VENSIM 软件中由笔者绘制。

二、嵌入风险 SD 模型系统流

系统动力学中存量流量图是在因果回路图的基础上建立变量之间的数学

关系。存量流量图将风险系统分为状态变量 4 个：锁定失效、竞争扭曲、关系失信、嵌入风险；速率变量 3 个：锁定失效风险增量、竞争扭曲风险增量、关系失信风险增量；常量 18 个：契约成本低、核心价值获取低、专用性资产低、产品同质化、用户资源有限、平台排序机制、银货分离、商家道德风险、信息不对称、入驻约束力小、经营控制度低、退出限制性弱、产品失真、信息失实、服务失效、不当价格竞争、销量竞争、信用竞争。根据各个风险因子之间的关系，构建了嵌入风险 SD 模型系统流如图 4 – 11 所示。辅助变量是风险源因子之间的条件熵值。具体算法将于下节内容列出。

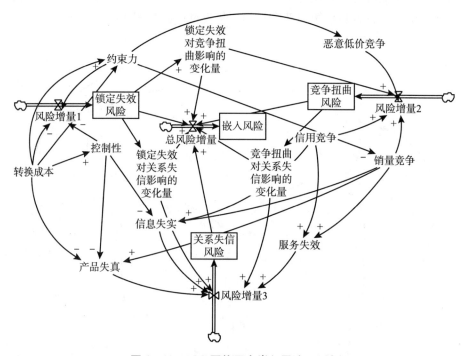

图 4 – 11　B2C 网络平台嵌入风险 SD 流

资料来源：由笔者绘制。

三、模型仿真方程参数确定

完成因果关系图与系统流图后构建仿真模型的方程。方程构建中最重要的是常数变量、状态变量方程的初始值赋值。根据对相关文献进行梳理，参数赋值方法包括调查获得、要素参考行为特性估计、研究成果参数借鉴等（郭韬等，2019）。本章构建模型仿真方程，首先需要确定各个风险源要素的风险值、各级指标的权重以及风险之间耦合度（耦合系数）的大小，作为仿真方程的基础参数。

（一）风险源因子赋值

借鉴常用的五维结构描述复杂系统的风险，即风险的发生概率 f_1、破坏性 f_2、可识别性 f_3、预测性 f_4、控制性 f_5，如式（4-19）所示：

$$F_i = \sqrt[5]{f_1 \cdot f_2 \cdot f_3 \cdot f_4 \cdot f_5} \qquad (4-19)$$

五维测度指标中，风险概率、破坏性、可识别性、预测性、可控性，由 6 位相关领域专家打分得到，3 位是 B2C 网络平台运营管理层人员，3 位是电商平台研究领域的学者。专家选择主要考虑对于电商平台商家经营中的行为有比较深刻的了解，保证数据来源的可靠性。调查对象以经验丰富的网络平台管理人员和网络平台研究领域专家为主，保证了其对于 B2C 网络平台运营中所面临的风险问题有较为全面的把握。6 位专家依据五维测度分别对三级指标进行打分，以产品失真指标为例列出专家打分结果，如表 4-4 所示。

表 4-4　　　　　　　　产品失真指标的风险测度指标专家打分

假冒伪劣	专家 1	专家 2	专家 3	专家 4	专家 5	专家 6	结果
风险发生概率	6	4	5	6	4	3	0.47
破坏性	7	7	6	6	5	6	0.65
可识别性	8	7	4	4	4	8	0.58
预测性	5	6	8	8	6	3	0.60
控制性	6	8	7	5	7	5	0.57

注：专家打分值为 0~10，按 0~10 影响程度依次增加。

按照以上的打分规则，将 18 个风险因子请 6 位专家分别进行了打分，结合扎根理论中得到的经验数据，汇总各个风险源因子的风险值，结果如表 4-5 所示，$\overline{\alpha_{ij}}$ 即每个风险因子的风险值 F_i，即风险的初始量，计算结果如表 4-5 所示。

表 4 – 5　　　　　　　　　　三级风险因子赋权值

风险因子	风险概率	破坏性	可识别性	预测性	控制性	$\overline{\alpha_{ij}}$
入驻约束力小	0.32	0.46	0.33	0.55	0.84	0.2821
经营控制度低	0.26	0.29	0.59	0.39	0.21	0.2771
退出限制性弱	0.35	0.39	0.21	0.67	0.88	0.2566
专用性资产低	0.38	0.37	0.22	0.68	0.85	0.2615
核心价值获取低	0.42	0.67	0.19	0.59	0.63	0.2709
契约成本低	0.62	0.28	0.18	0.71	0.71	0.2507
不当低价竞争	0.72	0.33	0.49	0.6	0.36	0.2930
不当销量竞争	0.51	0.43	0.55	0.49	0.28	0.3067
不当信用竞争	0.56	0.48	0.59	0.62	0.25	0.2908
产品同质化	0.63	0.57	0.61	0.65	0.04	0.1786
平台排序机制	0.68	0.71	0.63	0.41	0.07	0.2059
用户资源有限	0.47	0.65	0.58	0.61	0.19	0.2738
信息失实	0.57	0.56	0.77	0.35	0.25	0.2781
产品失真	0.47	0.44	0.78	0.39	0.42	0.2978
服务失效	0.52	0.47	0.54	0.45	0.52	0.3137
银货分离	0.21	0.76	0.56	0.49	0.48	0.2760
道德风险	0.72	0.59	0.65	0.32	0.22	0.2689
信息不对称	0.28	0.89	0.68	0.27	0.38	0.2591

资料来源：专家打分计算结果整理。

（二）风险指标权重确定

确定风险权重的方法结合风险权重的主观与客观法，客观法计算权重是采用经验数据进行计算，本书在第三章多案例分析过程中，对多个平台、商家、消费者用户进行了访谈调研，获取了大量的一手数据资料，在对这些访谈调研数据进行整理后，基于扎根理论编码程序提炼出了风险源因子的范畴，本节计算风险源因子的风险值大小中将文本资料作为经验数据库，根据文本资料中每个风险源因子（范畴）出现的频率判断风险值的大小，对风险源因子赋值，赋值结果如表 4 – 6 所示。基于第三章的文本数据进行扎根理论的开放性编码程序获取的基础数据，计算过程详见本章第三节"风险测度指标权重"。

表 4 - 6 嵌入风险的风险源因子权重

风险源因子	风险估计值	风险源因子	风险估计值
入驻约束力小	0.271	产品同质化	0.217
经营控制度低	0.392	平台排序机制	0.416
退出限制性弱	0.337	用户资源有限	0.367
专用性资产低	0.329	信息失实	0.284
核心价值获取低	0.213	产品失真	0.489
契约成本低	0.458	服务失效	0.227
不当低价竞争	0.246	银货分离	0.230
不当销量竞争	0.253	道德风险	0.449
不当信用竞争	0.501	信息不对称	0.321

资料来源：根据第三章扎根理论分析极值化处理得到。

在得到三级指标的主观权重基础上，进一步计算风险熵权，表示在某个因素确定发生作用的条件下，其他因素发生作用的可能性。在计算指标权重时，采用条件熵权计算，例如，当发生低价竞争时，出售产品失真的概率增大，此时假冒伪劣风险的概率为低价竞争风险概率与条件熵权的乘积。

根据定义式，风险指标熵值计算遵循的推导公式如式（4 - 20）所示：

$$H_j = -k \sum_{i=1}^{n} \overline{\alpha_{ij}} \ln \overline{\alpha_{ij}} \qquad (4-20)$$

其中，k 为系数，$\overline{\alpha_{ij}}$ 为某一个指标对另一个指标影响的单位变化量，即每 $\overline{\alpha_{ij}}$ 个单位基础指标将产生 1 个单位的条件指标变化量。

条件熵的公式为式（4 - 21）：

$$H(Y \mid X = x_i) = -\sum_{j=1}^{m} \alpha_{ij}(y_j \mid X = x_i) \log \alpha_{ij}(y_j \mid X = x_i) \qquad (4-21)$$

如果影响因素或子系统是连续型变量，我们则考虑以下表达式，如式（4 - 22）所示：

$$H(x) = -\int_{-\infty}^{+\infty} \alpha(x) \log \alpha(x) \, \mathrm{d}x \qquad (4-22)$$

根据第三节风险测度公式的推导，B2C 网络平台嵌入风险作为一级指标，其熵值函数公式为式（4-23）：

$$V_i = \sum_{j=1}^{n} H_j \varepsilon_j, \ \varepsilon_j = \frac{1 - H_j}{n - \sum_{j=1}^{n} H_j} \qquad (4-23)$$

（三）风险耦合度系数计算

利用耦合度模型对嵌入风险因素间的耦合作用大小进行测算，为风险耦合系统方程式建立提供所需的数据。耦合度模型可以表达出系统内部要素与要素之间相互作用产生协同效应的程度，测算耦合度的模型在本章第三节"子系统功效函数与耦合度计算"中已经列出，以下以"产品失真"与"低价竞争"两个风险源因子的耦合度计算作为示例，计算二者的耦合度系数，首先计算两个因子的功效系数，如式（4-24）所示：

$$G_{ij} = \begin{cases} \dfrac{N_{ij} - \eta_{ij}}{\gamma_{ij} - \eta_{ij}}, \ 正功效 \\ \dfrac{\gamma_{ij} - N_{ij}}{\gamma_{ij} - \eta_{ij}}, \ 负功效 \end{cases} \qquad (4-24)$$

得到功效系数后，根据耦合度公式得到两个因子的耦合度，如式（4-25）所示：

$$C = \sqrt[m]{\frac{v_1 \cdot v_2 \cdots v_m}{\prod_{j=1}^{m} \left[\prod_{j=1, i \neq j}^{m} (v_i + v_j) \right]}} \qquad (4-25)$$

根据以上的计算公式，可以得到各个因素之间的耦合度，如表4-7所示。

表4-7　　　　　　　　　　风险源因子耦合度系数

耦合因子	数值	耦合因子	数值	耦合因子	数值
$M_{11} - M_{15}$	0.4219	$M_{31} - M_{34}$	0.4619	$M_{16} - M_{26}$	0.4129
$M_{13} - M_{16}$	0.3918	$M_{31} - M_{36}$	0.3986	$M_{15} - M_{34}$	0.4473
$M_{12} - M_{16}$	0.3611	$M_{32} - M_{34}$	0.4427	$M_{15} - M_{35}$	0.4991
$M_{21} - M_{24}$	0.4579	$M_{32} - M_{35}$	0.4479	$M_{15} - M_{36}$	0.4719
$M_{21} - M_{26}$	0.4672	$M_{32} - M_{36}$	0.4259	$M_{24} - M_{34}$	0.4391
$M_{22} - M_{24}$	0.4023	$M_{33} - M_{34}$	0.3988	$M_{24} - M_{35}$	0.4475

续表

耦合因子	数值	耦合因子	数值	耦合因子	数值
$M_{22} - M_{25}$	0.4916	$M_{14} - M_{34}$	0.4618	$M_{25} - M_{36}$	0.4294
$M_{22} - M_{26}$	0.4988	$M_{14} - M_{36}$	0.4412	$M_{26} - M_{36}$	0.4016
$M_{23} - M_{25}$	0.4725	$M_{15} - M_{24}$	0.4719	$M_{26} - M_{34}$	0.4917
$M_{23} - M_{26}$	0.4713	$M_{15} - M_{25}$	0.4817	$M_{12} - M_{15}$	0.4478

资料来源：由笔者根据公式计算结果绘制。

四、仿真方程的确定

（一）状态变量的初始量设定

本模型中涉及的状态变量是嵌入风险、锁定失效风险、竞争扭曲风险、关系失信风险。对状态变量的初始值参数进行设定，风险反映的是系统运营的不确定性，由风险发生的概率与带来的损失决定其大小，因此风险存量是难以测量的，但本书不以风险测量为目的，而是观测各个风险子系统之间相互耦合后风险的变化趋势，因此只需对各个风险状态变量设定一个估计量，即可满足系统动力学建模仿真的要求。本书借鉴已有研究中无量纲单位DMNL作为风险的测度单位。

状态变量初始量参数的设置，目前已有研究中主要有调查获得、要素参考行为特性估计、研究成果参数借鉴等，结合本书研究对象，根据扎根理论分析中得到的风险源因子范畴，观测各个风险子系统下的风险源因子的概率，以此作为风险维度的初始量。具体的计算公式为式（4–26）：

$$R_i = \frac{1}{k} \sum \frac{X_{ij}}{N} \tag{4-26}$$

其中，k 为风险子系统下的风险源因子维度数，N 为访谈主体的数量，X_{ij} 为 i 个风险子系统中第 j 个风险源因子在访谈中出现的频次，通过上个式子计算得到锁定失效、竞争扭曲、关系失信风险维度的风险量，作为风险耦合系统中的状态变量初始量的参数。标准化处理后得到三个子系统的风险初始量，设定锁定失效风险的初始量为 0.32，竞争扭曲风险的初始量为 0.39，关系失信风险的初始量为 0.57，嵌入风险的初始量为 0.43。

（二）常量赋值

常量是嵌入风险系统中对风险熵增产生影响的变量，根据系统学原理对于所有的常量按照一定规则进行赋值。本书采用风险因子影响风险子系统熵值变化的概率对常量进行赋值。各个风险源因子的概率常量见表 4-5。

（三）系统动力学方程组构建

在对常量赋值的基础上，还需要对状态变量之间影响的变化量函数进行设置。根据上文中对嵌入风险耦合的逻辑推演，各个二级风险之间影响的变化量依赖于前因变量的条件满足程度，因此变化量的函数采用条件函数进行方程构建。

B2C 网络平台系统中，商家为了通过"销量刷出爆款"，不惜采用低价竞争的策略吸引更多的消费者用户，其他一些同业商家可能会主动参与低价竞争，或者被迫无奈跟随前者低价竞争，出现恶意低价竞争的情形下，取决于平台的控制度，如果控制度低，那么恶性低价竞争未得到解决，遗漏的部分竞争扭曲风险将继续在平台系统内部进行传递，在此将 70% 设为平台发现并进行控制的概率。随着平台商家的恶性竞争不断累积，商家最终会通过出售假冒伪劣商品降低成本攫取额外利润，那么产品失真 = 低价竞争×0.3。

对于子系统风险之间相互影响的变化量，依赖于低层次的风险子系统的风险水平，当低层次子系统风险水平超过 0.5 时，才会对下一层的风险子系统产生影响，因此锁定失效风险对竞争扭曲风险影响的变化量 = IF THEN ELSE（锁定失效风险 ≤0.5，0，$\overline{\alpha_{ij}}$×锁定失效风险），锁定失效风险对关系失信风险影响的变化量 = IF THEN ELSE（锁定失效风险 ≤0.5，0，$\overline{\alpha_{ij}}$×锁定失效风险），竞争扭曲风险对关系失信风险影响的变化量 = IF THEN ELSE（竞争扭曲风险 ≤0.5，0，$\overline{\alpha_{ij}}$×关系失信风险）。其中系数 $\overline{\alpha_{ij}}$ 是熵权值计算得到。

将上文中计算得到的权重和函数关系整理就可以得到嵌入风险耦合模型的方程。

（1）嵌入风险值 = 0.2×锁定失效风险值 + 0.3×竞争扭曲风险值 + 0.5×关系失信风险值。

（2）锁定失效风险值 = INTEG（锁定失效风险增量，0.32）。

（3）锁定失效风险增量 = 0.28 × 入驻约束力 + 0.26 × 经营控制度 + 0.26 × 退出限制性。

（4）竞争扭曲风险值 = INTEG（竞争扭曲风险增量，0.39）。

（5）竞争扭曲风险增量 = 0.27 × 低价竞争 + 0.25 × 销量竞争 + 0.29 × 信用竞争 + 锁定失效对竞争扭曲影响变化量。

（6）关系失信风险值 = INTEG（关系失信风险增量，0.57）。

（7）关系失信风险增量 = 0.27 × 产品失真 + 0.25 × 服务失效 + 0.29 × 信息失实 + 锁定失效对关系失信影响变化量 + 竞争扭曲对关系失信影响变化量。

（8）锁定失效风险对竞争扭曲风险影响的变化量 = IF THEN ELSE（锁定失效风险 ≤ 0.5，0，0.45 × 锁定失效风险）。

（9）锁定失效风险对关系失信风险影响的变化量 = IF THEN ELSE（锁定失效风险 ≤ 0.5，0，0.50 × 锁定失效风险）。

（10）竞争扭曲风险对关系失信风险影响的变化量 = IF THEN ELSE（竞争扭曲风险 ≤ 0.5，0，0.60 × 关系失信风险）。

INITIAL TIME = 0（Units：year；The initial time for the simulation）

FINAL TIME = 10（Units：year；The final time for the simulation）

TIME STEP = 1（The time step for the simulation）

五、模型的有效性检验

在对模型仿真模拟之前首先进行耦合模型的有效性检验。为了使检验更加可靠、准确，本书采用多种有效性检验方法以达到多角度验证的目的。

（一）直观检查法

模型中所存在的风险因素来源于第三章扎根编码过程中生成的范畴与概念，初始量与方程参数的设置来自扎根编码过程中概念频次以及风险测度中权重的计算值，通过与已有文献的对比以及专家问询，风险变量的命名、方程参数设置以及赋值的合理性进行了校正，最大限度地保证文中所构建的B2C 网络平台嵌入风险子系统之间的耦合分析模型的有效性。

（二）运行检查

利用 VENSIM 软件中的"check model"和"units check"检查模型与单位。"units check"检查结果提示选择的单位量纲符合要求，"check model"检查结果显示嵌入风险水平变量在设置的模型中未被应用，表示嵌入风险是风险耦合的结果，并且嵌入风险变量未对其他变量再产生反馈影响。对应上文中的因果路径图确认与理论并不违背，因此该问题可以忽略。

（三）积分误差检查

积分误差检查是选择不同步长下模型终极水平变量是否发生大的变化，本章选择步长为 1、0.5、0.25 的三个值进行检查，发现三个步长下嵌入风险的水平变化微弱，说明本模型的积分误差在接受范围内，可以忽略不计。图 4－12 显示了不同仿真步长下嵌入风险系统灵敏度分析模拟运行结果。

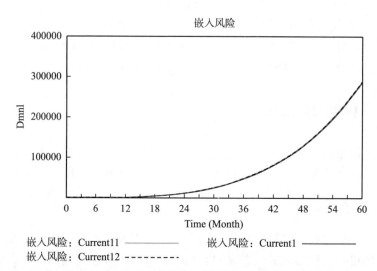

注：Current1 位步长为 1，Current11 位步长为 0.5，Current12 位步长为 0.25。

图 4－12　不同仿真步长下嵌入风险系统灵敏度分析模拟运行结果

（四）参数敏感度分析

敏感度反映了当预设参数作出调整后，模型的结果以及要素行为的变化程度。目的是发现高敏感度参数，分析其合理性，如果不合理则需要重新对模型进行分析校正。高敏感度参数也可能是实际问题中合理存在的要素，需要在模拟仿真中对其进行适当控制。本书采用将变量的参数提高50%来测试模型的参数灵敏度，观察关系失信风险的曲线变化，经过分析发现产品失真、信用竞争两个常量的敏感度较高，但这两个变量调整后，曲线并未出现较大振幅的偏移，模型整体行为的变化趋势仍在可接受范围之内。

（五）极端条件检验

极端条件检验是为了观察当模型中的变量或者参数处于系统边界时模型的运行状况。本章选取契约成本、产品失真两个风险源因子的值为 0 时，观察在两种极端情况下该模型运行的稳定性。结果显示在两种极端情况下系统具有稳定性，且与真实情况相符。

六、模拟仿真结果分析

在本章构建的案例模型中，根据实际项目案例设定 Initial time = 0，Final time = 60，模拟步长 DT = 1，时间单位为月。将上述常量以及速率变量和状态变量的方程组输入所构建的 B2C 网络平台嵌入风险评估模型中进行仿真模拟，从锁定失效风险、竞争扭曲风险、关系失信风险子系统之间耦合最终生成的嵌入风险系统主导回路三个方面进行仿真结果分析。

运用软件结合参数和函数关系的设置得出三个子系统与嵌入风险在 60 个月内的演化走势如图 4 – 13 所示（60 个月没有实际意义，为了测度嵌入风险耦合的机理设定的时间长度），在二级指标中，关系失信随时间关系增长得最快，增速越快说明风险系统越不稳定，在对风险进行控制时须重点增加风控措施。关系失信风险在嵌入风险系统中是终端风险，且产生影响值最大，对 B2C 网络平台嵌入风险影响最大，其次是竞争扭曲风险，锁定失效虽然对系统的影响能力排在最后，但锁定失效风险是产生其他两个层面的风险子系统的前因与基础。

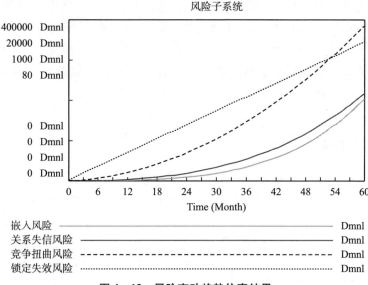

图 4 – 13　风险变动趋势仿真结果

在确定了系统的风险水平变化趋势后，为进一步探讨不同的风险子系统对嵌入风险总体风险水平的实际作用关系，将对子系统的风险初值做进一步的调整，在其他子系统的风险因素初值不变的情况下，一次调整一个子系统下的所有风险因子的水平初始值。以下将对三个子系统下的子因素分别降低 0.05 进行模拟，可以得到不同方案下的系统风险发展趋势，如图 4 – 14 ~ 图 4 – 16 所示。

由于关系失信风险在风险子系统中为影响最大的风险，为找出每个风险因子与关系失信的关系，本章采用控制变量法进行单因素变动模拟，即在其他风险因素不变的情况下，分别只增加产品失真（CPSZ）、服务失效（FWSX）、信息失实（XXSS）变动熵值的 20%，观察关系失信熵值的变化。图 4 – 17 显示单个因子变化对关系失信风险的走势影响，显然对关系失信增速影响最大的是产品失真，其次是信息失实与服务失效。

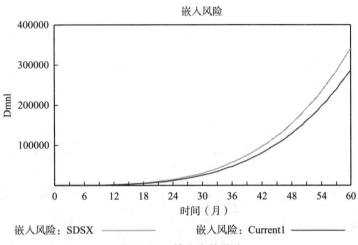

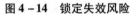

图 4 – 14　锁定失效风险

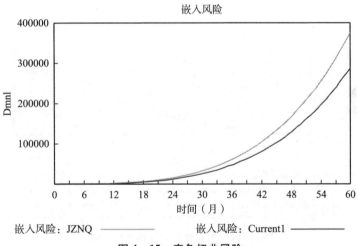

图 4 – 15　竞争扭曲风险

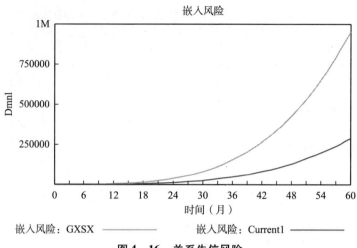

图 4 – 16　关系失信风险

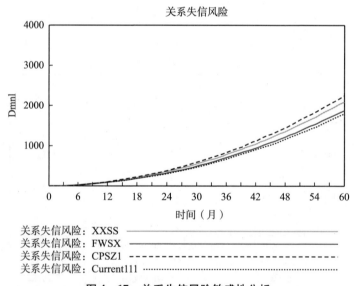

图 4 – 17　关系失信风险敏感性分析

七、模拟仿真结果主导回路识别

　　基于系统动力学的模型仿真，识别对嵌入风险系统的影响程度最大的反馈回路，发现以下 3 条路径对 B2C 网络平台嵌入风险耦合系统影响较大，是系统运行的主导回路。B2C 网络平台嵌入风险耦合系统运行的主导回路反映了嵌入风险生成与耦合的主要途径，进而明确 B2C 网络平台嵌入风险耦合系统运行中的关键影响因素，为 B2C 网络平台嵌入风险的控制与优化提供决策参考。

（一）风险系统耦合回路一

商家低度嵌入→专用性资产低→核心价值获取低→不当低价竞争→产品失真→关系失信→嵌入风险→用户流失→核心价值获取低……

商家低度嵌入→入驻门槛低→资质审核不严格→产品失真→关系失信→嵌入风险→平台声誉受损→商家低度嵌入……

这条反馈回路主要反映了商家低度嵌入情形下，一方面由于对商家经营资质、品牌授权等审核不严格，另一方面由于商家的不当低价竞争行为，产生假冒伪劣、以次充好等产品失真问题，进而引发用户与平台的关系失信，产生嵌入风险，最终造成用户流失与平台声誉受损，进而进入下一循环的过程。经过仿真模拟实验可知，在此回路的循环过程中，专用性资产低、低价竞争、假冒伪劣三个风险因子共同推动着嵌入风险的生成与耦合，导致消费者、平台及其商家的利益受损。运行结果显示 42% 的风险熵增来自这条反馈回路，因此，这条回路对嵌入风险耦合而言非常关键。B2C 网络平台风险的控制应密切关注对低价竞争以及假冒伪劣商品的规制，从内部减少风险流量与速率。

（二）风险系统耦合回路二

商家低度嵌入→契约成本低→违规收益大→不当销量竞争（刷单）→信息投机→信息失实→关系失信→嵌入风险→用户信任度降低→平台声誉受损→商家低度嵌入。

平台的排序机制→不当信用竞争（操纵评价）→信息投机→信息失实→关系失信→嵌入风险→平台的柠檬效应→平台规模萎缩→商家低度嵌入。

这条反馈回路主要反映了 B2C 网络平台的低度嵌入情形下商家的契约成本低，降低了违规代价，在利益的驱使下，商家提高刷单、刷好评等行为提供虚假的信息，增加销量与好评率，平台上的信息失实，最终形成关系失信风险，用户对平台的其他信息都失去信任，流失率增高；同时违规的商家通过非常规途径获得更好的网络位置，攫取更多的平台资源，提供高质量商

121

品合规经营的商家获取的资源减少，风险逐渐积累导致平台成为柠檬市场，劣币驱逐良币，商家逐渐退出平台，平台的规模效应减弱，平台上的其他商家在平台上的嵌入度更加降低。

这条回路所反映的是不当信用、销量竞争与信息失实耦合对平台造成的影响，在平台的运营中对应为刷单、刷好评现象。根据模型仿真模拟结果，该回路对整个嵌入风险系统产生 23% 的熵增。风险造成的不良后果主要是对平台的声誉造成较大的影响，以及导致平台规模逐渐缩小。

（三）风险系统耦合回路三

商家低度嵌入→契约成本低→控制度低→服务失效→消费者个人信息泄露→信息骚扰→关系失信→嵌入风险→用户信任度降低→平台声誉受损→商家低度嵌入。

商家低度嵌入→契约成本低→控制度低→服务失效→支付不安全→消费者财产受损→关系失信→嵌入风险→用户信任度降低→平台声誉受损→商家低度嵌入。

这条反馈回路主要反映了 B2C 网络平台的低度嵌入情形下商家的契约成本低，平台对商家的控制度减弱，违规商家将消费者的个人信息泄露，一方面商家利用这些信息对用户进行骚扰，发送广告信息；另一方面，商家将消费者信息出售给诈骗团伙等组织，这些组织利用信息进行违法诈骗行为。另外，由于部分商家避开平台监管，引导消费者使用其他链接进行交易，滋生了大量钓鱼链接引发消费者用户的财产受损。两种信息安全问题都会导致用户对平台和商家的信任降低，平台声誉受损进而导致商家低度嵌入。

这条回路反映的是控制度弱与服务失效耦合对平台造成的影响，在平台的运营中对应为信息安全问题。根据模型仿真模拟结果，该回路对整个嵌入风险系统产生 15% 的熵增。风险造成的不良后果主要是对平台的声誉造成较大的影响，以及导致平台规模逐渐缩小。

综合在仿真实验中获得的嵌入风险耦合主导回路，得到对嵌入风险系统影响最大的行为性风险源因子，即产品失真、不当销量竞争与信用竞争、信息失实、服务失效等，这些风险源因子驱动风险耦合主导回路的形成。

第五章

嵌入风险控制的研究假设与设计

前面章节分别对 B2C 网络平台嵌入风险的风险源因子以及风险维度进行了识别，构建了嵌入风险系统模型，得到风险耦合中的主导回路，本章基于前文研究结果对风险控制进行分析。有效的风险控制机制，是 B2C 网络平台嵌入风险防控的关键和保障，也决定了平台是否能够健康有序地运行。第四章中得到的风险耦合主导回路中，产品失真、不当信用竞争、不当销量竞争、信息失实、服务失效是对嵌入风险系统耦合路径影响最大的核心风险源因子。本章立足于平台企业角度，将主导回路中的核心风险源因子作为风险控制的对象，提出 B2C 网络平台嵌入风险控制的机制及其作用路径。

第一节 嵌入风险控制机制

由于网络的外部性效应，平台上入驻的商家越多，对另一边的消费者用户规模产生的影响越大。然而平台不断扩展规模的同时带来了锁定失效、竞争扭曲、关系失信一系列的嵌入风险，平台增强双边用户凝聚力的同时如何对商家入驻带来的嵌入风险进行控制成为重要的挑战，尤其是嵌入风险耦合系统中影响最大的产品失真、不当信用竞争、不当低价竞争、信息失实、服务失效等风险因子的控制，直接决定了 B2C 网络平台能否有序的健康运营。本节内容将从理论层面与平台管理实践层面进行分析探讨，试图对风险控制机制进行设计。

交易成本理论和社会交换理论是合作关系机会主义相关研究中最主要的两个理论（Hurwicz et al. , 2007）。交易成本理论提出抑制交易中的机会主义违规行为，降低合作风险是治理的目标，强调正式机制对于投机行为才是有效的，例如监督、提高专用性资产、明晰产权、有效的激励等制度（张钰等，2015）。而社会交换理论则提出不同的方向，认为沟通、信任、声誉等非正式机制能够有效抑制机会主义行为与合作中的关系风险。中立的学者则提出治理机制是需要根据不同的实践管理情境进行设计的。单独使用两种理论都很难为机会主义行为的治理提供完整的分析框架，一些研究结合两类理论得到两者互补的结论（Hawkins et al.，2008；Nunlee，2005）。海德和约翰（Heide and George，1992）验证了专用性资产、协作机制能弱化机会主义行为，监督、伙伴选择、激励机制在企业网络治理中能够防止道德风险；庄等（chuang et al.，2007）对专用性资产和信任机制的互补作用进行了讨论。

探讨网络平台风险治理机制，不妨先对企业治理、企业网络的风险治理进行回顾，或许能为平台风险治理提供思路。关系风险治理是企业网络治理中的重要内容，信任、承诺、信息共享等关系机制能够对合作风险的控制有积极的作用（蒋先玲等，2020）。凯什普等（2012）证实监督机制与激励机制对行业特许经营网络关系的治理有显著效果。黄玉杰（2009）主张结合正式机制与非正式机制控制合作关系网络中的机会主义行为，包括契约、专用性资产、声誉、信任等；也有学者提出伙伴选择机制与沟通机制对机会主义行为有抑制作用，是提高企业网络合作绩效的重要途径（高孟立，2017）。学者们从不同的理论框架下探讨发现，网络平台降低商家机会主义行为采用的机制包括但不限于声誉、信任、沟通和监督机制（陈莹，2019），这些机制是网络平台治理创造有序规则和集体行动的条件。

网络平台中，内容政策、服务条款、算法、接口和其他社会技术制度构成了在线基础设施的治理机制。平台的治理机制首先表现为明确的契约，在契约中描述用户的角色和职责以及某些既定的目标，这些都使得双方更易达成合作关系（张新香和胡立君，2010）。周茜等（2019）提出惩罚机制、感知信誉以及监控技术对于 B2C 网络平台信用风险有显著的影响。张浩和张潇（2017）认为建立交易数据库和信息共享平台，运用数据技术对平台供应链风险进行实时监控，能够有效控制电商平台风险。格瑞沃等（2010）提出通过实施监控、社区建设和自我参与三种治理机制促进平台绩效实现。平台治理策略分为服务策略与管理策略，服务策略可采用信号显示机制、声誉机制、质保机制、认证机制、中间商机制；管理策略包括平台规则设置、介入经营、市场引导、运营监督等。网络平台多种治理机制存在于彼此之间，这些机制相互补充发挥协同效应（Dingwerth and Pattberg，2016），由于平台上的关系是复杂、重叠的，因此需要多元的机制对风险进行控制。

在平台治理的实践中，平台企业往往从不同的约束框架构建起治理机制。制度上的约束，可以理解为平台企业为了约束嵌入的商家行为而制定的一系列规则的集合，为商家的经营提供了一个规范性的标准。目前各个平台都有不断完善的制度条约，例如阿里巴巴集团包括《天猫规则》《大淘宝宣言》《淘宝服务协议》《天猫服务协议》等，京东商城对商家行为进行规范的主要是《京东开放平台准则》《京东开放平台交易纠纷处理总则》等，这些制度由平台公司的政策法规约束所形成，这些规则可以以契约、制度的形式约束并且监督各个主体的行为，以期减少平台用户的道德风险与机会主义行为（汪旭晖和张其林，2016）。契约约束较多用于信息经济学领域，研究信息不对称情形下的机制设计，建立有效的契约关系，因而对主体进行约束是非常有必要的，通过契约中的条件引导商家诚信交易，降低交易主体的道德风险与逆向选择的问题。各个平台上入驻商家与平台签订的合同、协议等都是契约的具体形式，例如《天猫入驻合同》《天猫服务协议》等，这些形式的契约中详细阐释了主体的权利与义务，尽可能对交易中出现的情况以及处理方式进行说明，并且详细说明如果一方主体违背契约精神需要付出的代价。因此契约约束是制度约束的补充，制度约束是平台单方面制定的规则约束商家行为，契约约束是通过双方签订契约实现更为有效、可持续的契约关系，而二者都是通过建立正式、显性的机制实现对入驻商家的监督，因此基于制度约束与契约约束提出监督机制。

社会约束是运用社会大众对某个组织的整体评价而产生的约束作用，经过长期的积累，良好的评价或者口碑逐渐形成组织的无形资产，因此在这个意义上说社会约束成为一种"软约束"，学者们也认为社区管理和调节系统是有效的网络平台治理机制，旨在促进成员之间的合作和防止资源的滥用，要不断优化平台规则的多主体供给制（孟凡新，2022）。运用到电商平台管理实践中，社会约束框架下平台构建了整体的声誉机制，良好的平台声誉为入驻商家带来溢出效应，作为信用背书使商家获得更多消费者用户流量。因此，社会约束框架下形成了平台的集体声誉机制。另外，平台自身建立了商品评价、服务评价、店铺信用分等评价制度，将消费者作为商家行为的观察者与体验者，通过消费者对商品、服务或者平台设立规则对店铺经济行为作出判断并展示相关信息，通过个体声誉的构建与传递发挥了市场约束的效力。

基于上述分析，结合交易成本理论与社会交换理论的思想，以及平台治理实践中制度约束、契约约束、社会约束、市场约束的架构，设计声誉机制与监督机制作为双边动态控制机制对 B2C 网络平台嵌入风险进行防控，沿着社会约束与市场约束的框架构建声誉机制，制度约束与契约约束的框架构建监督机制。采用声誉与监督相结合的方式与仅仅采用声誉机制或者监督机制相比，能够更有效地控制嵌入风险。机制设计如图 5-1 所示。

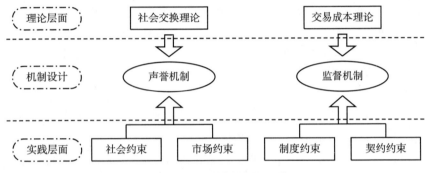

图 5-1　风险控制机制设计

资料来源：由笔者绘制。

一、声誉机制

信号甄别理论中认为声誉机制是主体经过长期的累积后形成的一种能反映主体稳定行为与性质的信号。声誉是外显的、可传播的，是组织的一种隐性资产。声誉作为企业的重要资源，在市场上能帮助企业获得其他企业的信任与青睐，进而提升企业的绩效，沿着这样的逻辑，声誉创造了价值（缪荣和茅宁，2005）。声誉代表了企业在市场上拥有一定的品牌威望（Nancy，1996），并且能够帮助合作方预测该企业未来一定时间内的行为与活动（Rindova and Fombrun，1999）。近些年企业网络模式更加普遍，供应链、战略联盟、集团公司等是企业面临不确定环境和任务复杂性时采取的合作形式，在企业网络中涉及更多的利益相关者，以往标准的经济、非经济指标已经难以衡量企业的业绩表现，声誉成为企业选择网络成员时的重要参考指标（卢福财和胡平波，2005）。在营销学领域也认为，声誉作为企业的品牌，是企业的无形资产和软实力，拥有良好的声誉能为企业带来更多的客户，并且客户黏性也随之提升，声誉成为企业在经营过程中除了利益之外的追求，并通过不断规范自身行为建立良好的声誉。个体声誉是网络平台上所特有的声誉维度，与集体声誉不同，平台上商家的个体声誉是商家在长期经营过程中，来自消费者、平台、第三方对其商品、服务等方面的综合评价，经过长期的积淀后形成的无形资产。个体声誉向市场传递了该商家的品牌、口碑、经营水平等信号，作为消费者对商家交易行为进行预测的依据。声誉能弥补信息不对称的缺陷，完善的声誉机制能够降低交易费用（刘芸等，2019）。通过技术、制度、文化对平台系统互信的治理机制，有效提升平台生态系统中成员的认知互信、制度互信和认同互信，最终提升平台生态系统的价值共创绩效（牟宇鹏等，2022）。

在平台交易中，商家的声誉是消费者对其经营行为给出的评价（Kirmayer et al.，2003），既包含消费者对商家的理性认识（Nguyen and Leblanc，2001），也包含情感认同（徐金发等，2005；李海芹和张子刚，2010）。声誉是经过长期的企业行为积累形成，作为一种资产是不可能通过交易获取的（Brown et al.，2009）。

声誉对于企业来说是一种无形资产，而对于平台和入驻平台的商家而言，是其各方面综合能力的反应。过去的交易行为形成的声誉将会对未来的交易发挥效应，因此声誉机制的影响是滞后持续的，而正是滞后性特征约束了企业的投机行为，企业要获得可持续经营能力，必须始终规范自身的行为。对于平台商家而言，良好的信誉度都是商家在长期经营中通过高质的商品和服务获得的，良好的声誉增加了商家的违规成本，一旦有偏离契约制度的行为，商家长期积累的声誉将前功尽弃，因此声誉制度对抑制机会主义行为有很大的帮助，声誉机制为企业的合作提供了无形的保障。

学术界对于声誉维度的构成并没有形成统一、标准的界定，部分学者围绕声誉的承载主体进行探讨，主要分为以公众为基础的团体声誉（Gioia and Sims，1983）和外界对个体评估形成的个体声誉（Doby and Kaplan，1995）。也有学者认为二者都可以是声誉的主体，都是外界对主体的一种认知（Tsui，1984）。基于此，李延喜等（2010）提出根据主体可将声誉分为集体声誉与个体声誉。聚焦于网络平台的声誉机制，构建其维度需要追溯到声誉的内涵与形成路径。声誉是市场对于供给侧主体的认知与口碑评价，供给侧主体包括提供交易场所、技术、制度保障的平台企业，也包括交易中商品与服务的提供者入驻企业，基于这样的逻辑衍生了平台的集体声誉与入驻企业的个体声誉双重维度。集体声誉是消费者用户对于整个平台形成持续的认知与情感，事实上在长期经营过程中，平台的声誉作为一种品牌背书逐渐形成了消费者的认同和信任，集体声誉来自消费者用户对平台制度架构设计的合理性、规则完备性、交易安全性等方面的认知评价（汪旭晖和张其林，2016）；入驻企业的个体声誉则是依托于交易形成的信用信息集合或者综合评价，具体而言包括消费者对商家商品、服务的评价，商家通过长期经营获得信用累积，反映了商家的经营特征与历史表现。个体声誉来自交易达成后消费者用户对商品、服务的判断与信息反馈，平台通过设计规则对个体声誉进行展示，形成对商家的隐形激励。集体声誉与个体声誉并不是独立的，平台企业的集体声誉能通过建立良好的品牌，为商家带来更多的声誉溢出效应，商家的个体声誉机制能够反向驱动形成平台良好的集体声誉。

二、监督机制

依据交易成本理论的行为假设，抑制市场中的机会主义行为是风险管理的重要目标（Brown and Lee，2000）。由于交易成本理论和社会交换理论都难以单独解释机会主义，多数学者结合两者进行研究，并最终验证了两者的互补关系（Hawkins et al.，2008）。在委托代理理论下为了抑制机会主义行为所采取的一系列措施可以视作是监督机制，一方面监督机制可以提高投机方的违规成本，减少机会主义行为给其他合作方带来的损失；另一方面能够减少投机方的机会主义收益，可以有效地减少双方企图背叛的动机（穆鸿声和晁钢令，2010）。在企业合作网络中，依据合作关系中机会主义行为可能发生的时间，监督机制分为过程监督和产出监督，完善的监督机制有利于战略联盟减少机会主义行为，提高合作绩效（Liu et al.，2009）。杨建华等（2017）证实正式的监督机制是物流服务提供商联盟治理企业间机会主义行为的关键机制。

对于本书的核心问题，B2C 网络平台上涉及的三方主体之间形成了多重委托代理关系，具体包括：

（1）消费者用户与平台的委托代理关系。消费者注册成为平台的会员进入平台消费时，二者之间建立了契约关系，平台进行信息的匹配并帮助消费者完成交易行为，消费者作为委托方需要遵守平台交易规则，支付费用。这一层面的委托代理关系中，消费者是初始委托人，平台是中间代理人角色。

（2）平台和入驻商家的委托代理关系。商家注册成为平台上的企业后，平台委托商家满足消费者的商品需求并分享平台的用户资源，商家遵守平台规则完成平台的委托，并在平台上经营获得价值，这一层面的委托代理关系中，平台是中间委托人。

（3）消费者与商家的委托代理关系。消费者委托商家提供商品和服务需求，商家根据消费者的需求提供商品与服务，这一层面的委托代理关系中，消费者是初始委托人，商家是最终代理人。

三个主体之间通过契约建立合作的关系而非上下级的隶属关系，因此平台对于入驻商家很难做到实时监控，而能否有效地对入驻商家与消费者用户交易的过程进行监督和控制，直接关系到平台绩效和可持续的运营。若平台的监督机制不到位，处于信息优势方的商家在契约的模糊地带违规经营，出现违背平台的价值观和制度的交易，最终引发嵌入风险。通过完善的监督机制，减弱了平台和消费者在交易中处于信息劣势方的困境，监督机制包括对商品交易过程、支付过程、物流配送过程等交易流程进行全程控制，并且对相关的数据进行采集预测和判断商家的行为是否符合契约规定，以此来降低商家机会主义行为发生的概率。

现有文献认为监督是促进交易各方间建立成功合作关系的关键要素之一。在企业合作关系网络中，监督机制的措施被认为是在企业间关系中用来规范合作方行为的一种结构安排（钱丽萍等，2015）。在电商平台中，监督机制是平台针对商家的虚假描述、价格欺诈、销售假货等违反交易规则的行为设计的一系列监控措施（张晓庆，2018）。电商平台的监督机制表现为明确的合同，在合同中详尽地描述了卖方用户的角色和职责以及某些既定的目标，这些都使得双方更易达成合作关系（Chuang et al.，2007）。国外一些平台企业使用了监督机制控制平台的秩序，例如以半导体交易为主的德国电商平台公司 VCE（Virtual Chip Exchange）对所有的交易和物流情况进行监控，以保证订单的执行和交易的质量。另外，通过只引入有资格的原始设备商、特许经营商和芯片厂家，确保了平台出售商品的质量和可靠性。

本书将监督机制作为 B2C 网络平台嵌入风险的控制机制，是由于在电商平台市场，平台企业对平台商家行为和活动进行监控、评估和奖赏等一系列管理措施，商家会努力达到这些标准（Ahearne et al.，2010；Kohli et al.，1998），进而降低投机行为（Brown and Peterson，1994），维护平台上的交易秩序。另外，平台企业的控制策略也意味着平台企业要求商家用户达到一定的质量和能力的标准，例如需要提供一定的资质和证书、服务达到标准要求。在这样的质量控制下，提升了整个平台的交易服务水平，同时监督通过给商家创造社会压力迫使其服从交易规则（Wathne and Heide，2000）。

观察平台运营实践不难发现，不同的平台会采用差异化的监督策略对商家行为进行约束和激励。如亚马逊平台对商家与消费者的交易制定了一系列的服务标准（陈莹，2019），天猫商城通过《天猫规则》《天猫服务协议》等制度性措施制定商家经营行为的标准，京东商城对商家行为进行规范的主要是《京东开放平台准则》《京东开放平台交易纠纷处理总则》。天猫对平台上的交易环节采用数据监测防止低价竞争、刷单等行为的产生，并通过强化手段来说明违反制度规范之后的后果。监督机制主要包括制度监督、基于数据与算法构建的预警机制和公众评价监督机制。另外，在本书的访谈调研中发现，一些平台建立了公众评价反馈机制，构建独立的点评平台，或者联合第三方平台对电商交易纠纷进行独立评价或仲裁机制，帮助平台更加及时地发现问题，对商家的服务起到有效的监督，一些平台构建了消费者对消费产品、服务的评价反馈通道，开展网络消费维权模式，消费者在网络交易中遭遇假冒伪劣商品或者商家拒绝兑现事先承诺等现象时可以在这类平台上进行反馈，通过第三方评价、仲裁等机制监督平台、商家经营行为。基于此，本书将监督机制细分为制度监督、技术监督、公众评价监督。监督机制首先是建立制度监督，通过正式的规则、制度对商家的行为进行约束，制度监督中对商品质量、品牌、价格、宣传信息以及售后服务都做了明确的规制。另外要通过大数据算法建立风险预警机制，运用技术对商家的行为进行检测并识别违规行为风险，通过数据挖掘与模型比对，识别商家的产品是否存在假冒伪劣、以次充好的情况，对商家的经营行为起到监督的作用。

第二节　研究假设

一、声誉机制的风险控制路径

（一）声誉机制对嵌入风险的控制

企业声誉是主体之外的利益相关者感知到该企业有能力、有意愿满足合作需求或者期望的集合（Wartick，1992），企业通过声誉向合作方提供隐形保证，为对方提供可信任的依据，企业声誉中包含了对企业品质、前景的认知，也包含了他方对该企业的忠诚、情感倾向（张其林和汪旭晖，2022）。

本书中网络平台声誉机制包括平台的集体声誉和入驻商家的个体声誉，尽管声誉的载体不同，但是二者是相互联系的，存在着互生的关系。当消费者用户在某个平台交易后，会对整个平台交易架构的合理性、规则的公平性、商品的真实性、双边用户的公正性等作出判断与评价，用户将平台企业视为一个独立个体，所持有的认知或者情感形成了平台声誉或者平台集体声誉。不同于传统的企业，平台声誉的构建需要耦合核心领导者企业的文化建设与入驻企业个体参与两条路径（李海舰等，2014）。平台声誉逐渐成为整个平台的信用背书，其溢出效应使得商家能够获得更多消费者的信任，表现出"爱屋及乌"。因此，平台的集体声誉对入驻平台的企业有一定的激励作用，为了保护平台的良好声誉，入驻商家自发地规范其经营行为，有效降低商家发生产品失真、恶意竞争等行为（Hond et al.，2014）。声誉是形成用户信任的基础，平台的集体声誉能够降低商家成员行为的不确定性，促进商家在经营中以平台的规则与制度来约束其行为，良好的声誉增强了平台对双边用户的凝聚力。平台集体声誉需要平台企业与商家企业共同创建与维护，而由声誉带来的溢出效应能够给商家带来更多的用户流量，因此集体声誉是驱动商家合规经营的外在驱动力，为了维护平台声誉，商家自觉遵守平台的规则诚信交易，规避出售假冒伪劣、刷单、操纵评价等行为。因此，本书认为集体声誉机制可以有效降低商家产生风险行为的可能性，自觉遵守平台规则和维护交易秩序。

商家的个体声誉是指消费者用户根据交易体验，对交易中的商品、服务、物流等作出主观认知或者情感的判断。具体包括对交易商品的质量、服务、信息的真实度与满意度等评价以及其对商家服务的认可程度。平台或第三方机构提供的商家声誉系统包括商家行业协会或商盟对所属商家所售商品进行品牌、质量、等级的认证。雷斯尼克等（Resnick et al.，2000）提出网络平台的交易中存在着信息不对称，由消费者提供的卖方企业的历史交易信息有助于为未来的消费者提供鉴别依据，因此对历史行为信息进行收集、统计、展示能够降低消费者的不确定性感知，能激励陌生人的合作或交易行为。而对于商家而言，声誉机制能够激励商家为了获得更好的排名与评分，付出更多的努力经营店铺。而采用售卖假冒伪劣商品、提供虚假信息、拒绝兑现售后服务等行为，消费者会采取低分、差评等信用反馈机制予以揭发，另外平台一旦发现此类行为，也会对商家的信誉等级作降级处理，个体声誉的积累本身具有"难积易损"的特点，因此一般情况下商家受到个体声誉的牵制其机会主义行为的动机降低。因此，个体声誉系统成为控制商品质量和服务行为的一种机制，降低了商家产品失真、信息失实等风险（纪淑娴等，2009）。B2C 平台在线评论的直接效应是有助于消费者了解网站的商品质量和销售服务，间接效应是能够有效降低商家的违规概率（邓斌，2010）。网络平台的交易由于时空隔离和银货分离，信息不对称仍然存在，并且导致的结果更加多样化，信誉评价体系为交易双方的决策提供了参考依据（Dellarocas，2003）。诸多研究表明，除了网络购物网站的声誉系统，第三方机构的认证与评价对商家的行为约束也具有重大影响（Benedicktus et al.，2010），第三方信誉反馈是降低商家道德风险与机会主义行为的有效途径。商家商盟或行业协会制度从专业的角度对商家的声誉进行认证与展示，为消费者提供更可靠、可信赖的消费决策依据。商盟可以形成外部效应，使其中的每一个商家从中获益，所建立起来的商盟向买方发出明确承诺：商盟成员提供的商品是高质的，如其中某个或某些成员违反此承诺，所有的成员都会受到牵连，商盟将对其实施惩罚（赵宏霞等，2010）。吴德胜和李维安（2008）指出，商盟发挥着社区责任体系的作用，约束交易方的行为，成员在享受商盟给予的信誉效应的同时必须诚信交易、公平竞争。

个体声誉在平台的风险控制中发挥两个作用，一个是传递信息，向市场释放商家声誉的信号，为消费者的甄别提供参考依据。另一个是制裁作用，将负面或者不良的声誉作为一种制裁手段，惩罚采用违规经营行为获取利益的商家，以此净化市场秩序，维护平台市场环境。不仅如此，声誉作为一种外显的、可传播的信号，对于商家有长期的影响。商家的失信行为不仅能被消费者所知，伴随着电商行业内数据共享，其他平台也能获取有着不良经营历史的商家信息，无论是消费者还是其他平台，在未来的交易或者合作中都会根据商家的声誉评估商家的可信任程度。因此，失去信任和合作机会的恐惧感大大降低了商家失信行为的可能性，减少了其机会主义倾向和道德风险。在这个意义上，相对于集体声誉机制，商家的个体声誉更加能够促进其合规经营，减少投机、不正当竞争行为。

基于此，本章提出假设：

H1：声誉机制能够有效降低 B2C 网络平台的嵌入风险，且相对于集体声誉机制，个体声誉对于嵌入风险的控制更为有效。

（二）心理所有权的中介效应

皮尔斯等（Pierce et al.，1991）从占有心理学理论延伸提出"心理所有权"概念，认为心理所有权是个体对目标物或目标物的部分归属为自我的心理状态。也有学者从责任感视角解释心理所有权，认为是一种对事物负有责任或义务的心理状态（Kim et al.，2016）。皮尔斯（2001）在之后的研究中将心理所有权与责任感以及法律所有权做了区别分析，心理所有权更强调个体对目标物的所有感，而法律所有权则强调实物本身的权利归属，责任感主要强调以目标物的利益为重的精神状态。

成员对组织的心理所有权是基于成员与组织在期望、目标等方面是一致的，形成一致、共享的心理模式（Druskat and Pescosolido，2002）。沿着组织心理所有权延伸出了集体心理所有权，强调成员对集体的目标完全认同并且能够将集体的目标视作是成员们共同支持与拥有的，是成员之间稳定的共享心理状态（Pierce and Jussila，2010）。集体心理所有权是在成员的依赖性、认知性基础上对集体形成的归属感与所有感。可以将集体心理所有权理解为对所属集体的归属感，基于此对个体的认知、动机、行为产生影响（卫利华等，2019）。集体心理所有权在认知与情感维度上都跨越了个体心理所有权的狭隘与不足，提升到成员对集体所属目标物的共同信念，在信念驱使下对个体职责与义务都做了明确划分（Pierce and Jussila，2010）。成员对集体产生的心理所有权增加了集体在成员中的重要性，为此个体也会努力提升参考标准。朱沆和刘舒颖（2011）认为，集体层面的心理所有权对组织能发挥更大的意义与价值。

对于心理所有权的维度，学者们从不同的视角进行了划分。埃维等（Avey et al.，2009）认为心理所有权包括促进性和防御性两种类型的心理所有权。肯普（Kemp，2016）提出了空间感、认同感与效能感三个维度构成的心理所有权框架，空间感是从心理安全角度出发，为目标物提供一个空间；认同感是将目标物赋予身份，给予目标物被认可的身份感；效能感是对目标物给予保护、承诺的证明。陈浩等（2012）基于文化的不同构建了适用于国内企业组织研究的心理所有权维度，分为促进性与防御性两类，促进性维度包含了责任、归属、自我效能。郑晓明等（2017）扩展了"团队心理所有权"的定义，将心理所有权维度分为成员自身与成员共同的所有权。

皮尔斯等（2003）认为对目标物的控制、熟悉、自我投入产生了心理所有权。其中影响最大、最为持久的因素是自我投入，个体对目标物在时间、情感、精力、价值观上的输入，使得个体与目标物的联系愈发紧密，产生更大的心理所有权。梁果和李锡元（2018）提出控制和认同是产生心理所有权的两条主要路径，其次是个体归属感因素，李和苏（Lee and Sun，2015）提出归属感对于构建心理所有权产生重要的作用，他们认为归属感同效能感、自我认同和职责等一样，均是心理所有权的内容之一。

帕克和舒（Peck and Shu，2009）认为个体对目标物声誉的关注和维护，能够使个体对目标物产生心理所有权，尤其是目标物的声誉需要成员集体建立与维护时，个体将集体的声誉视为自己的责任。也有学者认为溢出声誉效应使处于集体中的个体能够受益于声誉，促使个体感知到"平台是属于自己的"，并在经营中自觉规范和约束自己的行为。在线信誉反馈机制能够有效激励平台内的商家诚信经营，良好的声誉导致成员对组织产生积极态度，同时加强积极维护的意识，加大他们对于组织的所有权情感（Resnick et al.，2000）。声誉的建立与积累，使得参与其中的商家对平台声誉产生持久的情感因素，即商家对平台的依赖程度、认可并忠诚的情感，皮尔斯（2001）的研究显示，对目标的控制是所有权的突出特征，认可程度越高，越容易使人们产生心理所有权，相反，降低控制程度则会阻碍心理所有权的产生。当成员感知到平台给予他们的尊重、公正的排序时，便会认为自己有义务帮助组织实现其目标，此时成员便会以积极的行为努力实施期望行为，商家会主动遵守平台的运营规则进而降低平台的嵌入风险。

心理所有权的形成为商家的行为选择提供了理论上的解释，心理所有权的实质就是所有感和责任感（Vandewalle et al.，1995）。已有研究表明，当个体对目标建立心理所有权后，规则和制度在经营行为中得到固化和增强（Beggan and Brown，1994）；随着主体交互行为的增加，自我投入会逐渐增强个体对目标物的认同与效能，目标物成为象征与自我价值实现的延伸（Avey et al.，2019），反映到商家的心理状态，维护平台的声誉逐渐演变为义不容辞的责任，从而对其行为作出相应的引导作用。而当目标物出现损失或者出现负面现象时，个体出现自我威胁的心理，对这种目标物的负面效应呈现厌恶、恐惧的情感，因此心理所有权是对个体行为增强的关键要素（Kahneman，1991）。正因为如此，当平台建立完善的商家个体声誉系统时，商家对其声誉逐渐形成心理所有权，责任感、损失厌恶心理会促使商家通过合法经营行为提升自己的声誉，进而避免不符合平台价值的行为。

基于此，本章提出假设：

H1a：声誉机制能够促进商家的心理所有权，进而对嵌入风险进行有效控制，即心理所有权在声誉机制对风险的影响作用中发挥中介效应。

二、监督机制的风险控制路径

完善的监督机制通常会使机会主义行为有所减少（Williamson，1979），监督可以降低信息不对称，并且给交易一方制造制度压力迫使其服从交易规则（Wathne and Heide，2000），同时能帮助组织提高发现合作伙伴机会主义的能力（Li，2002）。平台企业为双边用户提供了交易的环境，有责任净化市场环境，维持交易秩序，建立强有力的契约制度有利于提高其及时发现平台上交易者机会主义行为的能力（Rindfleisch and Heide，1997）。监督机制需要依靠制度监督和技术监督发挥互补功能（池毛毛等，2018），制度能够保障参与企业利用平台优势获取价值，技术监督则能弥补制度难以覆盖的区域（Tiwana，2015）。随着平台模式的不断成熟，平台通过第三方的信息反馈对商家经营行为进行监督，采用公众对消费体验的认知和评价信息采集实现对商家的监督。

制度监督中具体分为对入驻、交易、售后等环节的监控与保障，各个环节的监督采用不同的手段与策略。准入制度来自实体市场的规则，为了防止有问题的商家、商品进入平台，设置严格的商家入驻条件，平台或者第三方机构对商家的营业资质、产品质量验证清单、保证金等方面严格审核，尽可能从源头上减少商家的违规经营（陈威如和余卓轩，2013）。准入制度在一定程度上能够净化平台市场，将有风险的企业拒之门外，同时对于一些品牌授权、专卖店资质等方面的严格审核能够降低产品失真的风险，保证了平台的健康环境。然而，准入制度并不能完全消除商家的违规行为，由于信息不对称和商家一些行为的隐蔽性，仅仅依靠准入制度规避风险仍然显得无力，平台对商家的制度监督还包括产品信息展示与沟通、信息传递、产品试用、平台质量抽检等方面，其中较为严格的是对出售商品质量的把控。在商品信息与促销活动信息展示中，平台设立严格的监督与违规举报规则，才能确保信息的真实性和有效性。在沟通方面，网络购物平台通过在线客服实现商家与消费者的实时沟通，客服有义务对消费者关于商品的疑问作出详细的解答，降低交易的信息不对称带来的信息失实风险（崔楠等，2013）。平台作为消费者与商家委托代理关系中的中间代理人，对交易中涉及的商品进行质量监督，能够提升整个平台的商品质量，可有效减少"网络柠檬"现象的发生（Maeyer and Estelami，2011）。

技术层面的监督，平台主要是运用大数据技术对商家可能存在的违规行为进行识别与采集，并运用算法对这些行为进行对比，建立完善的风险预警系统，在该系统的检测范围内，商家行为一旦触碰"红线"，系统会自动提示平台管理部门，并警示商家。例如刷单行为，商家雇用职业刷单师购买商品以提升销量，平台采取大数据识别技术对该行为进行识别，识别刷单师的等级、搜索行为、对商品的浏览时间等，以此来识别刷单行为。阿里巴巴2019年通过数据挖掘与算法识别检测到2800个刷单团伙。针对商家层出不穷的违规行为，阿里巴巴开展了诸多打击违规行为活动，并将这些惩罚打击的行为进行具体解释后纳入《平台规则》。刷单已经成为越来越多商家不敢触碰的高压线。为了升级商家诚信体系，提高营商环境治理水平，提升对守规卖家的保障与服务，同时让故意违规的"失信者"提高成本，阿里巴巴同时运用社交群体反作弊算法、物流空包算法、刷单资金网络算法等，在刷单行为的每一个环节入手，建立覆盖全链路的大数据实时风险控制预警系统，以此打击刷单、低价竞争等行为。运用技术解决平台交易问题，坚持全链条打击违规行为，成为各大平台进行风险控制的重要手段与措施。

公众评价机制，是平台引导消费者结合消费体验对平台以及商家进行点评，目前该机制在实践中表现有两种形式，平台建立售后反馈渠道或者投诉平台，或者平台与第三方点评类、曝光类平台合作，以此实现多方共治。一些平台为了解决售后投诉维权的问题，在构建公众信息反馈的基础上，建立多维主体协商模式，集合政府、平台、商家、律师等多维主体，针对维权投诉问题进行仲裁协商解决。显然，公众评价机制是B2C网络平台对风险控制的一个屏障，公众评价机制从第三方的立场对平台上发生的纠纷事件等进行评价与判断。作为一种解决冲突的机制，在平台运营中用来规范商家的不良行为，确保平台商务交易的正常进行。平台提供公众评价机制要传递一个信息，即对违规行为的判定、处罚和约束（Wang et al.，2012）。一方面保证了交易之间契约、规则和制度的信用关系，另一方面也体现着交易者之间的硬约束力和软约束力，它是防范B2C网络平台嵌入风险耦合形成更大风险及维护消费者用户权益的最后制度性屏障。尤其在信息不对称的网络虚拟交易中，作为制度和技术监督的补充，公众评价机制更是起到了建立消费者信任的作用。

基于以上分析，制度监督是平台对商家的入驻、经营等行为设置的规范与准则，为商家入驻与经营提供制度依据，对商家的行为产生最基本的约束，属于核心层面的监督机制；运用大数据挖掘与算法识别构建的风险预警机制，能够科学、准确地监测商家的行为，平台企业运用智能化手段进行风险检测，对于风险的控制更为有效，属于支持层面的监督机制；公众评价机制作为保障交易有序健康进行的辅助系统，延伸到了在平台交易中制度失灵的区域，属于辅助层面的监督机制；三个要素对用户嵌入性的影响呈逐级递减的梯度效应。

监督机制属于平台对商家的行为监督，由于大数据的赋能，网络平台能够对商家的入驻和交易行为进行实时监督，在一定程度上降低了商家失信行为发生的概率。交易成本理论中将监督机制作为正式的治理机制来减少机会主义行为，重要的原因在于监督机制能够增加投机行为的成本（Ozkantektas，2014）。监督机制对于市场秩序有很强的保障作用，规范参与者的行为，规避一些机会主义行为（Grewal et al.，2010）。安蒂亚等（Antia et al.，2006）将违规成本定义为组织对于违规行为所需要付出的代价，是违规者需要承担的利益、声誉损失。平台企业在对入驻商家的监督中，通过提高惩罚力度，加大违规成本，从而降低了机会主义行为的失信收益，提高了诚信经营商家的守信收益，从而降低商家嵌入风险的水平（夏雨，2014）。在权衡平台的惩罚力度、平台监测的技术以及欺诈行为收益后，商家作出利益最大化的经营决策，因此较高的违规成本和被发现的概率成为商家违规经营时的顾虑（刘蕾和秦德智，2005）。违规成本的影响程度是商家进行机会主义的经济成本，完善的监督机制促使违规的缝隙非常狭小，违规成本还具有其他非显性的经济成本，如时间成本、对声誉的损害，以及由于违规导致的未来收益降低，这些都会增加违规者的成本。

基于此，本章提出假设：

H2：制度监督、技术监督、公众评价作为监督机制对嵌入风险控制发挥着梯度效应。即制度监督机制的效用最大，技术监督次之，公众评价监督对风险控制效用较低。

H2a：监督机制能够提高商家的违规成本，进而对嵌入风险有效控制，即违规成本在监督机制对风险的控制作用中发挥中介效应。

三、声誉机制与监督机制的互补效应与替代效应

互联网平台上商家的治理需要多种机制互相补充才能发挥更好的效应，声誉机制与监督机制是两种不同的监管模式，对于不同类型的商家产生不同的治理效果（Weiser，2009）；李等（Li et al.，2015）研究电商平台质量监控机制时，从网站评价、产品诊断、质量监控等多个维度来建立平台对商家的治理指标体系，认为这些维度并不是独立发挥效应的，而是交叉互补的，事实上对应了本书中的声誉机制与监督机制。国外电商领域的学者认为，要解决平台交易中的问题，需要从激励与监督两个方面设计规则（Marsden，2008）。

本书根据平台上入驻商家店铺的规模，将其分为大型商家与小型商家，参照以往研究，治理机制对于同一平台上的不同规模的商家的治理效果是不同的（崔睿和马宇驰，2018；Forsythe et al.，2006）。大型商家是指在平台上的经营规模处于整个平台规模的前 30% 的商家，其经营年限基本超过 5 年，企业人员规模在 50 人以上，有多次参与平台大型促销活动的经验。小型商家是相对大型商家而言，其经营年限基本未超过 5 年，企业人员规模在 50 人以下。

对于小型商家而言，由于商家在平台上的专用性资产低，核心价值获取低，平台排序机制是基于历史交易状况进行排名，在这样的情形下，小型商家在市场竞争中处于劣势位置，为了获得更多的用户流量，小型商家可能采用刷单、修改评价、出售假冒伪劣商品等手段实现自身的利益最大化。因此，对于小型商家，平台企业采用积极的声誉机制和宽松的监督机制时，商家出售假货、刷单、刷好评、信息泄露等风险的概率就会提升。因此，结合假设 H2 与上述推论可得，对于小型商家，平台企业采用积极的声誉机制时，需要配合严格的监督机制。采用宽松的监督机制时，无法依赖于声誉机制激励小型商家自觉遵守平台规则，参与到平台公平竞争中，进而增强了嵌入风险的水平。

对于小型商家而言，随着声誉机制水平的提升，监督机制对于平台嵌入风险的控制作用增强，即声誉机制对于监督机制与嵌入风险水平的关系具有互补作用。如果监督机制相对宽松时，小型商家的负向行为发生概率提高，声誉机制再完善，投机主义行为的商家还是选择通过违规手段实现利益最大化，而破坏了平台正常的交易秩序，损害了整体的平台声誉，因此，对于小

型商家而言，宽松的监督机制会抑制声誉机制对嵌入风险的控制作用，而随着监督机制的增强，上述抑制作用将会减弱。即监督机制与声誉机制具有互补作用。

对于大型商家而言，其在平台上的专用性资产较高，在长期的经营中获得了平台的良好声誉和更多的用户流量，大型商家店铺在平台上处于优势位置，在这样的情形下，商家为了维护其在平台上的既有声誉与资源，更倾向于遵守平台规则。平台作为交易环境的提供者和拥有者，在制定监管措施时需要对商家的风险偏好做出判断并制定差异性的监管（李莉等，2005）。声誉机制与监督机制之间的作用机理对于不同商家的治理效果不同，二者可能存在替代性，严格的监管会挤压声誉的效应（杨居正等，2008）；李乃文等（2017）认为平台过于严格的监督机制可能使个体遵守规则的主动性逐渐降低，甚至出现相反的行为；因此，对于大型商家，平台采用积极的声誉机制时，监督机制对其的影响较弱，即严格的监督机制与宽松的监督机制对于大型入驻商家嵌入风险的降低无显著差异。相反，如果平台采用较为宽松的监督机制，积极的声誉机制更能激励大型商家正向行为的产生。进一步说，随着声誉机制水平的提升，监督机制对于大型商家店铺的负向行为控制作用在下降，声誉机制对监督机制控制风险的作用具有替代作用。基于上述论述，本章提出假设：

H3a：商家规模在声誉机制、监督机制与风险的影响中发挥调节效应。

H3b：对于小型商家，声誉机制与监督机制对风险的控制发挥互补作用。

H3c：对于大型商家，声誉机制与监督机制对风险的控制发挥替代作用。

四、研究假设模型

前面的章节对声誉和监督机制对嵌入风险控制作用机理进行了分析并提出相关假设。声誉机制和监督机制都能降低嵌入风险，其中，心理所有权在声誉机制对风险的控制作用中发挥中介效应，违规成本在监督机制对风险的控制作用中发挥中介效应；相对于集体声誉，个体声誉机制对风险控制的效用更大；制度监督、公众评价、风险预警机制对风险控制呈现梯度效应。另外，商家规模在声誉机制与监督机制对风险的控制作用中发挥调节效应，具体来说，对于小型商家，声誉机制与监督机制对嵌入风险的控制发挥互补作用，对于大型商家，声誉机制与监督机制对嵌入风险的控制发挥替代作用。

本章提出的研究假设包括：

H1：声誉机制能够有效降低 B2C 网络平台的嵌入风险，且相对于集体声誉机制，个体声誉对于嵌入风险控制更为有效。

H1a：声誉机制能够促进商家的心理所有权，进而对嵌入风险有效控制，即心理所有权在声誉机制对风险控制的作用中发挥中介效应。

H2：制度监督、技术监督、公众评价监督作为监督机制对嵌入风险的控制作用呈现梯度效应。即制度监督的效用最大，技术监督次之，公众评价监督对风险控制效用较低。

H2a：监督机制能够提高商家的违规成本，进而对嵌入风险有效控制，即违规成本在监督机制对风险的控制作用中发挥中介效应。

H3a：商家规模在声誉机制、监督机制与风险的影响中发挥调节效应。

H3b：对于小型商家，声誉机制与监督机制对风险的控制发挥互补作用。

H3c：对于大型商家，声誉机制与监督机制对风险的控制发挥替代作用。

基于上述研究假设，构建风险控制机制研究假设模型，如图 5－2 所示。

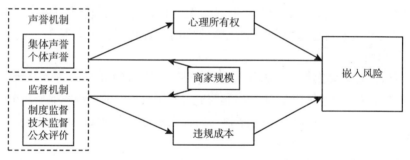

图 5－2　控制机制研究假设模型

资料来源：由笔者绘制。

第三节　研究设计与数据分析

一、量表设计与数据采集

结合目前国内电商平台的实际运营情况，设计了本书的变量问项，包括声誉机制、心理所有权、监督机制、违规成本、嵌入风险 5 个变量。其中，鉴于声誉机制、心理所有权、监督机制、违规成本 4 个变量的研究较为成熟，其变量的测量题项借鉴已有研究，并根据 B2C 网络平台的特点做出适当调整。

对于声誉机制变量的测度，马翁和沃迪客（Mahon and Wartick，2003）认为，声誉的理解维度中包含利益相关者对目标组织的认同与忠诚；沃尔什和比蒂（Walsh and Beatty，2007）将企业声誉的构成细分成多个维度，其中包括公平性、透明度、消费者导向等。除此之外，企业声誉还包括独特性（Newell and Goldsmith，2001）、可信赖感（Mcknight et al.，2002）等。而对于网络平台，声誉还具有平台的集体声誉和商家个体声誉的双元结构特征。根据本章研究内容，对上述研究中声誉机制的维度划分与题项设计，本书对声誉机制设计了 6 个题项。

心理所有权由空间感、认同感与效能感 3 个维度构成的心理所有权框架，空间感是从心理安全角度出发，为目标物提供一个空间；认同感是将目标物赋予身份，是给予目标物被认可的身份感；效能感是对目标物给予保护、承诺的证明（Pierce et al.，2003），心理所有权的测量题项参考帕克和苏（Peck and Shu，2009）、博纳旺蒂尔和舍巴（Lessard – Bonaventure and chebat，2015）等的量表，并根据电商平台商家与平台的关系，设计了 3 个题项。

监督机制的测量题项主要参考格瑞沃等（2010）的研究，洛克里和托西（Loughry and Tosi，2008）将监督机制分为横向监督与纵向监督，横向监督是成员之间建立相互监督、举报制度，纵向监督是由从属关系的治理主体设计相关制度以及运用相关技术对客体行为进行监测与控制。胡等（Hu et al.，2016）、王艳梅等（2008）提出监督机制中包含了制度、举报、成员观察与纠正等，根据 B2C 网络平台的特征做出了相应的调整，主要测量制度层面的监督、技术层面的数据挖掘与算法识别、公众评价监督机制，设计了 9 个题项。

违规成本变量题项的设计，根据第三章多案例分析中所收集的访谈资料进行挖掘整理，涵盖直接成本与间接成本两个维度，共设计 3 个题项。直接成本是指由于违规被发现后，平台对商家的处罚而给商家带来损失；间接成本包括行为成本和违规后果；行为成本是指商家为了防止违规被发现，需要付出更高的代价；后果成本是指违规被发现后可能给商家未来的经营带来的利益损失。

嵌入风险作为结果变量，依据第四章系统动力学模拟仿真得到的三条主导回路路径，本章将产品失真、不当信用竞争、不当销量竞争、信息失实、服务失效五个核心风险源因子作为嵌入风险的观测变量，观测变量的测度题项来源于多案例分析材料中风险源因子出现的高频语境，共设计 18 个题项测度嵌入风险。

商家规模作为调节变量，在量表设计中设计了两个题项，通过店铺的月均销售额与月均利润额度两个题项对商家规模作出判断。收集数据后针对不同的额度进行赋值。

问卷主要分为两部分，第一部分是受访者的基本信息；第二部分是入驻 B2C 网络平台的商家对于商家的经营行为和平台的治理状况的感知与评价，是问卷的核心部分。问卷除基本信息部分，全部采用李克特五级量表形式，其中 1 表示非常不同意，5 表示非常同意。相对于七级量表，五级量表适用于语言用词敏感度不强的题项，由于填答对象是商家，对于符合或者认同度的区分敏感度较弱，同时考虑题项数量与答题者的情绪，经过比较分析，五级量表更加适合本书。

由于嵌入风险系统的复杂性，受到多种因素的影响。本章节主要研究声誉机制与监督机制对风险的控制效应，因此需要对其他可能影响因变量的变量进行控制，根据已有研究中的成果，学者认为商家店铺的年限、经营属性（池毛毛等，2018）可能对违规性行为产生影响，本书将商家店铺的成立年限与经营品类设置为控制变量，对这些变量进行了题项设计。控制了成立年限，分析时以商家经营线上店铺的时间数据的对数进行检验。经营属性根据店铺所售商品类型进行划分，按照服饰、化妆品、图书音像、食品、家用电器、虚拟产品（网游及 QQ 话费通信）等类型分别赋值。

通过以下 3 个阶段开发了调查问卷，题项设计主要在以前已经被验证的成熟量表基础上根据情境调整所形成。

（1）根据文献构建了量表草稿，并由熟悉本领域的专家和天猫、京东平台企业的中层管理者检查内容效度。

（2）对有 6 年以上经营线上店铺经验并且了解研究问题的两位电商经营者进行了半结构化访谈，请其检查每个题项的语义表述与理解清晰度。

（3）为减少同源误差问卷采用匿名、正反向题项交叉排列等方法，以确保受访者给出准确、真实的回应。

对来自 5 个平台的 30 位商家进行了预测试。根据预测试数据中的信效度分析结果调整和删除了效度较低的项目，提高了量表的可靠性。

　　问卷题项设计完成后，与电商平台研究领域专家以及××电商平台运营部管理层人员进行访谈对题项进行了部分调整。最终形成了本书的初始问卷，变量测量量表汇总如表5－1所示。

表5－1　　　　　　　　　　　　变量测量量表汇总

潜变量	观测变量	测度题项	设计依据
嵌入风险	产品失真	同业商家不存在售卖假冒伪劣商品的行为	基于第三章多案例分析材料中，各个风险源因子的高频语境整理后设计题项
		同业商家售卖的商品不存在以次充好的现象	
		平台上品牌侵权的行为基本不存在	
	不当销量竞争	平台上的商家基本没有通过雇用刷单师进行刷单增加销量的现象	
		同业商家不存在采用虚假宣传促销活动增加销量	
		同业商家不存在采用替换商品链接增加新商品的销量	
	不当信用竞争	同业商家通过雇用好评师、刷单师购买虚假好评的现象很少	
		同业商家通过雇用差评师给竞争者实施恶意差评的现象基本不存在	
		交易完成后通过返现、发红包等形式引诱用户好评的商家不多	
	信息失实	商家伪造经营资质（登记证、许可证、流通证、商标注册等）的现象不多见	
		商家伪造销量信息、物流信息的现象不存在	
		有很多商家采用虚假的宣传信息、广告信息吸引用户	
	服务失效	退换货时商家违背承诺导致交易纠纷的事例不多见	
		部分商家的售后服务（安装、维修、使用指导）不及时或有效性差	
		商家为了获取私利会将消费者个人信息泄露或者发送广告骚扰信息	
		商家诱导用户采用非平台链接进行交易使得消费者财产受损的现象并不多见	

潜变量	观测变量	测度题项	设计依据
声誉机制	集体声誉	平台很注重整体声誉的构建,严厉打击有损平台声誉的行为	马翁和沃蒂克(2003)、沃尔什和比蒂(2007)、纽维尔和哥德史密斯(2001)、麦克奈特等(2002)
		我非常认同该平台的声誉或口碑,并且我受益于平台良好的声誉	
		我认为商家应该遵守平台的制度合规经营,合理构建并维护平台的声誉	
	个体声誉	平台对于商品评价的规则设计是规范、合理、有效的	
		平台对于店铺评分和信誉评分的规则是合理并有效的	
		平台对于店铺的认证机制(例如金牌卖家标识)对商家的激励很有效	
监督机制	制度监督	平台对于入驻商家资质的审核非常严格	格瑞沃等(2010)、胡等(2016)、王艳梅等(2008)
		平台具有完善的制度约束商家的经营行为	
		平台的监督制度实施(执行)得很严格	
	技术监督	平台采用数据挖掘、算法识别等技术手段对违规行为进行监测与识别	
		对于刷单、假冒、替换商品等这些行为平台在技术上都能发现	
		平台采用的技术对于防控商家违规行为是有效的	
	公众评价	平台与第三方点评类机构合作,对平台上的商家进行监督	
		其他机构的曝光、点评制度对于商家起到一定的规范约束作用	
		公众评价机制对于商家而言是公平的	
心理所有权		我认为作为商家,我是属于平台的一员	皮尔斯(2003)、帕克(2009)
		商家和入驻平台是一个共同体,平台对于我很重要	
		作为平台的一员,我有义务合规经营,维护平台的利益和声誉	

续表

潜变量	观测变量	测度题项	设计依据
违规成本		由于平台的制度或者技术，商家违规时需要在技术、人力等方面付出更高的成本	基于第三章多案例分析材料，将各个风险源因子的高频语境整理后设计题项
		违规被发现后平台对商家的惩罚非常严重	
		违规成本对于商家的约束是有效的	

资料来源：由笔者绘制。

二、小样本试测

小样本试测向团队成员曾经在 B2C 平台上网购的商家发放问卷，共发放 30 份问卷，小样本试测后根据结果做了如下调整：

（1）题项的表述，根据部分商家填答的回馈，对语义不明的题项做了修改，修改结束后再次请商家重新阅读，直至大部分商家对问卷的表述认可。

（2）题项的正向与反向表述交叉分布，为了防止填答者在填答过程中出现惯性思维，对量表进行了正方向题项穿插设置。

（3）甄别题项的增加，根据试测中部分商家在答题中存在随意填答的现象，为了尽可能保证问卷的有效性，在问卷的基本信息部分增加了甄别题（线上店铺成立年限），同时在问卷末尾，以另一种形式对该问题进行提问。由于该题是客观题，因此能有效甄别填答者问卷前后填答的真实性和严谨性。

一是答题有效时间的设置，由于问卷正式发放选择了"问卷星"专业调研平台，因此设置最短答题时间在技术上能够保证填答者在对题项充分理解的基础上进行填答，进而保证了问卷的有效性。

二是设置有效问卷具体规则，对于问卷回收时设置了剔除无效问卷的基本规则，例如全部答案或者同一个矩阵题 5 个以上答案呈现直线型或者 S 型，则直接过滤该无效问卷。

通过小样本测试，对问卷进行了更为严谨的修改和设置，为问卷的正式发放提供了有效的工具和铺垫。

第 六 章

实 证 研 究

第一节 问卷发放与数据收集

问卷正式调研于 2019 年 10 月至 2019 年 12 月在问卷星专业调研平台上进行，要求填答对象为 B2C 网络平台上的运营商家。根据对问卷填答的身份要求、时间要求、有效性甄别、答案分布等规则设置，最终该平台返回有效问卷 531 份。

对问卷中基本信息数据进行统计，从经营类型、店铺人员规模、店铺经营时间等数据看，统计特征基本与《2018 年国家统计局电子商务交易平台调查数据报告》数据接近，数据与实际较为接近。表 6 – 1 为正式问卷调查样本的分布特征。

表 6 –1 　　　　　　　　　　调查样本分布特征

测量指标	选项描述	频数	百分比（%）
入驻平台数量	1	192	36.1
	2	169	31.8
	3	83	15.6
	4	41	7.7
	5	28	5.2
	6 个以上	18	3.4

测量指标	选项描述	频数	百分比（%）
店铺规模最大的平台	天猫	210	39.5
	京东	85	16.0
	苏宁易购	7	1.3
	拼多多	131	24.6
	唯品会	6	1.1
	淘宝（企业性质店铺）	68	12.8
	聚美优品	0	0
	网易严选	0	0
	贝贝	1	0.1
	蜜芽	2	0.3
	当当	0	0
	一号店	0	0
	国美	2	0.3
	其他	19	3.5
店铺成立年限	1年	48	9.0
	2~3年	274	51.6
	4~5年	150	28.2
	6~10年	52	9.7
	10年以上	7	1.3
店铺月均销售规模	0~5万元	137	25.8
	5万~30万元	254	47.8
	30万~80万元	105	19.7
	80万~200万元	31	5.8
	200万元以上	4	0.7
经营类型	服饰	263	49.5
	珠宝配饰	52	9.7
	化妆品（含美容工具）	87	16.3
	家装家具家纺	54	10.1

续表

测量指标	选项描述	频数	百分比（%）
经营类型	图书音像	25	4.7
	乐器	9	1.6
	汽车及配件	25	4.7
	居家日用	103	19.3
	母婴	33	6.2
	食品	80	15.0
	保健品及医药	12	2.2
	3C 数码	30	5.6
	家用电器	23	4.3
	虚拟产品（网游及 QQ 话费通信）	12	2.2
	其他	22	4.1
店铺信誉得分	排序在前 20%	187	35.2
	排序在后 80%	344	64.8

资料来源：根据样本统计结果整理。

第二节 量表信度检验

信度反映了问卷数据的一致性，本章用 Cronbach's α 系数测度问卷信度，采用接受度为 0.7 的标准。利用 SPSS 20.0 软件验证信度，得到各个潜变量的 Cronbach's α 系数，整体量表的 Cronbach's α 系数值为 0.853，各项删除后 Cronbach's α 值均小于总量表系数 0.853，表中所有单维度潜变量的 Cronbach's α 系数都大于 0.7，其中，竞争扭曲与关系失信变量是多维度变量，其组合信度都超过 0.8，表明问卷具有良好的信度。各变量的信度分析结果如表 6-2 所示。

表6–2　　　　　　　　　　　研究变量的信度分析

潜变量与维度		序号	Cronbach's α	删除该项后 Cronbach's α 系数
产品失真		CPSZ1	0.746	0.769
		CPSZ2		0.770
		CPSZ3		0.781
不当销量竞争		XLJZ1	0.762	0.785
		XLJZ2		0.765
		XLJZ3		0.863
不当信用竞争		XYJZ4	0.775	0.757
		XYJZ5		0.779
		XYJZ6		0.772
信息失实		XXXL4	0.836	0.783
		XXXL10		0.769
		XXXL11		0.772
服务失效		FWSX5	0.847	0.791
		FWSX6		0.781
		FWSX7		0.786
		FWSX12		0.779
声誉机制	集体声誉	SYJZ1	0.606	0.603
		SYJZ2		0.493
		SYJZ3		0.403
	个体声誉	SYJZ4	0.690	0.673
		SYJZ5		0.470
		SYJZ6		0.542
心理所有权		SYQ1	0.818	0.820
		SYQ2		0.720
		SYQ3		0.698

续表

潜变量与维度		序号	Cronbach's α	删除该项后 Cronbach's α 系数
监督机制	制度监督	JDJZ1	0.832	0.822
		JDJZ2		0.748
		JDJZ3		0.722
	技术监督	JDJZ4	0.819	0.757
		JDJZ5		0.688
		JDJZ6		0.814
	公众评价	JDJZ7	0.709	0.505
		JDJZ8		0.587
		JDJZ9		0.708
违规成本		WGCB4	0.701	0.639
		WGCB5		0.601
		WGCB6		0.588

资料来源：根据 SPSS 软件数据结果整理。

第三节 量表效度分析

一、探索性因子分析

题项能否有效测度模型中变量的构念，体现了问卷的效度。采用 KMO 值和 Bartlett's 球形检验，考量标准是观测 KMO 值，接近 1 表示该量表可以进行因子分析，表 6 - 3 为 KMO 和 Bartlett's 球形检验结果。

表 6 - 3 KMO 和 Bartlett's 球形检验结果

潜变量与维度	序号	KMO 值	结果		
			近似卡方	显著性	因子负荷值
产品失真	CPSZ1	0.767	449.466	0.000	0.788
	CPSZ2				0.742
	CPSZ3				0.752

续表

潜变量与维度		序号	KMO 值	结果		
				近似卡方	显著性	因子负荷值
不当销量竞争		XLJZ1	0.752	515.186	0.000	0.713
		XLJZ2				0.772
		XLJZ3				0.776
不当信用竞争		XYJZ4	0.763	569.744	0.000	0.791
		XYJZ5				0.732
		XYJZ6				0.755
信息失实		XXXI4	0.789	2170.541	0.000	0.744
		XXXL10				0.734
		XXXL11				0.750
服务失效		FWSX5	0.742	1037.852	0.000	0.657
		FWSX6				0.880
		FWSX7				0.657
		FWSX12				0.688
声誉机制	集体声誉	SYJZ1	0.608	353.336	0.000	0.658
		SYJZ2				0.869
		SYJZ3				0.840
	个体声誉	SYJZ4	0.615	179.568	0.000	0.674
		SYJZ5				0.762
		SYJZ6				0.806
心理所有权		SYQ1	0.696	586.315	0.000	0.826
		SYQ2				0.875
		SYQ3				0.886

潜变量与维度		序号	KMO 值	结果		
				近似卡方	显著性	因子负荷值
监督机制	制度	JDJZ1	0.709	627.396	0.000	0.829
		JDJZ2				0.876
		JDJZ3				0.890
	技术	JDJZ4	0.686	597.681	0.000	0.855
		JDJZ5				0.900
		JDJZ6				0.815
	公众评价	JDJZ7	0.631	335.356	0.000	0.858
		JDJZ8				0.823
		JDJZ9				0.702
违规成本		WGCB4	0.701	291.296	0.000	0.776
		WGCB5				0.800
		WGCB6				0.807

资料来源：根据问卷数据统计结果由笔者绘制。

由表 6-3 可知，各变量的 KMO 值都在 0.6 以上，且绝大部分都大于 0.7，表明该量表可进行因子分析。因子载荷表征量表中该问题与问卷内容的相关程度。各题的载荷值均大于 0.5，说明问题设置较合理，切合问卷主题。

二、验证性因子分析

(一) 正态分布检验

在作数据回归前，首先进行变量的分布特征（Hoyle and Panter, 1995; McDonald and Ho, 2002）。对数据作正态分布检验，由表 6-4 正态分布检验结果可知，峰度与偏度都介于 2~5，数据满足正态分布。

表 6-4　　　　　　　　　　　正态分布检验结果

序号	均值	标准差	偏度	峰度	K-S检验统计量D值	P	判定
SYJZ1	3.405	0.65	0.605	0.129	0.351	0.000**	符合
SYJZ2	3.493	0.753	0.155	-0.326	0.269	0.000**	符合
SYJZ3	3.556	0.778	-0.005	-0.155	0.246	0.000**	符合
SYJZ4	3.341	0.759	0.198	0.575	0.316	0.000**	符合
SYJZ5	3.39	0.706	0.153	0.017	0.297	0.000**	符合
SYJZ6	3.339	0.749	-0.021	0.463	0.289	0.000**	符合
JDJZ1	3.213	0.825	-0.029	0.509	0.283	0.000**	符合
JDJZ2	3.433	0.727	-0.342	0.897	0.263	0.000**	符合
JDJZ4	3.774	0.746	0.037	-0.443	0.246	0.000**	符合
JDJZ5	3.556	0.778	0.043	-0.294	0.248	0.000**	符合
JDJZ6	3.341	0.85	-0.123	0.606	0.277	0.000**	符合
JDJZ7	3.488	0.816	-0.295	0.615	0.239	0.000**	符合
JDJZ8	3.507	0.865	-0.336	0.253	0.228	0.000**	符合
JDJZ9	3.292	0.805	0.032	0.39	0.286	0.000**	符合
CPSZ1	2.102	0.618	-0.067	-0.419	0.319	0.000**	符合
CPSZ2	2.034	0.708	-0.048	-0.997	0.252	0.000**	符合
CPSZ3	2.119	0.716	0.163	-0.305	0.285	0.000**	符合
XXXL4	2.013	0.66	0.065	-0.461	0.291	0.000**	符合
XXXL10	2.009	0.669	-0.011	-0.755	0.278	0.000**	符合
XXXL11	2.019	0.675	-0.023	-0.801	0.274	0.000**	符合
FWSX5	2.079	0.668	-0.092	-0.762	0.282	0.000**	符合
FWSX6	2.094	0.71	0.021	-0.645	0.268	0.000**	符合
FWSX7	2.053	0.69	-0.069	-0.896	0.265	0.000**	符合
FWSX12	2.024	0.69	-0.032	-0.896	0.264	0.000**	符合
JZNQ1	1.985	0.614	0.008	-0.336	0.314	0.000**	符合
JZNQ3	1.915	0.691	0.113	-0.904	0.264	0.000**	符合
JZNQ5	2.094	0.705	-0.134	-0.981	0.254	0.000**	符合

序号	均值	标准差	偏度	峰度	K–S 检验统计量 D 值	P	判定
JZNQ6	2.021	0.668	−0.024	−0.754	0.279	0.000**	符合
JZNQ7	2.06	0.69	−0.079	−0.893	0.266	0.000**	符合
JZNQ8	1.896	0.71	0.151	−1.009	0.249	0.000**	符合
WGCB1	3.955	0.863	−0.743	0.604	0.269	0.000**	符合
WGCB2	3.919	0.862	−0.589	0.157	0.259	0.000**	符合
WGCB3	3.996	0.847	−0.685	0.386	0.259	0.000**	符合
XLSYQ1	3.689	0.774	−0.379	0.511	0.275	0.000**	符合
XLSYQ2	3.243	0.812	0.058	0.294	0.282	0.000**	符合
XLSYQ3	3.288	0.738	0.106	0.627	0.311	0.000**	符合

注：** 表示 0.01 显著性水平下显著相关。
资料来源：根据问卷数据统计结果由笔者绘制。

（二）聚合效度检验

聚合效度的主要考量指标包括 AVE 和 CR 值，AVE 反映测量题项的共同性，测度几个题项能否测度同一个问题。组合信度 CR 判断各个潜变量内在质量，若潜变量的 CR 值 > 0.6，表明量表内在质量可以接受，CR > 0.7 则表明量表的内在质量好。表 6–5 为聚合效度分析结果。AVE 值都在 0.5 以上，CR 都大于 0.7，本书量表的聚合效度较好。

表 6–5 聚合效度分析结果

潜变量与维度	序号	组合信度 CR	平方差抽取量 AVE
产品失真	CPSZ1	0.8401	0.711
	CPSZ2		
	CPSZ3		
不当销量竞争	XLJZ1	0.8492	0.589
	XLJZ2		
	XLJZ3		

潜变量与维度	序号	组合信度 CR	平方差抽取量 AVE
不当信用竞争	XYJZ4	0.8357	0.695
	XYJZ5		
	XYJZ6		
信息失实	XXXL4	0.8853	0.528
	XXXL8		
	XXXL9		
服务失效	FWSX1	0.8126	0.569
	FWSX3		
	FWSX5		
	FWSX6		
声誉机制	SYJZ1	0.8612	0.507
	SYJZ2		
	SYJZ3		
	SYJZ4	0.8261	0.655
	SYJZ5		
	SYJZ6		
心理所有权	SYQ1	0.8533	0.609
	SYQ2		
	SYQ3		
监督机制	JDJZ1	0.8448	0.625
	JDJZ2		
	JDJZ3		
	JDJZ4	0.8567	0.612
	JDJZ5		
	JDJZ6		
	JDJZ7	0.8732	0.694
	JDJZ8		
	JDJZ9		

续表

潜变量与维度	序号	组合信度 CR	平方差抽取量 AVE
违规成本	WGCB1	0.8682	0.549
	WGCB2		
	WGCB3		

资料来源：根据问卷数据统计结果由笔者绘制。

（三）区分效度检验

区分效度是指构念之间不存在较大的相关性。判断标准包括各个变量之间的相关系数小于 0.85，且各潜变量 AVE 均方根均大于各潜变量与其他潜变量的相关系数（绝对值），如表 6 - 6 为相关系数与平均提取方差值，表明区分效度良好。综合以上分析，量表具有很好的信度和效度。

三、同源方法偏差

由于数据全部来自问卷调查，每份数据样本由同一实验者完成，可能存在变量之间变异的重叠，即共同方法偏差问题（Podsakoff et al., 2003）。本书潜在的共同方法偏差来自从单一的信息提供者收集数据，为解决该问题参考相关研究（周浩和龙立荣，2004），采用事前和事后方法来解决共同方法偏差的问题。

（1）关于研究模型中涉及的变量部分包括声誉机制、监督机制、心理所有权、违规成本等，测量题项采用学术研究领域已经研究成熟的量表，保证了量表的信度和效度都较高。

（2）本书在调查问卷的引言部分向回答者清楚说明了数据收集的匿名性和保密性。此外，问卷设计中随机排列整个问卷的问题，从而使答题者很难做出关于本文概念模型的任何假设。

（3）关于事后的解决方法，本书采用 Harman 单因素检验（Podsakoff and Organ，1986）来考察共同方法偏差是否严重。把所有的变量作探索性因子分析，对未旋转的因子分析结果进行检验，以确定解释变量中的方差所必需的因子数量。本书使用该方法的检验结果表明：单一因子的最大方差解释比例为 36.75%，未解释大部分方差。因此，同源方法偏差被排除作为随后的假设检验的潜在威胁。

表 6 - 6

相关系数与平均提取方差

变量	集体	个体	制度	技术	公众	心理	违规	销量	信用	产品	信息	服务
集体	0.712											
个体	0.610	0.809										
制度	0.334	0.432**	0.791									
技术	0.624	0.561**	0.321**	0.782								
公众	-0.012	0.465**	0.668**	0.438**	0.833							
心理	0.478**	0.530**	0.439**	0.312**	0.467**	0.780						
违规	0.011	0.055	-0.027	0.007	-0.028	-0.056	0.741					
销量	0.018	-0.030	-0.059	0.026	-0.015	-0.004	-0.084	0.767				
信用	0.014	-0.042	-0.070	0.017	-0.028	-0.005	-0.092**	0.621**	0.834			
产品	0.020	-0.001	-0.046	-0.014	-0.040	0.048	-0.078	0.274**	0.223**	0.843		
信息	-0.029	-0.048	-0.030	-0.054	-0.026	-0.046	-0.049	0.266**	0.238**	0.259**	0.727	
服务	-0.012	-0.045	-0.004	0.006	0.045	0.038	-0.064	0.254**	0.200**	0.209**	0.315**	0.754

注：** 表示 0.01 显著水平下显著相关，Bootstrap 是基于 1000 bootsrtap samples 对角线数字为 AVE 的平方根，对角线下方数字为各潜变量间的相关系数。

资料来源：根据问卷数据统计结果由笔者绘制。

第四节 假设检验与相关性分析

通过第三节中问卷数据的各项检验，验证了本书收集的数据基本满足回归统计分析的要求。本小节将进行各个效应的检验。检验步骤分为：首先，采用结构方程模型方法检验主效应；其次，采用因果逐步回归法检验心理所有权和违规成本的中介效应；最后，采用层次回归法检验本章的调节效应，即商家规模在声誉机制和监督机制对嵌入风险产生的权变影响，验证声誉机制与监督机制的替代与互补效应。

一、主效应检验

（一）主效应模型检验

主效应检验，是基于研究假设构建初始模型，通过数据检验看是否与模型契合，契合度较差时对模型进行修正，通过不断修正模型最后得到一个契合度最好的模型。

构建的主效应初始模型如表6－7所示。由图5－2可知，该模型由5个外生潜变量（集体声誉、个体声誉、制度监督、技术预警监督、公众评价监督）、1个内生潜变量构成（嵌入风险）。本部分主要检验声誉机制与监督机制对嵌入风险的影响。

在构建了初始模型之后，本书采用 Amos 21.0 对初始模型的假设进行验证。表6－7报告了初始模型拟合结果。

表6－7 主效应初始模型拟合结果

路径	Unstandardized Estimate	Standardized Estimate	SE	P	是否显著
集体声誉→嵌入风险	－ 0.345	－ 0.279	0.112	0.002 **	是
个体声誉→嵌入风险	－ 0.402	－ 0.571	0.066	0.000 ***	是
制度监督→嵌入风险	－ 0.540	－ 0.466	0.036	0.000 ***	是

续表

路径	Unstandardized Estimate	Standardized Estimate	SE	P	是否显著
技术预警监督→嵌入风险	-0.371	-0.347	0.098	0.000 ***	是
公众评价监督→嵌入风险	-0.179	-0.243	0.059	0.002 **	是

注: *** 表示 0.001 显著性水平下显著相关，** 表示 0.01 显著性水平下显著相关。

资料来源：根据结构方程模型结果由笔者绘制。

从初始模型的拟合度来看，总体而言，初始模型适配度良好，从路径系数来看，可以看出各路径均达到了显著性的要求。依据拟合结果对变量之间的关系进行分析。主效应模型主要展示了控制机制的 5 个维度对嵌入风险的作用，共有 5 条路径。从表 6 - 7 中可知，所有路径均在 p < 0.01 的水平上显著，具体为：集体声誉→嵌入风险的标准化路径系数为 -0.279，个体声誉→嵌入风险的标准化路径系数为 -0.571，制度监督→嵌入风险的标准化路径系数为 -0.446，技术预警监督→嵌入风险的标准化路径系数为 -0.347，公众评价监督→嵌入风险的标准化路径系数为 -0.243。综上所述，对应本章所提出的假设，通过结构方程模型建模与分析，假设 H1、假设 H2 均得到了支持。

（二）稳健性检验

为了使回归结果更具稳健性，进一步检验集体声誉、个体声誉、制度监督、技术预警监督、公众评价监督与嵌入风险之间的影响程度，进行稳健性检验。借鉴学者们较多采用的 R^2 分解法分析自变量与因变量之间的影响程度，使用自变量对回归方程的贡献 RI 来表示重要程度。计算自变量 X_2 的贡献度有两种方式：一种是将 X_2 单独放入方程中建立模型 $y = \alpha + \beta X_2 + \varepsilon$，此时 X_2 的贡献度为 $RI_1 = R^2(X_2)$；另一种是将 X_2 加入模型 $y = \alpha + \beta X_1 + \varepsilon$ 中得到 $y = \alpha + \beta X_1 + \beta X_2 + \varepsilon$，此时 X_2 的贡献度为 $RI_2 = R^2(X_1, X_2) - R^2(X_1)$。上述分解法中，通常情况下 X_1 和 X_2 之间的相关系数不为零，则 RI_1 倾向于高估 X_2 的贡献，而 RI_2 倾向于低估。因此，使用两个估计的平均值，即 $RI = (RI_1 + RI_2)/2$ 作为 X_2 的贡献度。根据以上计算公式，计算自变量的二阶变量对因变量解释的贡献度，得到结果如表 6 - 8 所示。

表 6 - 8　　　　　声誉机制、监督机制与嵌入风险影响程度稳健性检验

$RI_{(制度)}$	$RI_{(技术)}$	$RI_{(公众)}$	$RI_{(集体)}$	$RI_{(个体)}$
0.349	0.193	0.068	0.107	0.236

资料来源：根据 SPSS 结果计算结果汇总。

　　根据表 6 - 8 所示，RI（个体）的值高于 RI（集体）的值，RI（制度）的值高于 RI（技术）的值，高于 RI（公众）得出的结论与原结论一致，稳健性检验通过，再次证明个体声誉机制对嵌入风险的影响大于集体声誉机制，制度监督对嵌入风险的影响作用最大。

（三）进一步检验

　　为探索分析声誉机制与监督机制对于哪些维度的嵌入风险具有较好的控制效应，在主效应分析中，进一步就二阶自变量对二阶因变量的影响做检验。根据主效应检验中所得的结果，以下主要检验集体声誉机制、个体声誉机制、制度监督机制、技术监督机制对各个维度的嵌入风险的影响作用。检验结果如表 6 - 9 所示。

表 6 - 9　　　　　　　　二阶自变量与因变量进一步检验结果

路径 →		Unstandardized Estimate	Standardized Estimate	SE	P	是否显著
集体声誉	产品失真	- 0.879	- 0.636	0.131	0.000 ***	是
	信息失实	- 0.883	- 0.578	0.132	0.000 ***	是
	服务失效	- 0.937	- 0.702	0.128	0.000 ***	是
	不当销量竞争	- 0.215	- 0.370	0.075	0.004 **	是
	不当信用竞争	- 0.154	- 0.199	0.088	0.079	否
个体声誉	产品失真	- 0.630	- 0.750	0.069	0.000 ***	是
	信息失实	- 0.550	- 0.603	0.069	0.000 ***	是
	服务失效	- 0.555	- 0.699	0.066	0.000 ***	是
	不当销量竞争	- 0.022	- 0.062	0.041	0.583	否
	不当信用竞争	- 0.029	- 0.061	0.050	0.565	否

路径 →		Unstandardized Estimate	Standardized Estimate	SE	P	是否显著
制度监督	产品失真	−0.506	−0.332	0.151	0.001 **	是
	信息失实	−0.607	−0.359	0.160	0.000 ***	是
	服务失效	−0.593	−0.407	0.147	0.000 ***	是
	不当销量竞争	−0.384	−0.596	0.104	0.000 ***	是
	不当信用竞争	−0.339	−0.389	0.114	0.003 **	是
技术监督	产品失真	−0.240	−0.182	0.119	0.043 **	是
	信息失实	−0.312	−0.213	0.124	0.012 *	是
	服务失效	−0.396	−0.313	0.112	0.000 ***	是
	不当销量竞争	−0.357	−0.677	0.084	0.000 ***	是
	不当信用竞争	−0.279	−0.377	0.092	0.002 **	是

注：*** 表示 0.001 显著性水平下显著相关，** 表示 0.01 显著性水平下显著相关，* 表示 0.05 显著性水平下显著相关。

资料来源：根据结构方程模型结果由笔者绘制。

根据上述检验结果可知，声誉机制与监督机制中的二阶维度对嵌入风险的控制效应不同。集体声誉对不当的信用竞争影响不显著，个体声誉机制对于不当的销量竞争与不当信用竞争影响均不显著。制度监督与技术监督机制对于不同维度的嵌入风险都能起到显著的抑制作用，在不当的销量竞争与信用竞争风险控制中，基于大数据与算法识别的技术监督机制的有效性更为显著。而对于信息失实与服务失效风险，则主要是制度监督机制能够有效抑制。声誉机制与监督机制对于产品失真风险均产生有效抑制作用，个体声誉机制对于产品失真的抑制作用最为显著，表明售后评价、平台认证等机制对于入驻企业有一定的约束力。

二、中介效应检验

（一）中介效应回归分析

中介效应分析主要检验控制机制影响嵌入风险的内在机理：本章选取了

心理所有权与违规成本作为中介变量。中介效应采用温忠麟和叶宝娟（2014）的因果逐步回归法进行检验，检验结果如表6-10和表6-11所示，分别显示了心理所有权和违规成本中介效应回归分析结果。

表6-10　　　　　　　　心理所有权中介效应回归分析结果

项目	嵌入风险（因变量）			心理所有权（中介变量）			嵌入风险（因变量）		
	回归系数	标准误差	P	回归系数	标准误差	P	回归系数	标准误差	P
常数	3.329**	0.145	0.000	1.874**	0.237	0.000	3.673**	0.159	0.000
声誉机制	-0.406**	0.042	0.000	0.482**	0.069	0.000	-0.317**	0.045	0.000
心理所有权（中介）							-0.184**	0.042	0.000
R^2	0.318			0.197			0.38		
调整 R^2	0.314			0.193			0.373		
F 值	$F(1, 198) = 92.271$, $p = 0.000$			$F(1, 198) = 48.609$, $p = 0.000$			$F(2, 197) = 60.261$, $p = 0.000$		

注：＊＊表示 0.01 显著性水平下显著相关。
资料来源：根据回归分析结果由笔者绘制。

表6-11　　　　　　　　违规成本中介效应回归分析结果

项目	嵌入风险（因变量）			违规成本（中介变量）			嵌入风险（因变量）		
	回归系数	标准误差	P	回归系数	标准误差	P	回归系数	标准误差	P
常数	3.099**	0.209	0.000	1.333**	0.310	0.000	3.371**	0.209	0.000
监督机制	-0.327**	0.059	0.000	0.758**	0.088	0.000	-0.172*	0.066	0.010
违规成本（中介）							-0.204**	0.046	0.000
R^2	0.133			0.272			0.212		
调整 R^2	0.128			0.269			0.204		
F 值	$F(1, 198) = 30.266$, $p = 0.000$			$F(1, 198) = 74.078$, $p = 0.000$			$F(2, 197) = 26.466$, $p = 0.000$		

注：＊＊表示 0.01 显著性水平下显著相关。
资料来源：根据回归分析结果由笔者绘制。

基于理论分析，构建风险控制机制与风险关系的中介效应模型由 2 个外生潜变量（声誉机制、监督机制）、3 个内生潜变量（心理所有权、违规成本、嵌入风险）构成。以下分别检验心理所有权在声誉机制与风险关系中的中介作用，以及违规成本在监督机制与风险关系中的中介作用。

（二）稳健性与效应分解

采用 Bootstrap 方法对中介效应做进一步检验，根据温忠麟提出的方法，在原始数据中重复随机抽样提取 5000 个样本，根据样本拟合模型，生成估计值，估计 95% 的置信区间，观测 0 值是否在置信区间。检验结果表明，心理所有权在声誉印章机制与风险关系间的部分中介效应显著，置信区间为 95% CI ［ -0.222，-0.048］；违规成本在监督机制与风险关系间的部分中介效应显著，置信区间为 95% CI ［ -0.289，-0.068］。

从回归结果可以看出，不同维度风险控制机制与嵌入风险之间存在多条路径，控制机制不仅可以直接影响嵌入风险，同时也可以通过中介变量来影响，为了更清楚地展现变量的作用路径与效果，本章对中介效应进行了分解，对变量之间的关系进行直接效应、间接效应、总效应分解，如表 6 - 12 所示。

表 6 - 12　　　　　　　　　　中介效应分解

路径	总效应 c	系数 a	系数 b	中介效应 a×b	a×b (95% BootCI)	c′直接效应	检验结果
声誉→心理所有权→嵌入风险	-0.466**	0.482**	-0.184**	-0.089	-0.222 ~ -0.048	-0.317**	部分中介
监督→违规成本→嵌入风险	-0.327**	0.758**	-0.204**	-0.154	-0.289 ~ -0.068	-0.172*	部分中介

注：**、* 分别表示 0.01、0.05 显著性水平下显著相关。
资料来源：根据回归分析结果由笔者绘制。

由表 6 - 12 可知，声誉机制对嵌入风险总效应为 -0.466，其中，直接影响效应为 -0.317，间接影响效应为 -0.089，这说明声誉机制不仅直接影响嵌入风险，同时也通过心理所有权来影响风险。监督机制对风险总效应为

-0.327，直接效应为 -0.172，间接效应为 -0.154，说明监督机制不仅直接影响嵌入风险，同时也通过违规成本来影响风险。

三、调节效应检验

根据前文理论假设的提出，商家规模在声誉机制、监督机制与风险关系中起到调节效应，即对于不同规模的商家，平台的声誉机制和监督机制对于降低风险的效应强弱不同，且两种机制在不同的情形下发挥替代和互补效应。两个变量之间的互补替代效应主要通过两者的交互作用予以判断（Mishra and Nielson，2000）。在检验声誉机制与监督机制的替代互补效应之前，首先对于商家规模的调节效应进行检验。

（一）商家规模的调节效应验证

本书采用逐步层级回归对研究假设进行检验，是对商家规模的调节效应进行验证，构建了调节效应的模型。根据温忠麟等（2005）提出的用带乘积项的回归模型作分层回归分析。运用 SPSS 软件进行检验，在回归分析前，先对自变量和调节变量做标准化转换，避免多重共线性计算问题，然后将声誉机制与商家规模的交互项（声誉机制×商家规模）、监督机制与商家规模的交互项（监督机制×商家规模）引入到模型中。商家规模的调节效应研究模型如图 6 - 1 所示。

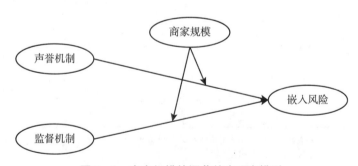

图 6 - 1　商家规模的调节效应研究模型

模型 1 是将控制变量加入，包括入驻商家的成立年限和经营品类，结果显示该模型是成立的，$R^2 = 0.003$，$F = 0.344$，$p > 0.05$，两个控制变量解释了因变量嵌入风险方差的 0.3% ，因而成立年限与经营类型对嵌入风险的影响不显著。

基于模型 1 加入自变量构建模型 2：声誉机制和监督机制，回归结果显示声誉机制对风险的影响达到显著水平 $\beta = -0.422$ ，$p < 0.01$ 。监督机制对嵌入风险的影响达到显著水平 $\beta = -0.338$ ，$p < 0.01$ 。

模型 3 在模型 2 的基础上纳入调节变量：商家规模，回归结果显示模型是成立的，声誉机制模型中加入调节变量后，显示 $R^2 = 0.754$ ，$F = 149.312$ ，$p < 0.01$ ；监督机制模型汇总加入调节变量后，显示 $R^2 = 0.713$ ，$F = 121.320$ ，$p < 0.01$ 。商家规模对嵌入风险影响达到显著水平，分别为 $\beta = 0.549$ ，$p < 0.01$ 和 $\beta = 0.404$ ，$p < 0.01$ 。

基于模型 3 加入调节变量与自变量的乘积项构建模型 4，商家规模 × 声誉机制、商家规模 × 监督机制。加入前者后回归结果显示 $R^2 = 0.763$ ，$F = 124.859$ ，$\beta = 0.080$ ，$p < 0.01$ ；加入后者后回归结果显示 $R^2 = 0.729$ ，$F = 104.206$ ，$\beta = -0.126$ ，$p < 0.01$ 。

分层多元回归结果如表 6 – 13 和表 6 – 14 所示。

表 6 – 13　　　　商家规模作为调节变量的回归结果分析（声誉机制）

变量		因变量：嵌入风险			
		模型 1	模型 2	模型 3	模型 4
控制变量	成立年限	0.021	0.017	0.011	0.010
	经营品类	0.001	− 0.001	− 0.001	− 0.001
自变量	声誉机制		− 0.422 **	0.303 **	0.316 *
调节变量	商家规模			0.549 **	0.604 **
乘积项	声誉机制 × 商家规模				0.080 **
R^2		0.003	0.227	0.754	0.763
ΔR^2			0.224	0.527	0.009
F 值		0.344	19.219	149.312	124.859

注： ** 、 * 分别表示 0.01、0.05 显著性水平下显著相关。
资料来源：根据回归分析结果由笔者绘制。

表 6 – 14   商家规模作为调节变量的回归结果分析（监督机制）

变量		因变量：嵌入风险			
		模型 1	模型 2	模型 3	模型 4
控制变量	成立年限	0.021	0.031	0.015	0.014
	经营品类	0.001	− 0.004	− 0.003	− 0.004
自变量	监督机制		− 0.338 **	− 0.099 **	− 0.107 **
调节变量	商家规模			0.404 **	0.381 **
乘积项	监督机制 × 商家规模				− 0.126 **
	R^2	0.003	0.142	0.713	0.729
	ΔR^2		0.139	0.571	0.015
	F 值	0.344	10.845	121.320	104.206

注：＊＊表示 0.01 显著性水平下显著相关。
资料来源：根据回归分析结果由笔者绘制。

对调节效应的斜率进行分析，可以观测到调节变量的不同水平下，自变量对因变量的影响情况，如表 6 – 15 所示。

表 6 – 15   调节效应斜率分析

路径	调节变量水平	回归系数	标准误	t	p	95% CI	
声誉机制→嵌入风险	均值	0.316	0.047	6.718	0.000	0.224	0.409
	高水平	0.391	0.057	6.860	0.000	0.280	0.503
	低水平	0.241	0.052	4.642	0.000	0.139	0.343
监督机制→嵌入风险	均值	− 0.107	0.036	− 2.981	0.003	− 0.178	− 0.037
	高水平	− 0.225	0.052	− 4.294	0.000	− 0.328	− 0.122
	低水平	0.010	0.049	0.208	0.835	− 0.085	0.106

资料来源：根据回归分析结果由笔者绘制。

通过层次回归法对商家规模的调节效应进行验证，得到结果：商家规模在声誉机制对风险影响中发挥正向调节效应；商家规模在监督机制对风险影响中发挥负向调节效应。

（二）声誉机制与监督机制的互补性与替代性

验证了商家规模对于声誉机制、监督机制与风险的调节效应后，进一步验证声誉机制与监督机制的替代性与互补性。验证方法是对样本数据进行分组，根据对收集的数据进行统计分析，将实验根据商家规模分为 A 组和 B 组，分别对 A 组和 B 组数据进行验证，如表 6 – 16 所示。

表 6 – 16　　　　　　　声誉机制与监督机制交互效应验证

变量	A 组数据（小型商家）		B 组数据（大型商家）	
	模型 1	模型 2	模型 3	模型 4
声誉机制	– 0.136 *	– 0.157 *	– 0.316 **	– 0.531 *
监督机制	– 0.086	0.004	– 0.295 **	– 0.436 **
声誉机制 × 监督机制		– 0.026 *		0.088 **
R^2	0.095	0.153	0.198	0.307
F 值	5.251 （$p = 0.007$）	5.982 （$p = 0.001$）	11.586 （$p = 0.000$）	13.749 （$p = 0.000$）

注：** 、* 分别表示 0.01、0.05 显著性水平下显著相关。
资料来源：根据回归分析结果由笔者绘制。

A 组数据用于验证小型规模商家声誉机制与监督机制的交互作用。从表 6 – 16 可知，对 A 组数据进行分层回归分析构建了 2 个模型。模型 1 中的自变量为声誉机制与监督机制，模型 2 在模型 1 的基础上加入二者的乘积项，模型的因变量是嵌入风险。模型 1 中 $R^2 = 0.095$，表明声誉机制与监督机制可以解释嵌入风险的 9.5% 变化。F 检验结果为（$F = 5.251$，$p < 0.05$），声誉机制的回归系数值为 – 0.136，并且呈现出显著性（$t = 3.194$，$p = 0.002 < 0.01$），说明声誉机制对嵌入风险产生负向影响关系。监督机制回归系数值为 – 0.086，并没有呈现出显著性（$t = -1.871$，$p = 0.064 > 0.05$），意味着对于小型商家，监督机制对嵌入风险的影响并不显著。

模型 2 在模型 1 的基础上加入二者的乘积项后，F 值变化呈现出显著性（$p < 0.05$），意味着乘积项加入后对模型具有解释意义，且 R^2 由 0.095 上升到 0.153，表明乘积项对因变量产生 5.8% 的解释力度。乘积项的回归系数值为 – 0.026，并且呈现出显著性（$t = -2.614$，$p = 0.010 < 0.05$），意味着

声誉机制与监督机制的交互作用对嵌入风险有显著的负向影响，那么由此推断对于小型商家声誉机制与监督机制对嵌入风险的控制发挥着互补效应。

B 组数据用于验证对于大型规模的商家，声誉机制与监督机制的交互作用。

模型 3 是直接效应，即验证声誉机制、监督机制对于嵌入风险的影响。

模型 4 是在模型 3 的基础上进一步加入交互项声誉机制×监督机制，从表 6 - 16 可知，分层回归构建了 2 个模型。模型 3 是将声誉机制与监督机制作为自变量，嵌入风险作为因变量，进行回归分析得到 $R^2 = 0.198$，表示声誉机制和监督机制可以解释嵌入风险 19.8% 的变化原因。F 检验结果为（F = 11.586，$p < 0.05$）。

声誉机制回归系数值为 - 0.316，并且呈现出显著性（$t = -3.393$，$p = 0.001 < 0.01$），说明声誉机制对嵌入风险产生显著的负向影响关系。监督机制的回归系数值为 - 0.295，并且呈现出显著性（$t = -3.282$，$p = 0.001 < 0.01$），说明监督机制对嵌入风险呈现显著的负向影响关系。模型 4 是在模型 3 的基础上加入交叉项（声誉机制×监督机制）后，F 值变化呈现出显著性（$p < 0.05$），表明交叉项对模型具有解释意义，交叉项的回归系数值为 0.088，并且呈现出显著性（$t = 3.834$，$p = 0.000 < 0.01$），意味着交叉项对因变量产生显著的正向影响关系。那么，由此可以推断，在大型商家中，声誉机制与监督机制对嵌入风险发挥着替代作用，假设 H3b 得到了验证。

为了对两种机制的交互效应做进一步验证，本书将采用 f^2 以及其 F 统计检验来检验交互效应的存在，研究发现，交互作用对嵌入风险确实存在显著影响。具体来说，对于大型商家，当声誉机制程度高时（+SD），监督机制对风险控制的影响作用呈现出正向作用；当声誉机制程度低时（-SD），监督机制对风险控制的影响作用呈现出负向作用，即监督机制会减弱声誉机制对风险控制的作用（替代效应），因此再次验证了 H3a。

对于小型商家，当监督机制程度高时（+SD），声誉机制对嵌入风险呈现出负向作用；当监督机制程度低时（-SD），声誉机制对嵌入风险呈现出正向作用。即声誉机制会增强监督机制对嵌入风险控制的负向作用（互补效应），因此 H3b 得到了支持。交互效应的交互效果分别见图 6 - 2 和图 6 - 3。

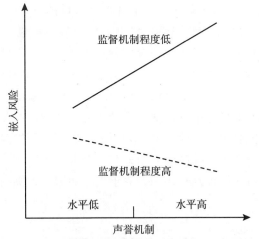

图 6 - 2 小型商家声誉机制与监督机制的互补作用

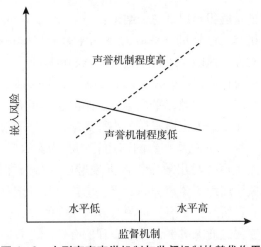

图 6 - 3 大型商家声誉机制与监督机制的替代作用

第五节 结论与讨论

一、实证结果汇总

本章是对风险的控制进行研究，基于相关理论构建了声誉机制、监督机制对风险进行控制的机理模型，在提出研究假设的基础上，设计了测度量表，通过问卷星平台向 B2C 网络平台上的商家发放问卷，得到 531 份有效样本数据。首先对数据进行描述性统计分析，运用统计软件对量表进行了信度分析和验证性因子分析，结果表明测量量表的信度和效度符合要求。其次检验主效应，中介变量心理所有权与违规成本的中介效应，即心理所有权在声誉机制对风险影响作用中发挥部分中介效应，违规成本在监督机制对风险影响作用中发挥完全中介效应。最后利用分层回归模型检验了商家规模对声誉机制、监督机制对风险控制的调节效应，并进一步验证了对于小型商家，声誉机制与监督机制发挥互补作用，对于大型商家声誉机制与监督机制发挥替代作用。

二、结论讨论

本章通过实证检验得出以下三个结论：

第一，声誉机制、监督机制是 B2C 网络平台对风险进行控制的有效机制，能有效降低对嵌入风险系统贡献最大的核心风险因子。其中相对于集体声誉机制，个体声誉机制对风险控制效应更大，这与实践中平台的治理是一致的。随着平台发展趋于成熟，平台企业更倾向于采用商家个体声誉机制对其行为进行约束。无论是大型商家还是小型商家，声誉机制对风险的控制都有显著效应。由于声誉机制是平台的信用背书，为商家带来更多的用户流量，入驻商家受益于声誉溢出效应，自觉规避违规行为维护整个平台的声誉。小型商家更关注店铺个体声誉的积累，个体声誉直接影响在平台的排序与用户资源量。心理所有权在声誉机制与嵌入风险的关系中发挥部分中介效应，声誉机制能够促进商家对平台产生心理所有权，进而抑制违规行为的产生，是整个平台系统的嵌入风险控制的关键路径之一。

第二，监督机制作为嵌入风险的控制机制，可以分为三个维度：制度监督、技术监督（基于大数据与算法识别的风险预警）、公众评价监督。通过回归分析以系数、Bootstrap 稳健性检验以及 RI 贡献度检验，验证了制度监督对于风险控制的作用最大，技术监督次之，相对而言公众评价监督的作用较弱。监督机制对风险控制的作用中，违规成本发挥着中介效应。即严格的监督机制通过提高商家的违规成本来降低嵌入风险，违规成本的提升导致商家的机会主义行为减少，商家只有通过合规经营才能创造和获取价值。

　　第三，对于不同类型的商家，平台的风险控制机制发挥的作用是不同的。因此有差异地对商家采用不同的风险控制能产生更好的效果。本书寻找到的边界条件商家规模，为解决声誉机制与监督机制究竟存在互补作用还是替代作用的问题找到了可能的解释。控制机制有效性在不同的边界条件下有差异性，该结论深化了风险控制机制与商家规模交互作用于风险的解释，平台企业可以依据商家规模有选择地加强相应的治理机制，在对嵌入风险控制的同时可以降低其风控成本。

第七章

研究结论与启示

本书以 B2C 网络平台嵌入风险的识别、耦合与控制为研究问题，沿着"风险源的挖掘与风险识别—风险耦合—风险控制"的脉络回答了"嵌入风险是什么（以及风险的维度）、风险源有哪些、风险如何耦合、风险的控制机制有哪些"等问题。从 B2C 网络平台迅速崛起成为主流交易平台的同时商家违规行为层出不穷的实践争议出发，立足于低度嵌入情境下嵌入带来的风险议题，综合运用了文献与理论回顾、基于扎根理论方法的多案例分析、系统动力学仿真、结构方程模型、分层回归等方法以及 Nvivo、SPSS、A-MOS、VENSIM 等一系列数据分析的工具，对研究问题展开具体分析。本章主要阐述全书得到的一系列结论，并基于调研观察与理论分析，提出了相关的管理启示。最后就本书中存在的不足之处进行阐释，并就此提出未来研究方向。

第一节 研究结论

本书整体上核心研究问题是 B2C 网络平台嵌入风险的识别、耦合、控制，分四个章节展开了研究，得到以下结论。

（一）构建了嵌入风险的风险源库与风险维度体系

如前所述，已有对 B2C 网络平台风险的认识或停留在平台本身的商品质量风险（陈钰芬，2019）、支付风险（袁圣兰和封思贤，2018）、物流风险（Luo and Liu，2017）等，或局限于商家个体的行为风险，而忽视了商家与平台嵌入关系层面的风险，导致对 B2C 网络平台嵌入风险的关注不足。本书跳出以往研究的框架，将低度嵌入作为研究切入视角，分析商家嵌入到平台后带来的一系列风险。对风险的识别，首先需要挖掘风险源，构建风险维度体系。通过对多个平台企业、入驻商家以及消费者用户进行访谈，获取大量一手数据资料，运用多案例扎根分析方法挖掘了风险源，沿着风险的性质链与主体关系链，对风险源进行归类，进而自然涌现出三个风险维度。商家与平台之间关系的风险源：专用性资产低、核心价值获取低、契约成本低、入驻约束力低、经营控制度低、退出限制性弱；商家与商家之间关系的风险源包括：产品同质化、用户资源因素、平台的排序机制、不当价格竞争、不当销量竞争、不当信用竞争；商家与消费者用户的关系中的风险源包括：信息不对称、商家道德风险、银货分离、产品失真、服务失效、信息失实。

专用性资产低，在平台上核心价值获取低、契约成本低等使得商家对平台的依赖性低，商家的进入和退出壁垒都较低，平台对商家的锁定效应未达到理想程度，导致平台对其的控制权减弱，这些都导致平台对入驻商家的锁定效应失效，即引发锁定失效的风险。由于平台上产品同质化较为严重，用户资源有限，而平台设置了通过销量、信用、价格等方式进行商品排序的机制，因此平台上商家之间为了获得更多的资源和流量，产生一些不当的竞争手段，包括恶意的价格竞争、销量竞争、信用竞争，导致平台的秩序受到影响，商家和消费者的利益也受到侵害，最终引发了竞争扭曲风险。由于信息不对称、商家的道德风险以及平台交易的银货分离属性这些系统性风险源，引发了产品失真、信息失实、服务失效等行为性风险源的产生，在商家与消费者用户的交易关系中，这些维度的风险源都将导致消费者对商家的信任度降低，而随着负面事件的积累，平台的声誉受到影响，消费者对平台也失去信任，在这样的情形下将导致关系失信风险的产生。

三个维度的风险之间存在着一定的递进、衍生关系，风险源相互衍生驱动了风险维度从低阶向高阶转化。平台对商家经营控制度低，会间接导致商家发生竞争扭曲，平台的用户资源和优质的坑位是有限的，为了攫取更多更好的资源，商家采用不当的竞争手段对平台利益分布规则进行非市场手段操纵，平台对商家的低控制度加大了商家不当竞争的可能性。由于控制度低，产生不当竞争行为，破坏了平台上的竞争规则，严重挤压了合规经营商家的生存空间，不当竞争往往伴随着劣质商品和低质服务，不仅破坏了公平竞争的市场秩序，对同行业的竞争者造成伤害，更是打击了合规经营商家的积极性，积累效应最终导致整个平台结构遭到破坏；此外，对于平台而言，不当竞争中的刷单、刷好评等行为实际上并没有为平台的经济效益带来真正的增长，而声誉效益却受到很大的影响。因此，关系失信风险是在锁定失效和竞争扭曲风险的基础上进一步递进衍生的高层级风险维度。不同风险维度下的风险源，沿着平台、商家、用户的关系链不断衍生，最终各个风险源的能量经过积累效应后能量不断放大，形成了影响力与破坏力最大的关系失信风险。

（二）识别了嵌入风险系统耦合中主导回路与核心风险源因子

平台上的风险并不是静止、独立的，伴随着交易与契约关系的形成与延伸，风险之间发生交互作用，B2C 网络平台嵌入风险的耦合是指平台系统中带有能量的风险源因子，依托于一定的载体，经由一定的路径或渠道，在蔓延的过程中与其他风险能量发生交互作用，使得原先的风险能量或者性质发生改变，对平台以及平台各方主体利益造成更大危害的过程。借助于系统动力学的思想，本书对嵌入风险子系统分同层与跨层建立耦合路径，通过构建风险值、风险权重、风险耦合度计算公式，计算了仿真模型中的风险初始量、增量以及常量值，运用条件函数表达三级风险维度之间的衍生关系，构建了仿真方程后运用 VENSIM 软件仿真模拟风险的耦合，在系统反馈回路中分析对嵌入风险系统影响程度较大的关键变量，得到在嵌入风险耦合系统中发生关键作用的三条路径，即风险耦合系统的主导回路。B2C 网络平台嵌入风险耦合系统运行的主导回路反映了嵌入风险生成与耦合的主要途径。

对主导回路做进一步分解梳理，明确了 B2C 网络平台嵌入风险耦合系统运行中的核心风险因子，即产品失真、不当低价竞争与信用竞争、信息失实、服务失效等，这些风险源因子驱动风险耦合主导回路的形成。风险耦合机理的探索与分析，为风险控制研究提供了依据，在诸多风险源因子中这些因子是对平台交易秩序以及用户信任影响最大的因素。

（三）设计并验证了声誉机制与监督机制作为风险控制机制的作用机理

声誉机制、监督机制是 B2C 网络平台对风险进行控制的有效机制，能有效降低对嵌入风险系统影响最大的三条主要风险耦合路径，其中相对于集体声誉机制，个体声誉机制对风险控制效应最大，这与平台治理实践是一致的。随着平台发展趋于成熟，平台企业更倾向于采用商家个体声誉机制对其行为进行约束。无论是大型商家还是小型商家，声誉机制对风险的控制都有显著效应。由于声誉机制是平台的信用背书，为商家带来更多的用户流量，入驻商家受益于声誉溢出效应，自觉规避违规行为维护整个平台的声誉。小型商家更关注店铺个体声誉的积累，个体声誉直接影响在平台的排序与用户资源，因此以声誉机制为依托的评价制度对其诚信经营行为仍然具有较高的效用。该结论与诺斯科和塔德里斯（Nosko and Tadelis，2015）提出的平台声誉外部性理论不谋而合，声誉机制能够减弱或者消除由于利益冲突而带来的机会主义行为，而个体声誉则是促进消费者用户信任与交易关系的关键机制（Tadelis，2016）。另外，心理所有权在声誉机制与嵌入风险的关系中发挥部分中介效应，声誉机制能够促进商家对平台产生心理所有权，进而抑制违规行为的产生，是整个平台系统嵌入风险控制的关键路径之一。

　　监督机制作为嵌入风险的控制机制，可以分为三个维度：制度监督、技术监督（基于大数据与算法识别的风险预警）、公众评价监督。通过回归分析中的路径系数、Bootstrap 稳健性检验以及 RI 贡献度检验，验证了制度监督对于风险控制的作用最大，技术监督次之，相对而言公众评价监督的作用较弱。监督机制对风险控制的作用中，违规成本发挥着中介效应。即严格的监督机制通过提高商家的违规成本来降低嵌入风险，违规成本的提升导致商家的机会主义行为减少，商家只有通过合规经营才能创造和获取价值。作为平台治理的重要机制，将监督机制纳入平台嵌入风险的控制机制中，做出了两方面的创新：其一，提出以大数据挖掘与算法识别的技术层面上的监督机制，不同于制度监督的约束力，技术层面的监督不仅能够精准识别商家违规行为，还能将其作为平台不断提升治理能力的信号，吸引更多双边用户流量，以实现平台长期价值。其二，提出公众评价监督机制，该机制目前已经在天猫等大型平台引进，通过第三方的评价与仲裁，弥补平台自治的缺陷与不足，不仅有效降低商家的机会主义行为的发生，而且对于提升双边用户的信任度有推动作用。

　　在对研究假设的主效应进行进一步检验发现，声誉机制与监督机制中的二阶维度对嵌入风险的控制效应不同。集体声誉对不当的信用竞争影响不显著，个体声誉机制对于不当的销量竞争与不当信用竞争影响均不显著。说明对于入驻商家的不当竞争行为，声誉机制难以起到有效的约束作用，需要依赖于契约性的制度或者规则引导商家的有序竞争。制度监督与技术监督机制对于不同维度的嵌入风险都能起到显著的抑制作用，在不当的销量竞争与信用竞争风险控制中，基于大数据与算法识别的技术监督机制的有效性更为显著。说明随着商家刷单炒信行为趋于产业化、隐蔽性更强的形势下，平台企业必须通过算法、云计算等技术识别这类风险。而对于信息失实与服务失效风险，则主要是制度监督机制能够有效抑制。声誉机制与监督机制对于产品失真风险均产生有效抑制作用，个体声誉机制对于产品失真的抑制作用最为显著，表明售后评价、平台认证等机制对于入驻企业有一定的约束力。

（四）将商家规模作为调节变量，验证了声誉机制与监督机制的替代互补性

对于不同规模的商家，平台嵌入风险的控制机制发挥的作用是不同的。因此有差异地对商家采用不同的风险控制策略能产生更好的效果。本书寻找到的边界条件—商家规模，为解决声誉机制与监督机制究竟存在互补作用还是替代作用的问题找到了可能的解释。控制机制有效性在不同的边界条件下有差异性，一方面该结论得到了不同的机制与商家规模交互作用于风险控制的差异性结果，这与威廉姆森（2003）所提出的契约实现的差异性匹配机制在逻辑上是吻合的，另一方面验证了不确定性条件对交易成本理论下的治理机制产生不同的效果。平台企业可以依据商家规模有选择地加强相应的治理机制，降低治理成本的同时，降低嵌入风险带来的损失，进而提升平台的利益获取。

第二节　管理启示

B2C 网络平台逐渐成为国内主流的电商交易平台，而嵌入风险是阻碍平台秩序健康发展的障碍，因此对嵌入风险进行深入研究并提出嵌入风险的防控策略，对于 B2C 网络平台甚至国内电商交易平台的健康持续发展都有一定的启示意义。研究结果认为嵌入风险对于 B2C 网络平台而言是客观、不可避免的，但是平台能够通过制定相关的风险控制制度与规则，阻断风险耦合，降低风险的耦合程度，进而减小风险带来的不良影响。本书为实践中 B2C 网络平台的嵌入风险控制提供了一些管理启示，从风险识别与耦合、风险控制两个层面上分别提出相关的建议与措施。

第一，根据风险识别与风险耦合研究中得到的结论，在平台治理实践中首先从组织架构上建立专门的风险控制部门，主要是针对平台上的商家行为进行监测，设置嵌入风险的识别、监测、预防、处置系统，对风险进行监控与预警。再由平台设计完善的风险防控制度，从商家的入驻门槛、商家的经营行为规制以及对违规行为的惩罚等方面，构建完备、准确的风险评估指标，定期对风险进行评估，通过制度设计将行为性风险源的能量控制在一定范围内，以防这些风险通过耦合能量积蓄进而爆发。对风险薄弱处的现象和事件重点关注审查，并审视相关产业中是否具有共性的问题，以此不断推动风险防控制度的完善与更新。平台在风险识别中可采用大数据、云计算等新技术对平台上的交易实施全面监控与评估，根据算法构建风险判断点模型，对达到风险阈值的因子早发现、早防控，建立并完善入驻企业主体的数据库，基于经营行为、历史表现数据对其进行画像，强化大数据技术的应用，构建能溯源、能追踪去向、能追究责任的风险监控机制。

第二，在风险控制层面上，根据研究所涉及的控制机制及其作用路径，从以下方面进行风险控制：

（1）从声誉管理方面强化商家的合规经营行为，激发集体声誉与个体声誉的作用。商家的个体声誉策略上，首先是建立和完善交易后的评价系统，本着真实、公平、公开的原则，保证个体声誉评价体系是科学、规范的，完善评价系统的结构，尽量覆盖商品或者店铺服务内容，严厉打击刷单、刷评等人为操作评价行为，联合相关部门对刷单刷评黑色产业链进行治理。其次是提升评价信息的生成与展示的效应，采用奖励积分或提升会员等级等制度提升消费者用户对商品作出客观评价的动机，提高评价信息的生成质量。禁止商家利用好评返现等污染评价信息的手段提高店铺的好评率和销量，严厉打击商家通过骚扰消费者用户或者行贿平台后台进行修改、删除差评行为。最后是发挥个体声誉的溢出效应，构建多元化的良好声誉分享路径，提高店铺声誉在搜索排序竞争中的权重，将声誉作为流量分配的主要路径，进而强化商家合规、诚信经营的内在动机。商家的集体声誉策略上，一是要树立平台的文化与价值观理念，大型商家在平台上的专用性资产、契约成本都较高，完善的集体声誉理念能够促进商家对平台产生心理所有权，平台价值共创作为经营理念，营造平台的社群文化，通过增加商家对于平台的责任感与归属感激发商家的心理所有权，提升商家的主体意识，以此推动商家群体规范的形成，调动商家参与到平台整体声誉的构建中。二是对于违规商家，不仅实施严格的惩罚，还要将这部分商家带来的影响从平台的声誉中分离出来，构建违规披露制度，一方面对其他商家起到警示作用，另一方面向整个市场传递平台严厉打击刷单刷评等违规行为的理念与制度，塑造平台良好的形象。三是要建立个体声誉与集体声誉的转化与分享路径，平台声誉向个体声誉的转移，通过第三方机构、权威认证部门对某些商家进行品牌授权，或者可以通过平台对诚信经营的商家发放"印章"，将平台声誉作为商家的信用背书，提升商家在平台上的认同度，进而构建多元、多方位的平台声誉向商家个体声誉转移的路径；商家的个体声誉也可以通过品牌扶持计划、公益行为等路径向平台声誉转移，最终实现平台与商家声誉的共创。声誉机制的构建与完善能够减弱商家机会主义行为的动机。

（2）监督机制策略的实施。基于研究结论从制度和技术两个维度上设计监督机制策略。

制度层面上，首先，要进行入驻门槛与资质要求的设置，设立入驻的基本条件与审核流程，严格审查商家的资质从而确保卖方提供的资质证明、产品的真实性、服务的质量以及配送的及时性等（邓之宏和邵兵家，2018）。对于品牌商家应通过证件核实、资质核实以及信息确认，重点是其和品牌合作的协议、契约审核，保证入驻者身份的真实性以及避免品牌纠纷等问题，对于以代理形式入驻的经营者，应重点审核其代理资质，并确定授权代理的品牌商的规范性。对于食品等特殊类型的商品，根据商家是生产、非生产、专营店、专卖店等类型审核其资质，应重点关注店铺的生产许可证、食品卫生许可证、流通许可证、商标注册证等。其次，商家经营中规则与制度的设计，包括信息的发布、交易内容、附加的售后物流与售后服务等流程。信息的发布规则，对于商品、价格、广告、宣传等信息的发布严格把关，对于与实际描述不符的信息给予屏蔽或者限流等惩罚措施；交易中重点对商品的质量、服务的质量、支付安全等方面进行监管，尤其是假冒伪劣商品、私下支付交易等行为作为重点的关注环节。附加的物流以及售后服务中，对选择物流商方面提出一定的要求，避免物流环节给交易带来的额外风险，售后服务中关于商家须履行的退换货、退款、质保、维修等方面设计明确的制度细则，保障消费者的权益。另外，在交易完成后，针对消费者用户的个人信息与支付账户信息保护，要纳入商家需要遵守的制度中，打击泄露甚至出售消费者信息行为，降低消费者用户在平台交易后的附带风险。最后，提升商家的违规成本，加大惩罚措施可以有效抑制平台上入驻商家的违法行为，在研究中发现违规成本对商家嵌入风险的程度有密切的关系，提高商家的违规成本在一定程度上能够有效降低机会主义行为。本书中将违规成本分为直接成本与间接成本，直接成本是商家发生违规行为被平台发现后，平台对其进行的处罚给商家带来的损失，包括经济损失和声誉损失。间接成本是由于平台严格的监管措施，商家实施违规行为时需要付出更高的成本，例如高价雇用专业的刷单团队、投入更高的成本对假冒伪劣商品进行包装等。提升直接违规成本主要是加大对违规商家的处罚力度，被较多平台所采用的惩罚措施有警示、罚款、限制流量、扣除保证金、扣除信用积分、商品强制下架、限制参与活动的资格、封锁账号、冻结或取消经营资格、进入电商行业黑名单等，但是鉴于当前供应商违规和违法行为屡禁不止，平台应适当提高惩罚力度，如增加罚款金额、延长账号或资金冻结时间等。提升间接的违规成本，主要是加大技术监管，打击刷单刷评等黑色产业链，运用大数据技术对违规行为进行监测与识别，通过一系列的算法预测商家未来的行为等。另外，需要强调的是，对商家违规行为的惩罚，平台应该公开公平，让管理制度透明化。消费者用户作为观察者会衡量对商家的惩罚是否公平，在降低商家违规行为的同时，还能够促进消费者对平台的信任。

技术层面上，要通过技术优势与管理优势对经营行为建立严格监控制度，增大技术投入加强对交易流程中各个环节的技术监测，通过升级与更新高科技、智能化手段建设平台的信用体系与安全体系，存储交易大数据，一方面保障交易数据的可追溯性，另一方面利用大数据预测属性，构建平台风险的预警体系，通过数据挖掘与算法识别，将偏离规章制度、交易规则的行为进行识别与跟踪监测，在风险生成之前平台能够予以干预和治理，达到风险控制的目的。随着《电子商务法》于2019年正式实施，各个网络平台更要以法律作为制度框架，通过不断升级监管技术，提升平台的监管能力，保证电子商务法能够更有效地净化平台交易环境。平台交易的虚拟性滋生了众多的机会主义者和违法行为，因此平台可与第三方机构（例如行业协会等）联手建立开放的商家信誉查询系统，为消费者用户提供商家信誉信息获取的渠道，减少消费者用户的搜索成本，以及交易纠纷带来的一系列成本。大数据时代，通过数据挖掘与算法识别能准确预测售卖假冒伪劣商品、低价恶意竞争、虚假宣传等行为，商家在强大的技术监督下需要付出更高的成本和代价才能实施违规行为，因此技术层面的监督能够弱化商家行为性风险发生的动机。

第三，根据商家规模的性质设置差异化的风险控制策略体系，提高风险控制效率。具体而言，对于小型商家而言，由于声誉机制与监督机制存在互补效应，平台企业需要尽可能同时完善两种机制，才能保证嵌入风险控制的有效性，优化平台管理体系。对于大型商家而言，由于声誉机制与监督机制存在替代效应，因此平台企业只需要采用积极的声誉机制或者严格的监督机制就能降低嵌入风险，同时能够尽可能减少平台管理的成本，使得平台利益最大化。

第三节 研究不足与展望

由于研究水平、时间与条件所限，本书仍然存在着一些不足之处，在未来的研究中需要进一步拓展与完善。其主要表现在以下三个方面：

（1）不同类型的 B2C 网络平台的嵌入风险的风险类型、风险源、耦合机理具有差异性，因此在未来的研究中需要将 B2C 网络平台分为商品交易类、旅游服务类（携程、途牛）、生活服务类（美团、饿了么）等，交易内容的不同可能导致嵌入风险的维度以及耦合机理有所差异，例如生活服务类平台的嵌入风险，不仅包括入驻商家带来的风险，还有快递员、外卖配送人员等第四方主体的行为带来的一系列风险，而该问题在商品交易类平台并未涉及。因此未来的研究中，需要将 B2C 网络平台进行细化分类，围绕不同类型的 B2C 网络平台的嵌入风险特征展开对比分析探讨。

（2）风险测度数理模型构建过程中，风险值主要是根据专家、企业管理人员的认知进行评级打分，代入数学模型中进行计算，数据本身带有主观性，并且受到打分人员的认知差异的影响。更为严谨、客观的方法应该是追踪目标样本平台，获取后台数据进行统计分析，得到风险维度的权重和贡献度。另外，风险耦合仿真模拟后，应寻找实践中的案例进行分析，验证实验模拟结果。在未来的研究中，若能得到平台的支持，将展开更为深入、科学的探索与分析。

（3）风险控制有效性需要面板数据验证，风险控制有效性的验证需要考察不同阶段下风险行为发生的概率和损失程度，然而囿于研究条件的限制，本书中未能实现不同时间序列下的数据进行验证，导致研究结果可能与实际有所偏差。尽管在问卷设计与数据统计分析上尽可能更加严谨与规范，但上述问题仍然是本书的一个不足之处，在未来的研究中将采用面板数据进行交叉验证研究结论。

附录1

尊敬的××：

非常感谢您在百忙之中接受我们的访谈调研，这次访谈旨在考察国内B2C网络平台运营中的实际情况，我们有一些问题想跟您了解一下。

我们首先郑重声明：本次访谈资料只用于学术研究分析使用，不做任何他用；另外，我们会对您的信息严格保密，访谈内容中您认为不宜公开的，我们也会尊重您的要求。

如果您需要本次调查的研究成果或者有其他要求，请随时与我们联系，我们十分乐意效劳。

最后，再次感谢您的协助与支持！

访谈提纲

访谈对象	访谈提纲设计
平台企业	平台上对于商家入驻有什么要求或者条件？ 平台上的商家哪些违规行为对平台造成了不良的影响？影响最大的行为是哪些？ 平台上的商家之间竞争秩序如何？平台对恶意竞争有哪些治理措施？ 平台上消费者投诉商家的事件中主要包括哪些？这些事件平台会如何解决或处理这些交易纠纷？ 平台对于商家的治理主要包括哪些方面？
入驻企业	您的主要经营业务范围是什么？ 您的店铺从创业至今入驻了几个平台，包括哪些？ 您的规模最大的店铺是在哪个平台上，什么时候开始运营？ 店铺中大概有多少工作人员，分别分管哪些业务内容等？ 不同的平台对于入驻商家有哪些条件设置？对于入驻时资质审核严格吗？您了解的商家中有无伪造资质的现象？ 平台上商家之间的竞争主要体现在哪些方面？ 同业商家中是否有一些违规竞争行为？ 造成这类现象的原因有哪些？ 平台对这些竞争行为会有哪些惩罚措施？ 在经营中，通常与消费者发生纠纷、投诉主要会在哪些方面，为什么会有这些纠纷投诉，平台针对这些问题是否有相应的制度处理？ 日常经营中平台对商家设置了哪些规则，例如七天无理由退换货、假一赔三这些？

续表

访谈对象	访谈提纲设计
入驻企业	这些规则主要针对哪些问题制定的？ 不同平台规则之间的差异性？ 平台是否能有效控制商家能遵守平台的规则进行诚信经营？ 商家退出平台的壁垒包括哪些？
消费者用户	您平时会在天猫、京东这些平台购物吗？ 您第一次在网上购物大概是什么时候？ 到目前为止，最令您印象深刻的一次失败购物经历是什么？（哪个平台，遭遇什么，最后如何处理） 您有过收到假货的情况吗？ 您有过被商家拖延发货的情况吗？ 您有过个人信息在这些平台上泄露的情况吗？ 您和周围的亲友在平台上购物最害怕遇到什么情况？（如果多种情况请进行排序） 如果遇到权益受到侵害，您会选择哪些途径处理？ 您购物次数最多的平台是哪一个？为何选择这个平台？（主要考虑哪些方面）

附录 2

尊敬的商家朋友：

您好，非常感谢您抽出宝贵时间参与调查，问卷是关于电商平台的基本情况，作答大约需要 5 分钟，感谢您的如实回答，您的认真回答对我们的研究非常重要，衷心感谢您的支持！祝您身体健康，工作顺利！

1. 您入驻的平台名称。

□天猫　□京东　□苏宁易购　□唯品会　□淘宝（旗舰店、专卖店、专营店）□聚美优品　□网易严选　□贝贝　□蜜芽　□当当　□一号店 □国美　□其他（请说明）

2. 如果您入驻多个平台，请选择其中您的店铺规模最大的平台。

□天猫　□京东　□苏宁易购　□唯品会　□淘宝（旗舰店、专卖店、专营店）□聚美优品　□网易严选　□贝贝　□蜜芽　□当当　□一号店 □国美　□其他（请说明）。

3. 您的最大规模的店铺成立年限（以下问题依据您目前最大的店铺实际情况填写）。

□1 年　□2 ~ 3 年　□4 ~ 5 年　□6 ~ 10 年　□10 年以上

4. 您的店铺经营产品类型。

□服饰　□珠宝配饰　□化妆品（含美容工具）　□家装家具家纺 □图书音像　□乐器　□汽车及配件　□居家日用　□母婴　□食品 □保健品及医药　□3C 数码　□家用电器　□虚拟产品（网游及 QQ 话费通信）　□其他

5. 您的店铺月均销售额。

□0 ~ 5 万元　□5 万 ~ 30 万元　□30 万 ~ 80 万元　□80 万 ~ 200 万元 □200 万元以上

6. 您的店铺月均利润额。

□0 ~ 1 万元　□1 万 ~ 5 万元　□5 万 ~ 10 万元　□10 万 ~ 50 万元 □50 万元以上

7. 以下问题请根据您的认知或者您所了解的平台上其他商家的情况填写。

相关题目	非常不符合	比较不符合	一般	比较符合	完全符合
您的店铺对该平台的依赖程度很高					
平台对于商家的经营行为约束力很强					
由于已经在平台上投入很多，如果转换平台或者退出该平台，您承担的损失很大					
平台对于商家的进入和退出无法限制					
即使有更好的平台，您也不会转到其他平台					

8. 以下问题请结合您的实际情况和在该平台上对其他商家所了解的情况进行填答（同质竞争：售卖同一类系列产品的商家，在价格、宣传、销量、服务、营销手段上相互模仿与竞争）。

相关题目	非常不符合	比较不符合	一般	比较符合	完全符合
同业商家基本不存在低价竞争					
低价竞争的商家通过压缩其他成本（低价物流、残次品）来平衡利润					
平台上的商家基本没有通过雇用刷单师进行刷单增加销量的现象					
同业商家不存在采用虚假宣传促销活动增加销量					
同业商家不存在采用替换商品链接增加新商品的销量					
同业商家通过雇用好评师、刷单师购买虚假好评的现象很少					
同业商家通过雇用差评师给竞争者实施恶意差评的现象基本不存在					
交易完成后通过返现、发红包等形式引诱用户好评的商家不多					
同业商家为了修改差评对用户进行信息骚扰的例子并不多见					

9. 以下是关于商家行为情况的题项，根据您对题项的描述的同意程度填答。

相关题目	非常不符合	比较不符合	一般	比较符合	完全符合
同业商家不存在售卖假冒伪劣商品的行为					
同业商家售卖的商品不存在以次充好的现象					
平台上品牌侵权的行为基本不存在					
交易后商家泄露消费者信息，导致消费者收到欺诈短信造成财产损失的事例并不多见					
有部分商家选择低成本物流运营商导致包裹损坏、丢失、暴力运输等					
退换货时商家违背承诺导致交易纠纷的事例不多见					
部分商家的售后服务（安装、维修、使用指导）不及时或有效性差					
商家伪造经营资质（登记证、许可证、流通证、商标注册等）的现象不多见					
商家伪造销量信息、物流信息的现象不存在					
有很多商家采用虚假的宣传信息、广告信息吸引用户					
商家为了获取私利会将消费者个人信息泄露或者发送广告骚扰信息					
商家诱导用户采用非平台链接进行交易使得消费者的财产受损的现象并不多见					
退货时很多商家即使是质量问题，也会引导或者强迫消费者填写七天无理由退换货					

10. 以下是关于平台的治理和商家的认知题项，根据您的实际情况或者平台上其他商家的情况填写。

相关题目	非常不符合	比较不符合	一般	比较符合	完全符合
平台上对于商品评价的规则设计是规范、合理、有效的					
平台上对于店铺评分和信誉评分规则是合理并有效的					
平台对于店铺的认证机制（例如金牌卖家标识）对商家的激励很有效					
平台很注重整体声誉的构建，严厉打击有损平台声誉的行为					
我非常认同该平台的声誉或口碑，并且我受益于平台良好的声誉					
我认为商家应该遵守平台的制度合规经营，合理构建并维护平台的声誉					
我认为作为商家，我是属于平台的一员					
商家和入驻平台是一个共同体，平台对于我很重要					
作为平台一员，我有义务合规经营，维护平台的利益和声誉					
平台对于入驻商家资质的审核非常严格					
平台具有完善的制度约束商家经营行为					
平台的监督制度实施（执行）得很严格					
平台采用了数据挖掘、算法识别等技术手段对违规行为进行监测与识别					
对于刷单、假冒、替换商品等这些行为平台在技术上都能发现					
平台采用的技术对于防控商家违规行为是有效的					
平台与第三方点评类机构合作，对平台上的商家进行监督					
其他机构的曝光、点评制度对于商家起到一定的规范约束作用					
公众评价机制对于商家而言是公平的					
由于平台的制度或者技术，商家违规时需要在技术、人力等方面付出更高的成本					
违规被发现后平台对商家的惩罚非常严重					
违规成本对于商家的约束是有效的					

11. 您的最大规模的线上店铺成立于哪一年？

（问卷有效性筛选题项——本题目与第 3 题答案一致提示本问卷填答有效）

□2019 年刚成立　　□2016～2018 年　　□2014～2015 年　　□2009～2013
年　□2009 年以前

参 考 文 献

[1] 奥利弗·威廉姆森. 资本主义经济制度 [M]. 北京: 商务印书馆, 2003.

[2] 毕其格. 内蒙古人口结构与区域经济耦合的空间差异 [J]. 人才资源开发, 2015 (4): 235-236.

[3] 蔡青. 中国 B2C 电子商务企业发展策略研究 [D]. 武汉: 华中师范大学, 2011: 79-80.

[4] 陈浩, 惠青山, 奚菁. Avey 心理所有权问卷的修订及与相关工作态度的关系 [J]. 社会工作与管理, 2012 (1): 31-38.

[5] 陈菊红, 汪应洛, 孙林岩. 虚拟企业收益分配问题博弈研究 [J]. 运筹与管理, 2002 (1): 11-16.

[6] 陈仕华, 李维安. 公司治理的社会嵌入性: 理论框架及嵌入机制 [J]. 中国工业经济, 2011 (6): 99-108.

[7] 陈守东, 王妍. 我国金融机构的系统性金融风险评估——基于极端分位数回归技术的风险度量 [J]. 中国管理科学, 2014 (7): 10-17.

[8] 陈庭强, 李心丹, 王冀宁. 多因素耦合下 CRT 市场信用风险传染的熵空间模型 [J]. 系统工程理论与实践, 2016 (1): 1-14.

[9] 陈威如, 余卓轩. 平台战略: 正在席卷全球的商业模式革命 [M]. 北京: 中信出版社, 2013.

[10] 陈武, 李燕萍. 嵌入性视角下的平台组织竞争力培育——基于众创空间的多案例研究 [J]. 经济管理, 2018 (3): 74-92.

[11] 陈莹. 电商平台对卖方用户企业的治理机制研究——以品牌依恋理论为视角 [J]. 上海财经大学学报, 2019 (2): 107-124.

［12］陈永昶，郭净，徐虹. 新制度环境下旅行社与游客关系再研究——基于相互依赖对 B2C 关系质量影响的实证分析 ［J］. 经济管理，2015 (5)：129 – 138.

［13］陈钰芬. 基于全流程的进口 B2C 跨境电商商品质量风险评估体系构建 ［J］. 商业经济与管理，2019 (12)：5 – 16.

［14］池毛毛，赵晶，李延晖，等. 电子商务平台吸附能力的影响机制研究——平台柔性和控制机制的交互效应 ［J］. 管理科学学报，2018 (7)：35 – 51.

［15］崔楠，崔庆安，汪涛. 在线零售情境因素对顾客惠顾意愿的影响研究 ［J］. 管理科学学报，2013 (1)：42 – 58.

［16］崔睿，马宇驰. 网购平台的信用服务机制对消费者购买意愿的影响研究 ［J］. 江苏大学学报 (社会科学版)，2018 (3)：74 – 83.

［17］邓斌. B2C 在线评论中的客户知识管理研究 ［D］. 成都：电子科技大学，2010：59 – 82.

［18］邓明然，夏喆. 基于耦合的企业风险传导模型探讨 ［J］. 经济与管理研究，2006 (3)：68 – 70.

［19］邓之宏，邵兵家. 中国移动电商购物平台品牌资产构成因素实证研究——基于顾客视角 ［J］. 中国流通经济，2018 (12)：41 – 52.

［20］杜华勇，郭旭光，滕颖. 平台领导视角下电商平台竞争力前因组态研究 ［J/OL］. 管理学报：1 – 9 ［2022 – 11 – 28］. http：//kns. cnki. net/ kcms/detail/42. 1725. C. 20221122. 1146. 006. html.

［21］方微，邵波. 基于弱信号分析的企业风险识别 ［J］. 图书情报工作，2009 (14)：80 – 83.

［22］冯华，陈亚琦. 平台商业模式创新研究——基于互联网环境下的时空契合分析 ［J］. 中国工业经济，2016 (3)：99 – 113.

［23］傅瑜，隋广军，赵子乐. 单寡头竞争性垄断：新型市场结构理论构建——基于互联网平台企业的考察 ［J］. 中国工业经济，2014 (1)：140 – 152.

［24］富越，董保华. 电子商务垃圾评论者识别研究 ［J］. 科学决策，2015 (9)：79 – 94.

［25］高孟立. 合作创新中机会主义行为的相互性及治理机制研究 ［J］. 科学学研究，2017 (9)：1422 – 1433.

［26］古定威，丁岚，骆品亮．P2P 网贷平台信用风险控制的演化博弈分析［J］.研究与发展管理，2018（3）：12 – 21.

［27］桂华，王亚男，朱一凡．网络谣言的信息接收反应机制及其风险治理［J］.情报学报，2014（3）：305 – 312.

［28］郭韬，丁小洲，任雪娇．制度环境、商业模式与创新绩效的关系研究——基于系统动力学的仿真分析［J］.管理评论，2019（9）：193 – 206.

［29］何飚，毛蕴诗．基于价值网理论的 B2C 商业模式组成要素研究——以德国电信为例［J］.经济问题探索，2014（4）：154 – 160.

［30］何为．有关网络平台竞争以及电子商务平台信誉机制的研究［D］.北京：清华大学，2018：56 – 78.

［31］胡扬斌，谢赤，曹玺．耦合风险视角下基于 GARCH – Copula 模型的基金组合风险研究［J］.管理科学学报，2019（6）：113 – 126.

［32］胡忠义，王超群，陈远，等．基于多分类器动态集成的 P2P 违约风险评估［J］.管理学报，2019（6）：915 – 922.

［33］黄宇红．电子商务中的不正当竞争表现形式及对策分析［J］.华东理工大学学报（社会科学版），2005（3）：44 – 48.

［34］黄玉杰，王文卓，张国梅．服务外包风险的控制机制研究［J］.企业活力，2009（9）：24 – 27.

［35］黄玉杰．战略联盟中的非正式治理机制：信任和声誉［J］.河北经贸大学学报，2009（4）：35 – 41.

［36］纪淑娴，钟斌，胡培．网络欺诈环境下 3 种拍卖方式的投标均衡和收益分析［J］.管理学报，2009（3）：321.

［37］简兆权，令狐克睿，李雷．价值共创研究的演进与展望——从"顾客体验"到"服务生态系统"视角［J］.外国经济与管理，2016（9）：3 – 20.

［38］简兆权，谭艳霞，刘念．数字化驱动下智慧医疗服务平台价值共创的演化过程——基于服务生态系统和知识整合视角的案例研究［J］.管理评论，2022（12）：322 – 339.

［39］江积海，李琴．平台型商业模式创新中连接属性影响价值共创的内在机理——Airbnb 的案例研究［J］.管理评论，2016（7）：52 – 260.

［40］江小涓，黄颖轩．数字时代的市场秩序、市场监管与平台治理

[J]. 经济研究, 2021 (12): 20-41.

[41] 蒋先玲, 张庆波, 程健. P2P 网络借贷市场信用风险识别 [J]. 中国流通经济, 2020 (4): 67-75.

[42] 荆文君, 刘航, 鞠岩. 互联网平台经济监管中的"威慑式治理"——引入逻辑、实现机理与保障措施 [J]. 经济管理, 2022, 44 (2): 17.

[43] 雷如桥, 陈继祥. 战略管理理论的沿革最新进展及发展趋势 [J]. 商业研究, 2004 (12): 29-31.

[44] 李广诚. 工程地质学耦合理论初步研究 [J]. 工程地质学报, 2001 (4): 435-442.

[45] 李广乾, 陶涛. 电子商务平台生态化与平台治理政策 [J]. 管理世界, 2018 (6): 104-109.

[46] 李海舰, 田跃新, 李文杰. 互联网思维与传统企业再造 [J]. 中国工业经济, 2014 (10): 135-146.

[47] 李海芹, 张子刚. CSR 对企业声誉及顾客忠诚影响的实证研究 [J]. 南开管理评论, 2010 (1): 90-98.

[48] 李贺楼. 扎根理论方法与国内公共管理研究 [J]. 中国行政管理, 2015 (11): 78-83.

[49] 李莉, 杨文胜, 蔡淑琴. 基于电子市场中介的交易风险控制 [J]. 管理科学学报, 2005 (3): 59-66.

[50] 李连友, 罗帅. 信息不对称与非逆向选择 [J]. 经济学动态, 2014 (5): 125-132.

[51] 李乃文, 荣帅, 赵宏霞. 双边市场环境下网购平台的质量诚信监控行为研究 [J]. 软科学, 2017 (8): 129-133, 138.

[52] 李佩, 魏航. 基于信誉的 B2C 平台开放和网络零售商进驻策略研究 [J]. 中国管理科学, 2017 (3): 172-180.

[53] 李小玲, 任星耀, 郑煦. 电子商务平台企业的卖家竞争管理与平台绩效——基于 VAR 模型的动态分析 [J]. 南开管理评论, 2014 (5): 73-82.

[54] 李雅萍. 社会共治视角下网络购物产品质量监管的多方博弈研究 [D]. 济南: 山东大学, 2019: 136-145.

[55] 李延喜, 吴笛, 肖峰雷, 等. 声誉理论研究述评 [J]. 管理评论,

2010（10）：3–11.

［56］李毅学. 供应链金融风险评估［J］. 中央财经大学学报，2011（10）：36–41.

［57］李勇坚，夏杰长. 数字经济背景下超级平台双轮垄断的潜在风险与防范策略［J］. 改革，2020（8）：10.

［58］梁果，李锡元. 心理所有权的产生路径与作用机制研究［M］. 上海：上海交通大学出版社，2018.

［59］梁娟，陈国宏. 多重网络嵌入与集群企业知识创造绩效研究［J］. 科学学研究，2015（1）：90–97.

［60］廖愉平. 我国互联网金融发展及其风险监管研究——以P2P平台、余额宝、第三方支付为例［J］. 经济与管理，2015（2）：51–57.

［61］林建宗. 机会主义治理：基于组织间关系的分析［J］. 商业研究，2009（8）：30–33.

［62］刘冠男，张亮，马宝君. 基于随机游走的电子商务退货风险预测研究［J］. 管理科学，2018（1）：1–14.

［63］刘海潮，张保林. 基于收益模糊变动的竞争风险评价模型研究［J］. 中国管理科学，2005（1）：568–570.

［64］刘汉民，张晓庆. 网络零售平台治理机制对卖家机会主义行为的影响——以感知不确定性为调节变量［J］. 商业经济与管理，2017（4）：17–28.

［65］刘江鹏. 企业成长的双元模型：平台增长及其内在机理［J］. 中国工业经济，2015（6）：148–160.

［66］刘蕾，秦德智. 电子商务中的信任风险分析［J］. 经济问题探索，2005（9）：146–148.

［67］刘念祖，张明，那丽春. 电子商务技术风险管理［J］. 中国管理信息化，2006（10）：53–56.

［68］刘清华. 网上交易机会主义风险分析［D］. 上海：上海财经大学，1999：89–102.

［69］刘堂卿，罗帆. 空中交通安全风险构成及耦合关系分析［J］. 武汉理工大学学报（信息与管理工程版），2012（1）：97–101.

［70］刘伟江，张朝辉. 电子商务中的机会主义、信任和合作［J］. 首都经济贸易大学学报，2008（10）：86–89.

[71] 刘耀彬，李仁东，宋学锋．中国区域城市化与生态环境耦合的关联分析 [J]．地理学报，2005（2）：63 - 73．

[72] 刘芸，王涛，顾新．企业创新网络中组织声誉对创新绩效的影响——知识合作的中介作用与网络特征的调节作用 [J]．经济经纬，2019（4）：102 - 109．

[73] 刘重阳．互联网平台中的信息提供机制与产品质量问题研究 [D]．济南：山东大学，2019：69 - 75．

[74] 卢福财，胡平波．网络组织成员合作的声誉模型分析 [J]．中国工业经济，2005（2）：73 - 79．

[75] 陆健．电子商务供应链的风险识别评估与控制 [D]．重庆：重庆交通大学，2016．

[76] 陆静，徐传．企业社会责任对风险承担和价值的影响 [J]．重庆大学学报（社会科学版），2019（1）：75 - 95．

[77] 吕雪晴．跨境网购消费者多阶段决策感知风险动态形成机理研究 [D]．北京：中国矿业大学，2016：49 - 56．

[78] 罗帆，杨智．交通流量增长下的空中管制安全风险预警及阈值确定 [J]．科技导报，2012（4）：61 - 66．

[79] 罗珉，李亮宇．互联网时代的商业模式创新：价值创造视角 [J]．中国工业经济，2015（1）：95 - 107．

[80] 孟凡新．数字经济视角下网络服务交易平台治理框架和机制研究 [J/OL]．电子政务，2023 - 02 - 03：1 - 11．

[81] 缪荣，茅宁．公司声誉概念的三个维度——基于企业利益相关者价值网络的分析 [J]．经济管理，2005（11）：6 - 11．

[82] 牟宇鹏，裴美琴，张辉，等．多主体视角下平台型企业信任治理的多案例研究 [J]．科学学与科学技术管理，2022（1）：16 - 37．

[83] 穆鸿声，晁钢令．基于演化博弈视角的渠道机会主义行为与防范机制研究 [J]．现代管理科学，2010（9）：12 - 14．

[84] 潘勇，廖阳．中国电子商务市场"柠檬"问题与抵消机制——基于淘宝网的数据 [J]．商业经济与管理，2009（2）：11 - 15．

[85] 潘煜，张星，高丽．网络零售中影响消费者购买意愿因素研究——基于信任与感知风险的分析 [J]．中国工业经济，2010（7）：115 - 124．

［86］彭本红，鲁倩．平台型企业开放式服务创新的风险成因及作用机制［J］．科学学研究，2018（1）：183－192．

［87］彭正银，韩炜．任务复杂性研究前沿探析与未来展望［J］．外国经济与管理，2008（9）：13－20．

［88］彭正银．人力资本治理模式的选择——基于任务复杂性的分析［J］．中国工业经济，2003（8）：76－83．

［89］彭正银．网络治理：理论与模式研究［M］．北京：经济科学出版社，2003：59－78．

［90］钱金叶，杨飞．中国P2P网络借贷的发展现状及前景［J］．金融论坛，2012（1）：46－51．

［91］钱丽萍，罗小康，杨翩翩．渠道控制机制如何抑制关系退出倾向——兼论竞争强度的调节作用［J］．外国经济与管理，2015（6）：83－96．

［92］丘海雄，于永慧．嵌入性与根植性——产业集群研究中两个概念的辨析［J］．广东社会科学，2007（1）：175－181．

［93］曲创，刘重阳．平台厂商市场势力测度研究——以搜索引擎市场为例［J］．中国工业经济，2016（2）：98－113．

［94］曲振涛，周正，周方召．网络外部性下的电子商务平台竞争与规制——基于双边市场理论的研究［J］．中国工业经济，2010（4）：122－131．

［95］桑圣举，张强，武建章．模糊连续需求下供应链收益共享契约机制研究［J］．运筹与管理，2009（6）：26－32．

［96］邵建利，宋宁，张滟．电子商务中第三方支付平台欺诈风险识别研究［J］．商业研究，2014（11）：34－40．

［97］申尊焕，龙建成．网络平台企业治理机制探析［J］．西安电子科技大学学报（社会科学版），2017（4）：70－76．

［98］石军伟，付海艳．企业的异质性社会资本及其嵌入风险——基于中国经济转型情境的实证研究［J］．中国工业经济，2010（11）：109－119．

［99］石文华，龚雪，张绮．在线初次评论与在线追加评论的比较研究［J］．管理科学，2016（4）：45－58．

［100］宋健．基于模糊层次分析法的电子商务风险评价［J］．中国流通经济，2011（7）：107－110．

［101］苏义坤，田金信．基于耦合故障树分析的施工安全风险评价研究［J］．预测，2006（3）：66－70.

［102］隋聪．基于网络视角的银行业系统性风险度量方法［J］．中国管理科学，2016（5）：54－64.

［103］孙国强，石海瑞．网络组织负效应的实证分析［J］．科学学与科学技术管理，2011（7）：24－30.

［104］孙彦明．中国科技成果产业化要素耦合作用机理及对策研究［D］．长春：吉林大学，2019：152－156.

［105］汤吉军，郭砚莉．沉淀成本、通货紧缩与国企战略退出［J］．财经研究，2004（2）：131－140.

［106］唐明琴，张玲．电商企业的逆向选择与信用管理［J］．南方金融，2016（3）：94－97.

［107］田润霖．电子商务中的信息不对称研究［J］．现代情报，2010（12）：159－162.

［108］万兴，邵菲菲．数字平台生态系统的价值共创研究进展［J］．首都经济贸易大学学报，2017（5）：89－97.

［109］汪敢甫，艾兴政，钟丽．考虑范围经济与产品市场风险的网络平台品类多样性销售策略［J］．管理学报，2017（4）：609－616.

［110］汪寿阳，张维，李心丹．复杂金融系统工程与风险管理研究的新进展［J］．系统工程理论与实践，2011（4）：3－6.

［111］汪秀婷，程斌武．资源整合、协同创新与企业动态能力的耦合机理［J］．科研管理，2014（4）：44－50.

［112］汪旭晖，宋松．平台卖家违规行为、买家态度与平台型电商声誉［J］．北京工商大学学报（社会科学版），2021，36（4）：9.

［113］汪旭晖，王东明．互补还是替代：事前控制与事后救济对平台型电商企业声誉的影响研究［J］．南开管理评论，2018（6）：67－82.

［114］汪旭晖，张其林．平台型电商企业的温室管理模式研究——基于阿里巴巴集团旗下平台型网络市场的案例［J］．中国工业经济，2016（11）：108－125.

［115］王发明，蔡宁，朱浩义．基于网络结构视角的产业集群风险研究——以美国 128 公路区产业集群衰退为例［J］．科学学研究，2006（6）：885－889.

[116] 王发明，朱美娟．互联网平台企业主导的创新生态系统演化风险识别及规避 [J]．中国科技论坛，2021 (3)：75－83．

[117] 王光辉，刘怡君．基于系统动力学的舆论风险形成及干预策略 [J]．系统工程，2014 (5)：82－91．

[118] 王国红，邢蕊，林影，等．基于社会网络嵌入性视角的产业集成创新风险研究 [J]．科技进步与对策，2011 (2)：60－63．

[119] 王会娟，廖理．中国 P2P 网络借贷平台信用认证机制研究——来自"人人贷"的经验证据 [J]．中国工业经济，2014 (5)：136－147．

[120] 王建秀，林汉川，王玉燕．企业风险传导的关联耦合效应研究——基于业务关联的视角 [J]．经济问题，2015 (1)：89－93．

[121] 王节祥．互联网平台企业的边界选择与开放度治理研究：平台二重性视角 [D]．杭州：浙江大学，2017：37－39．

[122] 王珺，毛海峰，郭晓宏．旅游景区安全风险评估与实证 [J]．统计与决策，2019 (22)：4．

[123] 王珺，毛海峰，郭晓宏．全域旅游背景下旅游景区耦合风险与应对策略 [J]．统计与决策，2019 (17)：53－57．

[124] 王力召，蒋致远．基于结构熵权法的 P2P 平台财务风险评价研究 [J]．系统科学学报，2020，28 (2)：95－99，128．

[125] 王莲芬．评测指标权重确定的结构熵权法 [J]．系统工程理论与实践，1987 (2)：33－39．

[126] 王凌飞，陈小辉．监管信息不对称与 P2P 网贷平台风险 [J/OL]．系统工程：2020－09－04．http：//kns. cnki. net/kcms/detail/43. 1115. N. 20200714. 1057. 002. html．

[127] 王娜．基于互联网的平台型企业商业模式创新研究述评 [J]．科技进步与对策，2016 (22)：156－160．

[128] 王琴英，王诗雨，刘聪．基于 Relief F 算法和随机森林模型的 P2P 平台风险识别 [J]．统计与决策，2022，38 (8)：184－188．

[129] 王守芳．商业银行信用风险转移及其传染性影响研究 [D]．上海：东华大学，2015：42－43．

[130] 王伟，纪金言，邓伟平．P2P 网贷平台风险与平台特征——来自中国 54 家平台的经验证据 [J]．河北经贸大学学报，2017 (3)：56－64．

[131] 王旭娜，谭清美．互联网背景下平台型商业模式价值创造分析

[J]. 科研管理, 2021 (11): 34 – 42.

[132] 王艳梅, 赵希男, 郭梅. 同事压力与团队激励关系的模型分析 [J]. 管理工程学报, 2008 (3): 138 – 140.

[133] 卫利华, 刘智强, 廖书迪, 等. 集体心理所有权、地位晋升标准与团队创造力 [J]. 心理学报, 2019 (6): 677 – 687.

[134] 魏华林, 刘娜. 保险市场与资本市场融合发展的经济学分析 [J]. 经济评论, 2006 (6): 99 – 104.

[135] 魏金萍. 多元化战略脆性风险控制的最优路径选择 [J]. 统计与决策, 2014 (12): 34 – 37.

[136] 温忠麟, 叶宝娟. 中介效应分析: 方法和模型发展 [J]. 心理科学进展, 2014 (5): 731 – 745.

[137] 吴本家. 电子商务市场的发展与风险规避 [J]. 经济管理, 2007 (16): 72 – 75.

[138] 吴德胜, 李维安. 声誉、搜寻成本与网上交易市场均衡 [J]. 经济学 (季刊), 2008 (4): 1437 – 1458.

[139] 吴德胜. 网上交易中的私人秩序——社区、声誉与第三方中介 [J]. 经济学 (季刊), 2007 (3): 859 – 884.

[140] 吴英. 动态联盟中道德风险防范与控制机制研究 [D]. 哈尔滨: 哈尔滨理工大学, 2005: 78 – 89.

[141] 吴文华. 高技术企业技术标准联盟治理研究 [D]. 长沙: 湖南大学, 2008: 49 – 62.

[142] 夏雨. 电子商务信用风险演化规律研究 [D]. 郑州: 河南工业大学, 2014.

[143] 肖奎喜, 王满四, 倪海鹏. 供应链模式下的应收账款风险研究——基于贝叶斯网络模型的分析 [J]. 会计研究, 2011 (11): 65 – 71.

[144] 肖玲诺, 史建锋, 孙玉忠. 基于 BP 神经网络的产学研知识创新联盟风险评价研究 [J]. 中国软科学, 2011 (12): 173 – 179.

[145] 肖群. 成本信息不对称和产能信息不对称下供应链协调研究 [D]. 武汉: 华中科技大学, 2014: 189 – 196.

[146] 肖瑶, 党兴华, 成泷. 创新网络破坏事件对个体与集体学习的影响 [J]. 科学学研究, 2017 (3): 459 – 470.

[147] 邢伟, 汪寿阳, 刘黎明, 等. B2B 电子交易市场: 供应链管理视

角 [M]. 北京: 科学出版社, 2015: 101 - 105.

[148] 熊光清. 推进中国网络社会治理能力建设 [J]. 社会治理, 2015 (2): 67 - 74.

[149] 徐金发, 龚杨达, 刘志刚. 企业声誉对顾客忠诚的作用机制研究 [J]. 外国经济与管理, 2005 (7): 44 - 50.

[150] 徐晋, 张祥建. 平台经济学初探 [J]. 中国工业经济, 2006 (5): 40 - 47.

[151] 徐延峰. 跨境电商平台服务创新与风险管控研究 [D]. 大连: 大连理工大学, 2017.

[152] 许晖, 许守任, 王睿智. 网络嵌入、组织学习与资源承诺的协同演进——基于3家外贸企业转型的案例研究 [J]. 管理世界, 2013 (10): 142 - 155, 169, 188.

[153] 闫春英, 张佳睿. 完善我国P2P网络借贷平台风险控制体系的策略研究 [J]. 经济学家, 2015 (10): 78 - 83.

[154] 严建援, 何群英. B2B情境下顾客价值共创、动态能力与顾客价值间的关系研究——基于阿里出口通电商平台的实证 [J]. 预测, 2017 (6): 58 - 63.

[155] 杨博旭, 王玉荣, 李兴光. "厚此薄彼" 还是 "雨露均沾" ——组织如何有效利用网络嵌入资源提高创新绩效 [J]. 南开管理评论, 2019 (3): 201 - 213.

[156] 杨帆. 平台信用治理: 信用分规则的利益失衡及其破解路径 [J]. 南京社会科学, 2022 (7): 10.

[157] 杨蕙馨. 企业的进入退出与产业组织政策 [M]. 上海: 上海人民出版社, 2000.

[158] 杨建华, 高卉杰, 殷焕武. 物流服务提供商联盟的关系治理和机会主义——基于正式控制视角 [J]. 软科学, 2017 (1): 124 - 129.

[159] 杨居正, 张维迎, 周黎安. 信誉与管制的互补与替代——基于网上交易数据的实证研究 [J]. 管理世界, 2008 (7): 18 - 26.

[160] 杨磊, 侯贵生. 联盟知识异质性、知识协同与企业创新绩效关系的实证研究——基于知识嵌入性视角 [J]. 预测, 2020 (4): 38 - 44.

[161] 杨明增. 头脑风暴法在舞弊审计中的运用研究: 回顾与启示 [J]. 审计研究, 2011 (4): 94 - 99.

[162] 杨青，刘星星，杨帆．基于免疫危险理论的非常规突发事件风险识别双信号方法 [J]．系统工程理论与实践，2015 (10)：2667 - 2674.

[163] 杨瑞龙，聂辉华．不完全契约理论：一个综述 [J]．经济研究，2006 (2)：104 - 115.

[164] 杨扬，周宗放，费文颖．嵌入小世界网络的企业集团信用风险演化仿真 [J]．管理工程学报，2014 (1)：138 - 143.

[165] 杨洋．电子商务信息不对称问题研究 [J]．生产力研究，2010 (7)：126 - 127.

[166] 杨玉波，李备友，李守伟．嵌入性理论研究综述：基于普遍联系的视角 [J]．山东社会科学，2014 (3)：174 - 178.

[167] 杨震宁，李东红，范黎波．身陷"盘丝洞"：社会网络关系嵌入过度影响了创业过程吗？[J]．管理世界，2013 (12)：101 - 116.

[168] 姚韵，朱金福，柏明国．不正常航班管理的可拓预警模型 [J]．运筹与管理，2006 (1)：100 - 104.

[169] 叶青，李增泉，徐伟航．P2P 网络借贷平台的风险识别研究 [J]．会计研究，2016 (6)：38 - 45，95.

[170] 易朝辉．网络嵌入、创业导向与新创企业绩效关系研究 [J]．科研管理，2012 (11)：105 - 115.

[171] 易法敏．关系租金与组织调适：网络嵌入视角的诠释 [J]．经济理论与经济管理，2009 (8)：66 - 70.

[172] 袁峰，邱爱莲，蒋文杨．电子商务企业的风险识别与评价 [J]．软科学，2003 (4)：83 - 85，97.

[173] 袁圣兰，封思贤．移动支付操作风险测度问题研究 [J]．软科学，2018 (3)：128 - 133.

[174] 曾伏娥，陈莹．分销商网络环境及其对机会主义行为的影响 [J]．南开管理评论，2015 (1)：77 - 88.

[175] 张超．数字货币交易平台的风险及其监管规则建构 [J]．财经论丛，2020 (3)：105 - 113.

[176] 张成福，王祥州．人工智能嵌入公共服务治理的风险挑战 [J]．电子政务，2023 (1)：37 - 51.

[177] 张春勋，刘伟．合作技术创新的风险因素识别及模糊评价研究 [J]．科学学与科学技术管理，2007 (8)：79 - 85.

[178] 张浩，张潇. 基于马尔可夫模型的电商平台供应链金融风险控制 [J]. 云南财经大学学报，2017 (2)：118 - 126.

[179] 张军. 网络空间的低度嵌入与深度融入：电商经济发展转型研究 [J]. 江海学刊，2016，58 (4)：109 - 115.

[180] 张琳，施建军. 信息不对称与电子商务风险控制对策研究 [J]. 现代管理科学，2008 (1)：3 - 5.

[181] 张其林，汪旭晖. 平台型电商声誉向平台卖家声誉的转移机制研究：基于拓展学习迁移理论的分析 [J]. 管理世界，2022，38 (12)：143 - 158，159，219.

[182] 张青山. 企业动态联盟风险的管理机制和防范体系 [M]. 北京：中国经济出版社，2006：192 - 201.

[183] 张荣祥. 企业创业社会网络嵌入与绩效关系研究 [D]. 杭州：浙江大学，2009：115 - 117.

[184] 张书军，王珺，李新春，等. "产业集群、家族企业与中小企业创业国际研讨会"综述 [J]. 经济研究，2007 (5)：154 - 158.

[185] 张维迎. 所有制、治理结构及委托—代理关系——兼评崔之元和周其仁的一些观点 [J]. 经济研究，1996 (9)：3 - 15，53.

[186] 张喜彬，荣喜民，张世英. 有关风险测度及组合证券投资模型研究 [J]. 系统工程理论与实践，2000 (9)：19 - 22.

[187] 张小宁，赵剑波. 新工业革命背景下的平台战略与创新——海尔平台战略案例研究 [J]. 科学学与科学技术管理，2015 (3)：77 - 86.

[188] 张晓庆. 网络零售平台治理机制对商家机会主义行为的影响 [D]. 广州：暨南大学，2018：98 - 106.

[189] 张新香，胡立君. 声誉机制、第三方契约服务与平台繁荣 [J]. 经济管理，2010 (5)：143 - 150.

[190] 张雄辉. 电子商务企业资源竞争风险的评估与控制研究 [J]. 电子商务，2013 (2)：20 - 21.

[191] 张艳芬，徐琪，孙中苗. 供应商竞争下考虑道德风险的平台供应链最优动态激励契约 [J/OL]. 中国管理科学，2023 - 02 - 02：1 - 15.

[192] 张永林. 互联网、信息与复制经济 [J]. 系统工程理论与实践，2016 (9)：2216 - 2222.

[193] 张钰，刘益，李瑶. 营销渠道中控制机制的使用与机会主义行

为 [J]. 管理科学学报, 2015 (12)：83 – 96.

[194] 张云秋, 唐方成. 平台网络外部性的产生机理与诱导机制研究 [J]. 北京交通大学学报 (社会科学版), 2014 (13)：45 – 46.

[195] 章宁, 孙宝文. 业务流程外包伙伴关系的风险管理 [J]. 经济管理, 2009 (3)：133 – 138.

[196] 赵蓓. 嵌入性与产业群竞争力：理论研究与分析框架 [J]. 东南学术, 2004 (6)：136 – 143.

[197] 赵昌平, 葛卫华. 战略联盟中的机会主义及其防御策略 [J]. 科学学与科学技术管理, 2003 (10)：114 – 117.

[198] 赵宏霞, 杨皎平, 万君. 关系营销策略对网络交易信任的作用机理分析 [J]. 管理评论, 2010 (11)：74 – 80, 87.

[199] 赵璟, 党兴华. 城市群空间结构演进与经济增长耦合关系系统动力学仿真 [J]. 系统管理学报, 2012 (4)：444 – 451.

[200] 赵阳. 供应链合作风险与防范 [J]. 税务与经济, 2008 (2)：39 – 42.

[201] 郑方. 嵌入性视角下的连锁董事网络研究 [D]. 济南：山东大学, 2012：119 – 126.

[202] 郑晓明, 陈昊, 龚洋冉. 创业型企业股权分配设计与创业团队心理所有权的动态关系研究——基于中国创业型企业的双案例比较分析 [J]. 管理评论, 2017 (3)：242 – 260.

[203] 钟耕深, 杨海华, 王芳. 商业生态系统的内部风险识别与控制 [J]. 山东社会科学, 2010 (12)：81 – 84.

[204] 周浩, 龙立荣. 共同方法偏差的统计检验与控制方法 [J]. 心理科学进展, 2004 (6)：942 – 950.

[205] 周茜, 谢雪梅, 王天棋. B2C 电子商务信用风险测度与网商免疫力提升路径 [J]. 技术经济, 2019 (8)：108 – 118.

[206] 朱沆, 刘舒颖. 心理所有权前沿研究述评 [J]. 管理学报, 2011 (5)：784.

[207] 朱荣. 基于扎根理论的产业集群风险问题研究 [J]. 会计研究, 2010 (3)：46 – 52, 98.

[208] 朱振中. 基于双边市场理论的产业竞争与公共政策研究 [D]. 北京：北京邮电大学, 2006：116 – 129.

［209］祝志明，杨乃定，姜继娇. 企业战略风险识别研究［J］. 科研管理，2005（6）：1 - 6.

［210］Acharya V V, Pedersen L H, Philippon T. Measuring Systemic Risk ［R］. Social Science Electronic Publishing, 2010.

［211］Adjei M T, Noble S M, Noble C H. The influence of C2C communications in online brand communities on customer purchase behavior ［J］. Journal of the Academy of Marketing Science, 2010, 38（5）：634 - 653.

［212］Afuah A. Are network effects really all about size? The role of structure and conduct ［J］. Stzategic Management Joural, 2013, 34（3）：257 - 273.

［213］Ahearne M, Rapp A, Hughes D E, et al. Managing Sales Force Product Perceptions and Control Systems in the Success of New Product Introductions ［J］. Journal of Marketing Research, 2010, 47（4）：764 - 776.

［214］Akerlof G A. The Market for "Lemons"：Quality Uncertainty and the Market Mechanism ［J］. The Quarterly Journal of Economics, 1970, 84（3）.

［215］Alessi L, Detken C. Quasi Real Time Early Warning Indicators for Costly Asset Price Boom/Bust Cycles：A Role for Global Liquidity ［J］. European Journal of Political Economy, 2011, 27（3）：520 - 533.

［216］Altman E I, Saunders A. Credit Risk Measurement：Developments over the Last 20 Years ［J］. Journal of Banking & Finance, 1997, 21（11 - 12）：1721 - 1742.

［217］Andrade H B. A qualitative study of the use of sand for counselor interns in group supervision：A grounded theory approach ［J］. Dissertations & Theses - Gradworks, 2011, 3（2）：169.

［218］Angeren J V. Complementor embeddedness in platform ecosystems：The case of google apps ［C］// IEEE International Conference on Digital Ecosystems & Technologies. IEEE, 2013.

［219］Antia K D, Bergen M E, Dutta S, et al. How Does Enforcement Deter Gray Market Incidence? ［J］. Journal of Marketing, 2006, 70（1）：92 - 106.

［220］Araujo L, Harrison D. Path Dependence, Agency and Technological Evolution ［J］. Technology Analysis & Strategic Management, 2002, 14（1）：5 - 19.

［221］ Armstrong M. Competition in two-sided markets ［J］. The Rand Journal of Economics, 2006, 37 (3): 668 – 691.

［222］ Arrow K J. Essay in the Theory of Risk – Bearing ［J］. The Journal of Business, 1971 (47).

［223］ Avey J B, Avolio B J, Crossley C D, et al. Psychological Ownership: Theoretical Extensions, Measurement and Relation to Work Outcomes ［J］. Journal of Organizational Behavior, 2009, 30 (2): 173 – 191.

［224］ Avgerou C, Li B. Relational and institutional embeddedness of Web-enabled entrepreneurial networks: case studies of netrepreneurs in China ［J］. Information Systems Journal, 2013, 23 (4): 329 – 350.

［225］ Baker T. Predicting Corporate Governance Risk: Evidence from the Directors' & Officers' Liability Insurance Market ［J］. University of Chicago Law Review, 2007, 74 (2): 487 – 544.

［226］ Balaz V, Williams A M. Risk Attitudes and Migration Experience ［J］. Journal of Risk Research, 2011, 14 (5): 583 – 596.

［227］ Barber B. All Economies are "Embedded": The Career of Aconcept, and Beyond ［J］. Social Research, 1995, 62 (2): 387 – 413.

［228］ Basu A, Raj T M P. Indirect Network Externality Effects on Product Attributes ［J］. Marketing Science, 2003, 22 (2): 209 – 221.

［229］ Beggan J K, Brown E M. Association as a Psychological Justification for Ownership ［J］. The Journal of Psychology, 1994, 128 (4): 365 – 380.

［230］ Benedicktus R L, Brady M K, Darke P R. Conveying Trustworthiness to Online Consumers: Reactions to Consensus, Physical Store Presence, Brand Familiarity, and Generalized Suspicion ［J］. Journal of Retailing, 2010, 86 (4): 322 – 335.

［231］ Bhargava H K. Platform Technologies and Network Goods: Insights on Product Launch and Management ［J］. Information Technology and Management, 2014, 15 (3): 199 – 209.

［232］ Blais A R, Weber E U. A Domain – Specific Risk – Taking (Dospert) Scale for Adult Populations ［J］. Judgment & Decision Making, 2006, 1 (July): 33 – 47.

［233］ Brannan W L, Carstarphen K, Lightburn J, et al. Risk Management and Pollution Prevention: Thinking outside the Box [J]. Journal of Healthcare Risk Management, 2010, 19 (3): 46 – 52.

[234] Brousseau E, Penard T. The Economics of Digital Business Models: A Framework for Analyzing the Economics of Platforms [J]. Review of Network Economics, 2007, 6 (2).

[235] Brown D L, Guidry R P, Patten D M. Sustainability Reporting and Perceptions of Corporate Reputation: An Analysis Using Fortune [J]. Advances in Environmental Accounting & Management, 2009, 18 (3): 47 – 53.

[236] Brown J R, Lee D D J. Managing Marketing Channel Opportunism: The Efficacy of Alternative Governance Mechanisms [J]. Journal of Marketing, 2000, 64 (2): 51 – 65.

[237] Brown S P, Peterson R A. The Effect of Effort on Sales Performance and Job Satisfaction [J]. Journal of Marketing, 1994, 58 (2): 70 – 80.

[238] Burt R S, Jannotta J E, Mahoney J T. Personality Correlates of Structural Holes [J]. Social Networks, 1998, 20 (1): 63 – 87.

[239] Burt R S, Minor M J. Applied Network Analysis: A Methodological Introduction [J]. Canadian Journal of Sociology Cahiers Canadiens de Sociologie, 1983, 63 (3).

[240] Burt R S. Structure Holes: The Social Structure of Competition [M]. Cambridge: Harvard University Press, 1992.

[241] Caillaud B, Jullien B. Chicken and Egg: Competing Matchmakers [J]. CEPR Discussion Papers, 2001, 34 (2): 309 – 328.

[242] Chakravorti S, Roson R. Platform Competition in Two – Sided Markets: The Case of Payment Networks [J]. Review of Network Economics, 2006, 5 (1): 118 – 143.

[243] Charmaz K. Grounded Theory in the Twenty First Century: Applications for Advancing Social Justice Studies [M]. Handbook of Qualitative Research 3rd ed. , 2005.

[244] Chatfield A T, Yetton P. Strategic Payoff from EDI as a Function of EDI Embeddedness [J]. Journal of Management Information Systems, 2000, 16 (4): 195 – 224.

[245] Chen L, Yi J T, Li S L, Tong T W. Platform Governance Design in

Platform Ecosystems: Implications for Complementors' Multihoming Decision [J]. Journal of Management, 2022, 48 (3): 630 - 656.

[246] Chi L, Ravichandran T, Andrevski G. Information technology, network structure, and competitive action [J]. Information Systems Research, 2010, 21 (3): 543 - 570.

[247] Chiu C M, Cheng H L, Huang H Y, et al. Exploring Individuals' Subjective Well-being and Loyalty Towards Social Network Sites from the Perspective of Network Externalities: The Facebook Case [J]. International Journal of Information Management, 2013, 33 (3): 539 - 552.

[248] Chuang I Y, Lu J R. Lee P H. Forecasting Volatility in the Financial Markets: a Comparison of Alternative Distributional Assumptions [J]. Applied Financial Economics, 2007, 17 (13): 1051 - 1060.

[249] Chung J, Jin B. In - Group Preference as Opportunism Governance in a Collectivist Culture: Evidence from Korean Retail Buyer - Supplier Relationships [J]. Journal of Business & Industrial Marketing, 2011, 26 (4): 237 - 249.

[250] Coase R H. The Nature of Firm [J]. Journal of Economics, 1937, 4 (3): 386 - 405.

[251] Coleman J S. Social Capital in the Creation of Human Capital [J]. American Journal of Sociology, 1988 (94): 95 - 120.

[252] Corbin J, Strauss A. Analytical Ordering for Theoretical Purposes [J]. Qualitative Inquiry, 1996, 2 (2): 139.

[253] Cusumano M A. The Platform Leader's Dilemma [J]. Communications of the ACM, 2011, 54 (10): 21 - 24.

[254] Das T K, Rahman N. Determinants of Partner Opportunism in Strategic Alliances: A Conceptual Framework [J]. Journal of Business and Psychology, 2010, 25 (1): 55 - 74.

[255] Das T K, Teng B S. Between Trust and Control: Developing Confidence in Partner Cooperation in Alliances [J]. Academy of Management Review, 1998 (23): 491 - 512.

[256] Dellarocas C. The Digitization of Word-of-Mouth: Promise and Challenges of Online Feedback Mechanisms [J]. Social Science Electronic Publishing,

2003, 49 (10): 1407 – 1424.

[257] Dingwerth K, Pattberg P. Global Governance as a Perspective on World Politics [J]. Global Governance, 2016, 12 (2): 185 – 203.

[258] Dobson G, Karmarkar U S. Competitive Location on A Network [J]. Operations Research, 1993, 66 (35): 565 – 574.

[259] Doby V J, Kaplan R D. Organizational Stress as Threat to Reputation: Effects on Anxiety at Work and at Home [J]. Academy of Management Journal, 1995, 38 (4): 1105 – 1123.

[260] Doney P M, Cannon J P. An Examination of the Nature of Trust in Buyer – Seller Relationships [J]. Journal of Marketing, 1997, 61 (2): 35 – 51.

[261] Dore R P. Flexible Rigidities: Industrial Policy and Structural Adjustment in the Japanese Economy, 1970 – 80 [J]. Labour, 1986, 23 (6): 385.

[262] Druskat V U, Pescosolido A T. The Content of Effective Teamwork Mental Models in Self – Managing Teams: Ownership, Learning and Heedful Interrelating [J]. Human Relations, 2002, 55 (3): 283 – 314.

[263] Dyer J H, Singh H. The Relational View: Cooperative Strategy and Sources of Interorganizational Competitive Advantage [J]. Academy of Management Review, 1998, 23 (4): 660 – 679.

[264] Economides N. The Economics of Networks [J]. International Journal of Industrial Organization, 1996, 14 (6): 673 – 699.

[265] Eisenmann T, Parker G, Alstyne M W V. Strategy for Two – Sided Markets [J]. Harvard Business Review, 2006: 1 – 11.

[266] Eisenmann T R. Managing Proprietary and Shared Platforms [J]. California Management Review, 2008, 50 (4): 31 – 53.

[267] Eisenmann T R, Parker G, Alstyne M V. Opening Platforms: How, When and Why? [J]. Chapters, 2009.

[268] Evans D. The Antitrust Economics of Multi – Sided Platform Markets [J]. Yale Journal on Regulation, 2003, 20 (2): 49 – 82.

[269] Fan Y, Ju J, Xiao M. Reputation premium and reputation management: Evidence from the largest e-commerce platform in China [J]. International Journal of Industrial Organization, 2016, 46 (May): 63 – 76.

[270] Featherman M S, Wells J D. The Intangibility of e – Services: Effects on Perceived Risk and Acceptance [J]. Acm Sigmis Database, 2010, 41 (2): 110 – 131.

[271] Fischhoff B. Managing Risk Perceptions [J]. Issues Sci. Technol. ; (United States), 1985 (2): 1.

[272] Forsythe S, Liu C, Shannon D. Development of a scale to measure the perceived benefits and risks of online shopping [J]. Journal of Interactive Marketing, 2006.

[273] Forsythe S M, Shi B. Consumer Patronage and Risk Perceptions in Internet Shopping [J]. Journal of Business Research, 2004, 56 (11): 867 – 875.

[274] Frankenberger K, Weiblen T, Gassmann O. Network Configuration, Customer Centricity, and Performance of Open Business Models: A Solution Provider Perspective [J]. Industrial Marketing Management, 2013, 42 (5): 671 – 682.

[275] Galal G H. From contexts to constructs: the use of grounded theory in operationalising contingent process models [J]. European Journal of Information Systems, 2001, 10 (1): 2 – 14.

[276] Garcia-Pont C, Canales J I, Noboa F. Subsidiary Strategy: The Embeddedness Component [J]. Journal of Management Studies, 2009, 46 (2): 182 – 214.

[277] Gawer A, Cusumano M A. Industry Platforms and Ecosystem Innovation [J]. Journal of Product Innovation Management, 2014, 31 (3): 417 – 433.

[278] Gawer A. The organization of technological platforms [J]. Research in the Sociology of Organizations, 2010, 29 (29): 287 – 296.

[279] Ghosh A K, Swaminatha T M. Software Security and Privacy Risks in Mobile E – Commerce [J]. Communications of the Acm, 2001, 44 (2): 51 – 57.

[280] Gioia D A, Sims H P. Perceptions of Managerial Power as a Consequence of Managerial Behavior and Reputation [J]. Journal of Management, 1983, 9 (1): 7 – 24.

［281］ Glaser B, Strauss A L. The Discovery of Grounded Theory: Strategies for Qualitative Research ［J］. Nursing Research, 1968, 17 (4): 377 – 380.

［282］ Gnyawali D R, Fan W, Penner J. Competitive Actions and Dynamics in the Digital Age: An Empirical Investigation of Social Networking Firms ［J］. Information Systems Research, 2010, 21 (3): 594 –613.

［283］ Gnyawali D R, Madhavan R. Cooperative Networks and Competitive Dynamics: A Structural Embeddedness Perspective ［J］. Academy Of Management Review, 2001, 26 (3): 431 –445.

［284］ Granovetter M. Economic Action and Social Structure: The Problem of Embeddedness ［J］. American Journal of Sociology, 1985, 91 (3): 481 – 510.

［285］ Granovetter M. Economic Institutions as Social Constructions: A Framework for Analysis ［J］. Acta Sociologica, 1992, 35 (1): 3 –11.

［286］ Granovetter M S. The Strength of Weak Ties ［J］. American Journal of Sociology, 1973, 78 (6): 1360 – 1380.

［287］ Gray C F, Larson E W, Desai G V. Project Management: The Managerial Process ［M］. New York: McGraw – Hill/Irwin, 2008.

［288］ Grewal R, Chakravarty A, Saini A. Governance Mechanisms in Business-to-Business Electronic Markets ［J］. Journal of Marketing, 2010, 74 (4): 45 –62.

［289］ Gulati R. Alliances and Networks ［J］. Strategic Management Journal, 1998, 19 (4): 293 –317.

［290］ Gulati R, Sytch M. Dependence Asymmetry and Joint Dependence in Interorganizational Relationships: Effects of Embeddedness on a Manufacturer's Performance in Procurement Relationships ［J］. Administrative Science Quarterly, 2007, 52 (1): 32 –69.

［291］ Haddon J W. On the Escape of Tigers: an Ecologic Note ［J］. American Journal of Public Health and the Nations Health, 1970, 60 (12): 2229 –2234.

［292］ Hagedoorn J. Understanding the Cross – Level Embeddedness of Interfirm Partnership Formation ［J］. Academy of Management Review, 2006, 31

(3): 670 – 680.

[293] Hagedoorn J. Understanding the Cross – Level Embeddedness of Inter-firm Partnership Formation [J]. Academy of Management Review, 2006.

[294] Halinen A, Rnroos J T. The Role of Embeddedness in the Evolution of Business Networks [J]. Scandinavian Journal of Management, 1998, 14 (3): 205.

[295] Harridge-March S, Quinton S. Initiation of Trust and Management of Risk in On – Line Retailing: UK On – Line Wine Market [J]. International Journal of Wine Marketing, 2005, 17 (2): 5 – 20.

[296] Harrison G W, Johnson E, Mcinnes M M, et al. Risk Aversion and Incentive Effects: Comment [J]. American Economic Review, 2005, 95 (3): 897 – 901.

[297] Hawkins T G, Wittmann C M, Beyerlein M M. Antecedents and Consequences of Opportunism in Buyer – Supplier Relations: Research Synthesis and New Frontiers [J]. Industrial Marketing Management, 2008, 37 (8): 895 – 909.

[298] Heide J B, George J. Do Norms Matter in Marketing Relationships? [J]. Journal of Marketing, 1992, 3 (1): 28 – 36.

[299] Heide J B, John G. Do Norms Matter in Marketing Relationships? [J]. Journal of Marketing, 1992, 56 (2): 32 – 44.

[300] Heinrich W H. Industrial Accident Prevention [J]. Social Service Review, 1931, 5 (2): 323 – 324.

[301] Herzenstein M, Andrews R L. The Democratization of Personal Consumer Loans Determinants of Success in Online Peer-to – Peer Loan Auctions [J]. Bulletin of the University of Delaware, 2008, 15 (3): 274 – 277.

[302] Hillson D, Grimaldi S, Rafele C. Managing Project Risks Using a Cross Risk Breakdown Matrix [J]. Risk Management, 2006, 8 (1): 61 – 76.

[303] Hélène Delerue. Relational Risks Perception in European Biotechnology Alliances: The Effect of Contextual Factors [J]. European Management Journal, 2004, 22 (5): 546 – 556.

[304] Hond F D, Rehbein K A, Bakker F G A D, et al. Playing on Two Chessboards: Reputation Effects between Corporate Social Responsibility (CSR) and Corporate Political Activity (CPA) [J]. Journal of Management Studies,

2014, 51 (5): 790 – 813.

[305] Hoyle R H, Panter A T. Writing about structural equation models [C]// 1995.

[306] Hubbard J S, Rohrmann S, Landis P K, et al. Association of Prostate Cancer Risk with Insulin, Glucose, and Anthropometry in the Baltimore Longitudinal Study of Aging [J]. Urology, 2004, 63 (2): 253 – 258.

[307] Hu Q, Chan S F, zhang G, Yang Z. The Joint – Liability Mechanism: Controlling Opportunism through Peer Monitoring among Chinese Supplier Groups [J]. Journal of Business & Industrial Marketing, 2016, 31 (5): 640 – 653.

[308] Hurwicz L, Maskin E S, Myerson R B. Mechanism Design Theory [J]. Indian Economic Journal, 2007, 7 (5): 98 – 117.

[309] Illing M, Liu Y. Measuring Financial Stress in A Developed Country: An application to Canada [J]. Journal of Financial Stability, 2006, 2 (3): 265.

[310] Jackson D N, Hourany L, Vidmar N J. A Four-dimensional Interpretation of Risk Taking [J]. J Pers, 2010, 40 (3): 483 – 501.

[311] Jarvenpaa S L, Tractinsky N, Vitale M. Consumer trust in an Internet store [J]. Information technology and management, 2000, 1: 45 – 71.

[312] Jones C, Hesterly W S, Borgatti S P. A General Theory of Network Governance: Exchange Conditions and Social Mechanisms [J]. Academy of Management Review, 1997, 22 (4): 911 – 945.

[313] Jøsang A, Ismail R, Boyd C. A Survey of Trust and Reputation Systems for Online Service Provision [J]. Decision Support Systems, 2007, 43 (2): 618 – 644.

[314] Kahneman T D. Loss Aversion in Riskless Choice: A Reference – Dependent Model [J]. The Quarterly Journal of Economics, 1991, 106 (4): 1039 – 1061.

[315] Karhu K, Ritala P. Slicing the cake without baking it: Opportunistic platform entry strategies in digital markets [J]. Long Range Planning, 2021 (5): 54.

[316] Kashyap V, Antia K D, Frazier G L. Contracts, Extra – Contractual

Incentives, and Ex Post Behavior in Franchise Channel Relationships [J]. Journal of Marketing Research, 2012, 49 (2): 260 – 276.

[317] Kashyap V, Sivadas E. An Exploratory Examination of Shared Values in Channel Relationships [J]. Journal of Business Research, 2012, 65 (5): 593.

[318] Katz M L, Shapiro C. Network Externalities, Competition, and Compatibility [J]. American Economic Review, 1985, 75 (3): 424 – 440.

[319] Katz M L, Shapiro C. Systems Competition and Network Effects [J]. Journal of Economic Perspectives, 1994, 8 (2): 93 – 115.

[320] Keinan G, Meir E, Gome – Nemirovsky T. Measurement of Risk Takers' Personality [J]. Psychol Rep, 1984, 55 (1): 163 – 167.

[321] Kemp S. Psychological Ownership [M]. Berlin: Springer International Publishing, 2016.

[322] Kim S, Kim S G, Jeon Y, et al. Appropriate or Remix? The Effects of Social Recognition and Psychological Ownership on Intention to Share in Online Communities [J]. Human-Computer Interaction, 2016, 31 (1 – 2): 97 – 132.

[323] Kirmayer L J, Groleau D, Guzder J, et al. Cultural Consultation: A Model of Mental Health Service for Multicultural Societies [J]. Can J Psychiatry, 2003, 48 (3): 145 – 153.

[324] Knight K. Risk, Uncertainty and Profit [J]. Social Science Electronic Publishing, 1921 (4): 682 – 690.

[325] Knuth M. Broken Hierarchies, Quasi-markets and Supported Networks – A Governance Experiment in the Second Tier of Germany's Public Employment Service [J]. Social Policy & Administration, 2014, 48 (2): 240 – 261.

[326] Kohli A K, Shervani T A, Challagalla G N. Learning and Performance Orientation of Salespeople: The Role of Supervisors [J]. Journal of Marketing Research, 1998, 35 (2): 263 – 274.

[327] Korkmaz S, Ledoux E. Application of the coupled model to the Somme river basin [J]. Journal of Hydrology (Amsterdam), 2009, 366 (1 – 4): 21 – 34.

[328] Kumar K, Van D H G. Sustainable collaboration: Managing conflict and cooperation in interorganizational systems [J]. Mis Quarterly, 1996, 20

(3): 279 – 300.

[329] Lacan C, Desmet P. Does the crowdfunding platform matter? Risks of Negative Attitudes in Two – Sided Markets [J]. Journal of Consumer Marketing, 2017: 472 – 479.

[330] Lai C S, Liu S S, Yang C F, et al. Governance Mechanisms of Opportunism: Integrating from Transaction Cost Analysis Andrelational Exchange Theory [J]. Taiwan Academy of Management Journal, 2005, 5 (1): 1 – 24.

[331] Lee H. Trust Building in Electronic Commerce: The Critical Role of Electronic Intermediaries [J]. Proceedings of the Royal Society A Mathematical Physical & Engineering Sciences, 2000, 461 (2062): 3123 – 3139.

[332] Lee J, Suh A. How Do Virtual Community Members Develop Psychological Ownership and What are the Effects of Psychological Ownership in Virtual Communities? [J]. Computers in Human Behavior, 2015 (45): 382 – 391.

[333] Lei C, Ravichandran T, Andrevski G. Information Technology, Network Structure, and Competitive Action [J]. Information Systems Research, 2010, 21 (21): 543 – 570.

[334] Lessard – Bonaventure S, Chebat J C. Psychological Ownership, Touch, and Willingness to Pay for an Extended Warranty [J]. The Journal of Marketing Theory and Practice, 2015 (Spring 2015) (Vol. 23, No. 2): 224 – 234.

[335] Liang G. Study on pricing of third party B2B e-commerce platform from the perspective of two sided markets [J]. Northern Economy and Trade, 2008.

[336] Liang Z, Shi W. PET: A Personalized Trust Model with Reputation and Risk Evaluation for P2P Resource Sharing [C]. Hawaii International Conference on System Sciences. IEEE, 2005: 201b.

[337] Li B, Wen D, Shi X. Research on Product Quality Control in Chinese Online Shopping: Based in the Uncertainty Mitigating Factors of Product Quality [J]. Total Quality Management & Business Excellence, 2015, 26 (5 – 6): 602 – 618.

[338] Li L. Research Note: Sales Force Opportunism in Emerging Markets: An Exploratory Investigation [J]. 2002, 44 (4): 515 – 531.

[339] Lincoln J R, Guillot D. Business Groups, Networks, and Embedded-

ness: Innovation and Implementation Alliances in Japanese Electronics, 1985 – 1998 [J]. General Information, 2011, 26 (3).

[340] Loughry M L, Tosi H L. Performance Implications of Peer Monitoring [J]. Organization Science, 2008, 19 (6): 876 – 890.

[341] Liu S S, Wong Y Y, Liu W. Asset Specificity Roles in Interfirm Co-operation: Reducing Opportunistic Behavior or Increasing Cooperative Behavior? [J]. Journal of Business Research, 2009, 62 (11): 1214 – 1219.

[342] Lu N X. A Framework for E-commerce Data Exchange Service of B2B and B2C with XML Embedded Documents [J]. Services Systems & Services Management Proceedings of Icsssm international C, 2005 (1): 735 – 739.

[343] Luo J, Liu D. Fresh Agricultural Products E – Business Chain Logistics and Risk Control Based on Big Data Platform [J]. Boletin Tecnico/Technical Bulletin, 2017, 55 (6): 200 – 208.

[344] Lu P, Guo S, Qian L, et al. The Effectiveness of Contractual and Relational Governances in Construction Projects in China [J]. International Journal of Project Management, 2015, 33 (1): 212 – 222.

[345] Maeyer P D, Estelami H. Consumer Perceptions of Third Party Product Quality Ratings [J]. Journal of Business Research, 2011, 64 (10): 1073.

[346] Mahon J F, Wartick S L. Dealing with Stakeholders: How Reputation, Credibility and Framing Influence the Game [J]. Corporate Reputation Review, 2003, 6 (1): 19 – 35.

[347] Marco I, Roy L. Strategy as Ecology [J]. Harvard Business Review, 2004, 82 (3): 68 – 78.

[348] Marsden C T. Beyond Europe: The Internet, Regulation, and Multistakeholder Governance—Representing the Consumer Interest? [J]. Journal of Consumer Policy, 2008, 31 (1): 115 – 132.

[349] Matutes C, Regibeau P. "Mix and Match": Product Compatibility without Network Externalities [J]. The RAND Journal of Economics, 1988, 19 (2): 221 – 234.

[350] Maurer I, Ebers M. Dynamics of Social Capital and Their Performance Implications: Lessons from Biotechnology Start – Ups [J]. Administrative Science Quarterly, 2006, 51 (2): 262 – 292.

［351］Maytorena E，Winch G M，Freeman J，et al. The Influence of Experience and Information Search Styles on Project Risk Identification Performance ［J］. IEEE Transactions on Engineering Management，2007（54）：315 – 326.

［352］McDonald R P，Ho M H R. Principles and Practice in Reporting Structural Equation Analyses ［J］. Psychological Methods，2002，7（1）：64 – 82.

［353］McKnight D H，Choudhury V，Kacmar C. Developing and Validating Trust Measures for E – Commerce：An Integrative Typology ［J］. Information Systems Research，2002，13（3）：334 – 359.

［354］Mishra C S，Nielsen J F. Board Independence and Compensation Policies in Large Bank Holding Companies ［J］. Financial Management，2000，29（3）：51 – 69.

［355］Mlitwa N，Raqa N M. The Socio – Technical Dynamics of E-commerce Adoption in the Mainstream Grocery Supermarkets in South Africa ［J］. Ibusiness，2012，4（4）：350 – 361.

［356］Nancy E Grund. "Book-review" Reputation：Realizing Value from the Corporate Image ［J］. The Academy of Management Executive（1993 – 2005），1996，10（1）.

［357］Nee V. Norms and Networks in Economic and Organizational Performance ［J］. American Economic Review，1998，88（2）：85 – 89.

［358］Newell S J，Goldsmith R E. The Development of a Scale to Measure Perceived Corporate Credibility ［J］. Journal of Business Research，2001，52（3）：235 – 247.

［359］Nguyen N，Leblanc G. Corporate Image and Corporate Reputation in Customers' Retention Decisions in Services ［J］. Journal of Retailing & Consumer Services，2001，8（4）：227 – 236.

［360］Nosko C，Tadelis S. The Limits of Reputation in Platform Markets：An Empirical Analysis and Field Experiment ［J］. Nber Working Papers，2015.

［361］Nunlee M P. The Control of Intra – Channel Opportunism through the Use of Inter – Channel Communication ［J］. Industrial Marketing Management，2005，34（5）：515 – 525.

［362］Ouchi W，Williamson O E. Markets and Hierarchies：Analysis and

Antitrust Implications [J]. Administrative Science Quarterly, 1977, 22 (3): 540.

[363] Ozakca M, Lim Y K. A Study of Reviews and Ratings on the Internet [C]//CHI'06 Extended Abstracts on Human Factors in Computing Systems. ACM, 2006: 1181 –1186.

[364] Ozkantektas O. The Effects of Opportunism and Trust on Buyer – Supplier Relationship: Do Commitment Types Matter? [J]. International Journal of Business & Social Research, 2014, 4 (9): 14 –26.

[365] Parker G, Van Alstyne M W. Two – Sided Network Effects: A Theory of Information Product Design [J]. Management Science, 2005 (10): 1494 – 1504.

[366] Park S H. Managing an Interorganizational Network: A Framework of the Institutional Mechanism for Network Control [J]. Organization Studies, 1996, 17 (5): 795 –824.

[367] Pascal A, Thomas C, Romme A G L. Developing a Human-centred and Science-based Approach to Design: The Knowledge Management Platform Project [J]. British Journal of Management, 2013, 24 (2): 264 –280.

[368] Paul A S, Kwon S W. Social Capital: Prospects for a New Concept [J]. Academy of Management Review, 2002, 27 (1): 17 –40.

[369] Peck J, Shu S B. The Effect of Mere Touch on Perceived Ownership [J]. Social Science Electronic Publishing, 2009, 36 (3): 434.

[370] Pierce J L, Jussila I. Collective Psychological Ownership within the Work and Organizational Context: Construct Introduction and Elaboration [J]. Journal of Organizational Behavior, 2010, 31 (6): 810 –834.

[371] Pierce J L, Kostova T, Dirks K T. The State of Psychological Ownership: Integrating and Extending a Century of Research [J]. Review of General Psychology, 2003, 7 (1): 84 –107.

[372] Pierce J L, Kostova T, Dirks K T. Toward a Theory of Psychological Ownership in Organizations [J]. Academy of Management Review, 2001, 26 (2): 298.

[373] Pierce J L, Rubenfeld S A, Morgan S. Employee Ownership: A Conceptual Model of Process and Effects [J]. The Academy of Management Re-

view, 1991, 16 (1): 121.

[374] Plantin J C, Lagoze C, Edwards P N, et al. Infrastructure Studies Meet Platform Studies in the Age of Google and Facebook [J]. New Media & Society, 2018, 20 (1): 293 –310.

[375] Podsakoff P M, Mackenzie S B, Lee J Y, et al. Common Method Biases in Behavioral Research: A critical review of the literature and recommended remedies [J]. Journal of Applied Psychology, 2003, 88 (5): 879 –903.

[376] Podsakoff P M, Organ D W. Self – Report in Organizational Research [J]. Journal of Management, 1986, 12 (4): 531 –544.

[377] Polanyi K. The Great Transformation: The Political and Economic Origins of Our Time [M]. Boston, MA: Beacon Press, 1944.

[378] Prahalad C K, Ramaswamy V. Co – Creating Unique Value with Customers [J]. Strategy & Leadership, 2004, 32 (3): 4 –9.

[379] Qiannan W, Zhengchu H E, Yiming C. Data Analysis of Jingdong E – Commerce Platform based on Crawler [J]. Journal of Quantitative Economics, 2018.

[380] Qiu Y, Gopal A, Hann I H. Logic Pluralism in Mobile Platform Ecosystems: A Study of Indie App Developers on the iOS App Store [J]. Information Systems Research, 2017, 28 (2): 225 –249.

[381] Resnick P, Kuwabara K, Zeckhauser R. Reputation Systems [J]. Communications of the Acm, 2000, 43 (12): 45 –48.

[382] Rietveld J, Schilling M A. Platform Competition: A Systematic and Interdisciplinary Review of the Literature [J]. Journal of Management, 2020, 47 (6): 1528 –1563.

[383] Rindfleisch A, Heide J B. Transaction Cost Analysis: Past, Present, and Future Applications [J]. Journal of Marketing, 1997, 61 (4): 30 –54.

[384] Rindova V P, Fombrun C J. Constructing Competitive Advantage: The Role of Firm – Constituent Interactions [J]. Strategic Management Journal, 1999, 20 (8): 691 –710.

[385] Ring P S, Van de Ven A H. Developmental process of cooperative interorganizational relationships [J]. Academy of Management Review, 1994, 19:

90 – 118.

［386］Ring P S, Van de Ven A H. Structuring Cooperative Relations between Organizations ［J］. Strategic Management Journal, 1992, 13 (7): 483 – 498.

［387］Riordan M H, Williamson O E. Asset Specificity and Economic Organization ［J］. International Journal of Industrial Organization, 1985, 3 (4): 365 – 378.

［388］Ritala P, Golnam A, Wegmann A. Coopetition – Based Business Models: The Case of Amazon. com ［J］. Industrial Marketing Management, 2014, 43 (2): 236 – 249.

［389］Robert M. Morgan S D. The Commitment – Trust Theory of Relationship Marketing ［J］. Journal of Marketing, 1994, 58 (3): 20 – 38.

［390］Rochet J C, Tirole J. Platform Competition in Two – Sided Markets ［J］. Journal of the European Economic Association, 2003, 1 (4): 990 – 1029.

［391］Rochet J C, Tirole J. Two-sided Markets: a Progress Report ［J］. The Rand Journal of Economics, 2006, 37 (3): 645 – 667.

［392］Rong K, Lin Y, Shi Y J, et al. Linking Business Ecosystem Lifecycle with Platform Strategy: A Triple View of Technology Application and Organisation ［J］. International Journal of Technology Management, 2013, 62 (1): 75 – 94.

［393］Saldias M. Systemic Risk Analysis Using Forward – Looking Distance-to-Default Series ［J］. Journal of Financial Stability, 2013, 9 (4): 498 – 517.

［394］Saunders D, Xiouros C, Zenios S A. Credit Risk Optimization Using Factor Models ［J］. Annals of Operations Research, 2007, 152 (1): 49 – 77.

［395］Schmalensee R, Evans D S. The Economics of Interchange Fees and Their Regulation: An Overview ［J］. Social Science Electronic Publishing, 2005 (5): 73 – 120.

［396］Schreiner M. Benefits and Pitfalls of Statistical Credit Scoring for Microfinance Ventajasy Desventajas del Scoring Estadístico para las Microfinanzas Vertuset Faiblesses de l'Évaluation Statistique (Credit Scoring) en Microfinance ［J］. Savings & Development, 2004, 28 (1): 63 – 86.

［397］Siggelkow N. Persuasion with Case Studies ［J］. Academy of Management Journal, 2007, 50 (1): 20 – 24.

[398] Sitkin Sim B, Pablo A L. Reconceptualizing the Determinants of Risk Behavior [J]. Academy of Management Review, 1992, 17 (1): 9 –38.

[399] Song P, Xue L, Rai A, et al. The Ecosystem of Software Platform: A Study of Asymmetric Cross – Side Network Effects and Platform Governance [J]. Social Science Electronic Publishing, 2015, 42 (1): 121 –142.

[400] Stephen V, Robert L. Institutions and axioms: An extension and update of service-dominant logic [J]. Journal of the Academy of Marketing Ence, 2016, 44 (1): 5 –23.

[401] Tadelis S. Reputation and Feedback Systems in Online Platform Markets [J]. Annual Review of Economics, 2016, 8 (1).

[402] Tchankova L. Risk identification-basic stage in risk management [J]. Environmental Management & Health, 2002, Volume 13 (3): 290 –297.

[403] Thomas L D W, Autio E, Gann D M. Architectural Leverage: Putting Platforms in Context [J]. Academy of Management Perspectives, 2014, 42 (4): 18 –40.

[404] Tiwana A. Evolutionary Competition in Platform Ecosystems [J]. Information Systems Research, 2015, 26 (2): 266 –281.

[405] Tiwana A, Konsynski B. Complementarities between Organizational IT Architecture and Governance Structure [J]. Information Systems Research, 2010, 21 (2): 288 –304.

[406] Tsui A S. A role set analysis of managerial reputation [J]. Organizational Behavior & Human Performance, 1984, 34 (1): 64 –96.

[407] Uzzi B. Social Structure and Competition in Interfirm Networks: The Paradox of Embeddedness [J]. Administrative Science Quarterly, 1997, 42 (2): 35 –67.

[408] Uzzi B. The Sources and Consequences of Embeddedness for the Economic Performance of Organizations: The Network Effect [J]. American Sociological Review, 1996, 61 (4): 674 –698.

[409] Vandewalle D, Van Dyne L, Kostova T. Psychological Ownership: An Empirical Examination of its Consequences [J]. Group & Organization Management, 1995, 20 (2): 210 –226.

[410] Vargo S L, Lusch R F. Service – Dominant Logic: Continuing the

Evolution [J]. Journal of the Academy of Marketing Science, 2008, 36 (1): 1 – 10.

[411] Vargo S L, Lusch R F. Institutions and axioms: an extension and update of service-dominant logic [J]. Journal of the Academy of marketing Science, 2016 (44): 5 – 23.

[412] Walsh G, Beatty S E. Customer – Based Corporate Reputation of a Service Firm: Scale Development and Validation [J]. Journal of the Academy of Marketing Science, 2007, 35 (1): 127 – 143.

[413] Wang R L, Huang X L, Xue M. Channel Management through Selective Announcement of Reward and Punishment Decisions [J]. Journal of Business-to-Business Marketing, 2012, 19 (2): 129 – 146.

[414] Wartick S L. The Relationship between Intense Media Exposure and Change in Corporate Reputation [J]. Business & Society, 1992, 31 (1): 33 – 49.

[415] Wathne K H, Heide J B. Opportunism in Interfirm Relationships: Forms, Outcomes, and Solutions [J]. Journal of Marketing, 2000, 64 (4): 36 – 51.

[416] Weiser P. The Future of Internet Regulation [J]. SSRN Electronic Journal, 2009, 16 (9): 1 – 55.

[417] Weiss T G. Governance, Good Governance and Global Governance: Conceptual and Actual Challenges [J]. Third World Quarterly, 2000, 21 (5): 795 – 814.

[418] Willett A H. The Economic Theory of Risk and Insurance [M]. Pennsylvania: University of Pennsylvania Press, 1951.

[419] Williamson O E. Credible commitments: Using hostages to support exchange [J]. American Economic Review, 1983 (73): 519 – 540.

[420] Williamson O E. Markets and Hierarchies: Analysis and Antitrust Implications: A Study in the Economics of Internal Organization [J]. Social Science Electronic Publishing, 1975, 86 (343): 596.

[421] Williamson O E. The Econimic Institutions of Capalitism [M]. New York: Free Press, 1985.

[422] Williamson O E. The Economic Institutions of Capitalism Free Press

[J]. Journal of Economic Issues, 1985.

[423] Williamson O E. Transaction – Cost Economics: The Governance of Contractual Relations [J]. Journal of Law and Economics, 1979, 22 (2): 233 – 261.

[424] Wonglimpiyarat J. Technology Strategies and Standard Competition — Comparative Innovation Cases of Apple and Microsoft [J]. Journal of High Technology Management Research, 2012, 23 (2): 90 – 102.

[425] Xu G, Qiu X, Fang M, et al. Data-driven Operational Risk Analysis in E – Commerce Logistics [J]. Advanced Engineering Informatics, 2019 (40): 29 – 35.

[426] Yates J F, Stone E R. The Risk Construct [C]. New York: John Wiley & Sons Ltd. , 1992: 387 – 408.

[427] Yin A. Mechanics of wedge-shaped fault blocks: An elastic solution for extensional wedges [J]. Journal of Geophysical Research Solid Earth, 1994, 99 (B4): 7045 – 7055.

[428] Yu T, Cannella A A. Rivalry between Multinational Enterprises: An Event History Approach [J]. Academy of Management Journal, 2007, 50 (3): 665 – 686.

[429] Zaheer A, Venkatraman N. Relational Governance as an Interorganisational Strategy: An Empirical Test of the Role of Trust in Economic Exchange [J]. Strategic Management Journal, 1995, 16 (5): 223 – 248.

[430] Zaheer M E. Bridging Ties: A Source of Firm Heterogeneity in Competitive Capabilities [J]. Strategic Management Journal, 1999, 20 (12): 1133 – 1156.

[431] Zhao L, Lu Y, Enhancing Perceived Interactivity through Network Externalities: An Empirical Study on Micro-blogging Service Satisfaction and Continuance Intention [J]. Decision Support System, 2012, 53 (4): 825 – 834.

[432] Zhou T, Lu Y. Examining Mobile Instant Messaging User Loyalty from the Perspectives of Network Externalities and Flow Experience [J]. Computer in Human Behavior, 2011, 27 (2): 883 – 889.

[433] Zukin S, DiMaggio P. Structures of Capital: The Social Organization of the Economy [M]. Cambridge University Press, 1990.

后　记

　　我们正处在一个需要被重新定义的世界，一个快速变革的世界，一个"原子/比特"双重结构的世界。新技术、新应用、新理念、新模式不断出现，昭示商业和管理的巨变。而平台模式已经成为一种重要的社会、经济、组织现象。本书的撰写正值我国平台经济迅速发展时期，对平台发展实践中面临的实际问题展开深入研究，以期对 B2C 平台治理提供一些新的思路。本书的撰写得到了多方的支持与帮助，在此一并感谢。

　　首先，感谢我的博士导师彭正银教授，在整个研究过程中，从问题的选择、研究框架的设计、开题、企业调研、撰写、反复修改到最后定稿，无一不倾注了彭正银老师大量的心血和精力。著作完成之际，言辞有尽，敬谢无穷，拜谢恩师，唯愿老师身体康健，喜乐平安。

　　感谢山西财经大学孙国强教授及其团队的各位老师，孙老师长期深耕网络组织治理研究领域，对嵌入性理论有很深的研究，本书撰写过程中孙老师和团队老师给予了很多宝贵意见。感谢亦师亦友的邱玉霞老师，邱老师给予的论文建议给了我很大的帮助。

　　感谢南开大学的林润辉教授、程新生教授、李建标教授，天津财经大学的蔡双立教授、张建宇教授、秦娟娟教授、张初兵教授对本书提出的宝贵意见，感谢各位老师的倾心指导与严格把关。

　　本书在研究与撰写过程中得到了彭正银教授获批的国家自然科学基金（71772134）的资助，得到了山西财经大学管理科学与工程学院的大力支持，在此对国家自然科学基金委、山西财经大学管理科学与工程学院表示衷心的感谢。同时，感谢经济科学出版社对本书的全力支持。